Análise política & jornalismo de dados

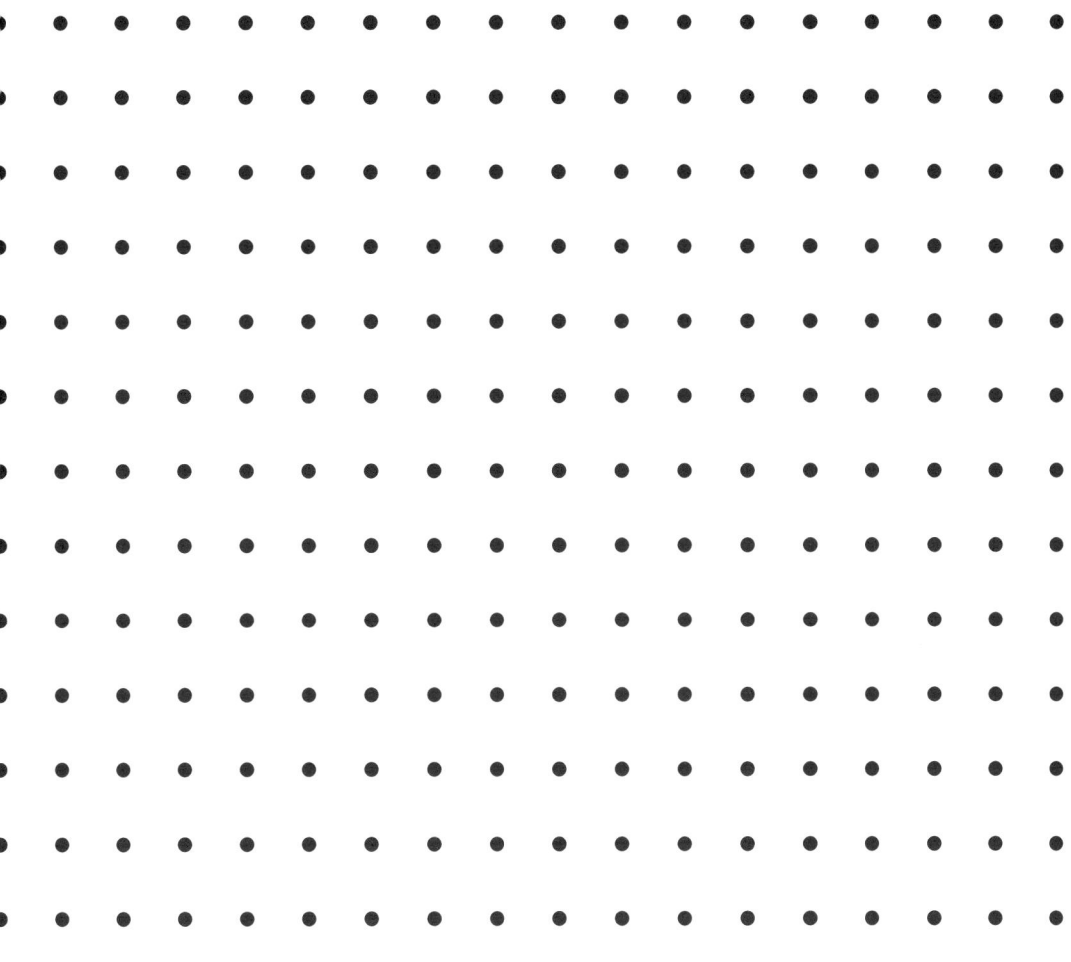

Análise política & jornalismo de dados
Ensaios a partir do Basômetro

HUMBERTO DANTAS
JOSÉ ROBERTO DE TOLEDO
MARCO ANTONIO CARVALHO TEIXEIRA

Organizadores

FGV EDITORA

Copyright © Humberto Dantas, José Roberto de Toledo, Marco Antonio Carvalho Teixeira

Direitos desta edição reservados à
EDITORA FGV
Rua Jornalista Orlando Dantas, 37
22231-010 | Rio de Janeiro, RJ | Brasil
Tels.: 0800-021-7777 | 21-3799-4427
Fax: 21-3799-4430
editora@fgv.br | pedidoseditora@fgv.br
www.fgv.br/editora

Impresso no Brasil | *Printed in Brazil*

Todos os direitos reservados. A reprodução não autorizada desta publicação, no todo ou em parte, constitui violação do copyright (Lei nº 9.610/98).

Os conceitos emitidos neste livro são de inteira responsabilidade dos autores.

1ª edição — 2014

Coordenação Editorial e Copidesque: Ronald Polito
Revisão: Clarisse Cintra e Marco Antonio Corrêa
Projeto Gráfico de Capa e Diagramação: Estúdio 513

Ficha catalográfica elaborada pela
Biblioteca Mario Henrique Simonsen / FGV

Análise política & jornalismo de dados : ensaios a partir do Basômetro / Humberto Dantas, José Roberto de Toledo, Marco Antonio Carvalho Teixeira (Organizadores). – Rio de Janeiro : Editora FGV, 2014.
226 p.

Inclui bibliografia.
ISBN: 978-85-225-1501-1

1. Jornalismo de dados. 2. Votação. 3. Legisladores. 4. Banco de dados. I. Dantas, Humberto, 1975- . II. Toledo, José Roberto de. III. Teixeira, Marco Antonio Carvalho. IV. Fundação Getulio Vargas.

CDD – 324.65

Sumário

PREFÁCIO | "Pirando" nos dados   7
José Roberto de Toledo

APRESENTAÇÃO   11
Os organizadores

CAPÍTULO 1 | Dinâmica do presidencialismo de coalizão: contribuição e limites do Basômetro   13
Carlos Melo e Leandro Consentino

CAPÍTULO 2 | O governismo na política brasileira   37
Paulo Peres

CAPÍTULO 3 | De protagonista a parceiro da governabilidade: o papel ambíguo e indispensável do PMDB no sistema político brasileiro   57
Cláudio Gonçalves Couto, Fernando Luiz Abrucio e Marco Antonio Carvalho Teixeira

CAPÍTULO 4 | Líderes das bancadas ou deputados presidentes: quem orienta tendências nas votações dos partidos na Câmara dos Deputados?   75
Humberto Dantas

CAPÍTULO 5 | Entre Hermes e Themis: a oposição   97
e suas estratégias no presidencialismo de coalizão
Ernani Carvalho e Dalson Figueiredo Filho

CAPÍTULO 6 | Governistas e oposicionistas: 123
padrões de votação nos governos Lula e Dilma
José Paulo Martins Jr.

CAPÍTULO 7 | O fim da "longa Constituinte"?   143
Emendas constitucionais nos governos petistas, 2003-11
Sérgio Praça

CAPÍTULO 8 | Presidencialismo de coalizão e a compra   161
de votos: o caso do Mensalão
Vitor Marchetti

CAPÍTULO 9 | A regra e as exceções: líderes partidários   183
e casos desviantes na relação Executivo-Legislativo
Wagner Pralon Mancuso

CAPÍTULO 10 | E o problema é o suplente de senador?   203
Humberto Dantas e Marco Antonio Carvalho Teixeira

CAPÍTULO 11 | Da fila da impressora ao Basômetro   219
Daniel Bramatti

PREFÁCIO
"Pirando" nos dados

José Roberto de Toledo[*]

Mais do que um gênero, jornalismo de dados é uma necessidade. Estima a IBM que o mundo produz 2,5 quintilhões de bytes todo dia. Se cada byte fosse um litro d'água, encheríamos o oceano Pacífico de zeros e uns. Todo ano. E para processar tudo isso?

Só para comparar, o cérebro humano é capaz de armazenar, se tanto, uns três terabytes de dados. Vou confiar nas contas do estatístico-estrela do *The New York Times*, Nate Silver (afinal, ele prognosticou tudo certo sobre as eleições nos EUA em 2008 e em 2012): um milionésimo da produção diária de dados provocaria um aviso de disco cheio até para quem tem memória de elefante. E o volume incomensurável é só o começo do problema.

A maior parte desse mar de dados é inacessível aos humanos. São pulsos magnéticos, sinais eletrônicos, bits e bytes. Apenas com interfaces amigáveis eles se tornam compreensíveis aos nossos olhos e mentes. E, mesmo depois de traduzidos em números, sons e imagens precisam ser organizados em tabelas, planilhas e bancos de dados para pleitear o *status* de

---

[*] Jornalista, coordenador do Estadão Dados, colunista do Estadão e vice-presidente da Associação Brasileira de Jornalismo Investigativo (Abraji).

informação. Enquanto não são analisados e contextualizados, são só ruído, zoeira, poluição.

Eis a necessidade. E o jornalismo de dados é uma tentativa de resposta — muito incipiente, diga-se. Como jornalismo, visa separar o joio do trigo e, com sorte, publicar o trigo. Trata-se, essencialmente, de filtrar, filtrar, filtrar de novo — e daí organizar o que sobrou de modo a que o público seja capaz de atribuir sentido ao produto depurado.

Dito assim, não é muito distinto do que o jornalismo vem tentando fazer — nem sempre com muito sucesso — desde que Gutenberg colocou tinta pela primeira vez nos tipos móveis de sua prensa. A diferença, porém, é quase tão revolucionária quanto a invenção do gênio alemão. O produto do jornalismo de dados não é uma manchete ou uma reportagem. É uma ferramenta.

Em sua gênese, os melhores exemplos de Jornalismo de Dados têm vindo do *The New York Times*. Enquanto corta gente e recursos em editorias tradicionais, para sobreviver à revolução digital, o jornal norte-americano investe em equipes exclusivas de Jornalismo de Dados. É uma área que não gera receita, mas aponta uma saída para o futuro.

Os casos mais bem-sucedidos do NYTimes.com conseguem apresentar uma massa de dados desconexos em uma interface que qualquer usuário é capaz de desfrutar. Foi assim nas eleições de 2012 ou no caso dos presos em Guantánamo. Mapas, infográficos, tabelas e linhas do tempo ajudam o internauta a criar uma narrativa para os fatos — não a narrativa do jornalista, mas a sua própria.

Essa é a grande revolução, embora embrionária, do Jornalismo de Dados. Ao fornecer os meios aos que antigamente eram chamados de leitores, a equipe criada por Aron Pilhofer dá a esses usuários o poder de organizar a massa de dados, fazer suas próprias sinapses e tirar conclusões originais. Não é à toa que o nome da editoria que ele comanda chama-se Interactive News (notícias interativas).

Essa interação propiciada pelas ferramentas do Jornalismo de Dados cria possibilidades muito mais ricas e diversificadas do que um texto jornalístico comum seria capaz de estimular. O ponto de vista do usuário passa a ser necessariamente parte da narrativa. Ganha-se em pluralidade. A perspectiva coletiva é, por definição, mais plural do que a de um só jornalista, por mais "lados" que ele tente incorporar à sua narrativa.

Pode-se argumentar que transferir a interpretação dos dados para o público só reforça os próprios preconceitos e vieses de quem usa a ferramenta. Talvez sim, mas ao menos os pontos de vista dissonantes estarão destoando a partir de uma base comum, o que, em tese, cria espaço para debate, não bate-boca.

Mais do que isso, uma ferramenta que permite a cada um analisar como quiser uma base de dados é um convite e não uma imposição. Daí que a maior e mais feliz surpresa provocada pelo Basômetro tenha sido a iniciativa espontânea de tantos cientistas políticos de usá-lo para escreverem suas próprias interpretações sobre o comportamento em plenário dos deputados e senadores brasileiros. Este livro é a materialização desse debate.

Em uma área tão contaminada por paixões e interesses partidários como a política, é essencial partir-se de um terreno comum para avançar em qualquer discussão. No caso desta publicação e do Basômetro, o ponto de partida são os milhares de votos nominais de centenas de parlamentares através do tempo.

Teoricamente, essas bases estão disponíveis para consulta por qualquer cidadão nos sites da Câmara dos Deputados e do Senado Federal. Mas o formato digital e o volume oceânico, como explicado no começo deste texto, são barreiras intransponíveis para o cidadão comum conseguir ter uma visão ao mesmo tempo ampla e específica do comportamento dos congressistas — seja para comparar partidos, bancadas ou deputados dois a dois.

O Basômetro organizou centenas de milhares de dados que eram mero ruído nos sites do Congresso em uma interface gráfica que os cientistas políticos puderam e podem usar para fazer suas análises. O efeito disso foi sintetizado num tuíte de um deles, logo no dia de lançamento: "Pirei na ferramenta". Era tudo o que queríamos ouvir.

O Jornalismo de Dados ainda está engatinhando. Ele depende do trabalho coletivo de jornalistas, desenvolvedores e *designers*. Só funciona bem quando suas habilidades conseguem se harmonizar em um objetivo comum e muito claro. É fácil se perder na selva de dados — especialmente quando não há um rumo definido. Embora a Lei de Acesso às Informações Públicas tenha sido um avanço fundamental, dispor das bases é só o primeiro passo.

É necessário formar equipes e profissionais com perfis que ainda são raros no mercado. É preciso que os jornalistas se familiarizem com números e estatísticas, e que programadores e *designers* desenvolvam o faro de repórter. E é indispensável que os gestores dos meios de comunicação identifiquem essas necessidades e atuem para atendê-las. Tudo isso é especialmente difícil num mercado em crise, no qual modelos de negócio que sustentaram jornais por séculos evaporam em menos de uma década.

Como resposta a uma necessidade, o Jornalismo de Dados veio para ficar. É hoje uma tendência de ponta, mas logo deve se transformar em *main stream*. Quanto antes melhor. Assim todos nós usuários poderemos "pirar" em ferramentas que nos ajudem a decifrar os 2,5 quintilhões de dados que produzimos diariamente.

APRESENTAÇÃO

O embrião deste livro nasceu em 2012, poucos dias depois de o Basômetro ser lançado pelo Grupo Estado em seu portal na web. Cientistas políticos, todos reunidos aqui, se comprometeram a publicar 10 artigos, um por semana, com análises pautadas na ferramenta. Jornalistas e cientistas políticos juntos em torno de uma causa comum: compreender melhor, com base em hipóteses consistentes, o que nos mostram os dados graficamente organizados no sistema que contabiliza os comportamentos parlamentares em torno da posição do líder do governo nas casas legislativas brasileiras.

Não demorou muito para que os autores se sentissem instigados a aprofundar suas análises, ou mergulhar em novos desafios. Surgia assim a ideia de adensar os olhares, produzindo artigos sob a forma de um livro científico contendo aprofundamentos teóricos e testes mais consistentes. O Basômetro continuou como elemento central, o elo capaz de relacionar os estudos aqui presentes. Aos 10 cientistas políticos da série inicial de artigos para o portal se juntaram outros, em parcerias acadêmicas. O resultado está aqui, e não podiam faltar as percepções dos jornalistas envolvidos nesse projeto, descrevendo a ferramenta e mostrando seu potencial gerador de notícias. Assim, esta obra tem como característica essencial a capacidade de uma ferramenta de jornalismo de dados subsidiar análises. A partir do instante em que se oferece uma base organizada ela pode gerar uma série de estudos em perspectivas múltiplas. O resultado prático, nesse caso, é que aqueles aqui presentes exploram questões como: o presidencialismo de coalizão, a lógica de representatividade do Senado, a atuação de bancadas partidárias, a agenda do Legislativo, o conteúdo jornalístico gerado a partir do Basômetro etc.

Diante de tais desafios desejamos uma excelente leitura e, sobretudo, esperamos um olhar especial sobre o potencial do jornalismo de dados quando associado ao repertório ofertado pela ciência, nesse caso, a política. Alertamos, entretanto, que o Basômetro transfere o processamento da base de dados para o navegador do usuário. Isso significa que podem haver diferenças mínimas nos resultados dos filtros e cruzamentos, em função das características do computador de cada um. Isso não invalida, com base em diversos testes, os resultados colhidos, e não ofusca o brilho da ferramenta, que nos permite compreender e analisar a realidade de nosso parlamento federal em anos recentes. Boa leitura.

Os organizadores

CAPÍTULO 1
Dinâmica do presidencialismo de coalizão: contribuição e limites do Basômetro

Carlos Melo*
Leandro Consentino**

Introdução

O objetivo principal deste artigo é discutir a inegável contribuição, mas também — e, talvez, sobretudo — os limites do Basômetro. Como ferramenta, seu valor é inestimável, fornecendo enormes possibilidades para que se observe a dinâmica do nosso "presidencialismo de coalizão". Favorece a coleta e a manipulação de dados importantíssimos, corroborando para demonstrar o acerto de parte da literatura em ciência política acerca das relações Executivo-Legislativo. Referimo-nos à análise quantitativa — já bastante desenvolvida por importantes trabalhos, com destaque para Figueiredo e Limongi (1999) e Santos (2003).

Contudo, entende-se que, ao lado desse excelente instrumento quantitativo, é necessário perseverar naquilo que se estabelece hoje como uma preocupação voltada à "qualidade da democracia". E trabalhar também o aspecto qualitativo e dinâmico da política, contextualizando momentos recentes em

---
* Cientista político, doutor pela PUC-SP, professor adjunto do Insper.
** Cientista político, doutorando pela USP, professor auxiliar do Insper.

que o "jogo interno", embora expresse, ao final, vitórias do governo, também compreende tensões significativas capazes de demonstrar a fragilidade das coalizões formadas em torno do Poder Executivo.

Breve revisão bibliográfica

Desde o fim do regime militar e do advento da Nova República, uma agenda de pesquisa se estabeleceu com força na ciência política brasileira, dominando grande parte dos debates dos pesquisadores do campo. Trata-se da literatura a respeito das relações entre o Poder Executivo e o Poder Legislativo, mais especificamente, em sua influência sobre o funcionamento e o desempenho deste último.

O debate referente a esta literatura tem como pano de fundo a tese de que a combinação de certas instituições reforçadas pelos constituintes brasileiros em 1988 — tais como o voto proporcional de lista aberta para a maioria dos representantes do Poder Legislativo, o multipartidarismo, o federalismo e o presidencialismo[1] — conduziria o sistema político à paralisia decisória, à fragmentação partidária e à instabilidade política (Lamounier, 1991; Shugart e Carey, 1992; Mainwarning, 1993).

Neste sentido, o conceito de *presidencialismo de coalizão*, cunhado por Sergio Abranches em seu seminal artigo de 1988, marcou um primeiro divisor de águas nesta agenda de pesquisa. Partilhando de algumas críticas expostas acima sobre o funcionamento do regime presidencialista brasileiro que então vinha à luz, o autor expõe, pela primeira vez, de maneira integrada e analítica, o conceito como fruto da tentativa de conciliar eficácia governamental e representatividade de minorias:

> O Brasil é o único país que, além de combinar a proporcionalidade, o multipartidarismo e o "presidencialismo imperial", organiza o Executivo com base

---

[1] No caso do presidencialismo, cabe ressaltar que sua adoção se deu em caráter temporário em 1988 para ser efetivada apenas cinco anos mais tarde, após a vitória desse sistema em um plebiscito previsto constitucionalmente.

em grandes coalizões. A esse traço peculiar da institucionalidade concreta brasileira chamarei (...) "presidencialismo de coalizão" (...) É um sistema caracterizado pela instabilidade, de alto risco e cuja sustentação baseia-se, quase exclusivamente, no desempenho corrente do governo e na sua disposição de respeitar estritamente os pontos ideológicos ou programáticos considerados inegociáveis, os quais nem sempre são explícita e coerentemente fixados na fase de formação da coalizão. (Abranches, 1988:22-27)

Coalizão, decerto, haverá em vários regimes democráticos do mundo. Obviamente, qualquer Executivo que partilhe seu poder com o Legislativo haverá que compor, e para isto fará concessões; negociará agendas e, evidentemente, espaços e instrumentos de poder político. Os críticos iniciais do presidencialismo de coalizão apontavam para um regime em que esse "compartilhamento" do poder e de seus instrumentos poderia levar à paralisia: um Executivo fraco que não conseguisse estabelecer uma agenda, um Legislativo disposto à "política negativa" de que nos falava Max Weber (1980) quando analisava "parlamentarismo e governo numa Alemanha reconstruída".

"Respeitar estritamente os pontos ideológicos ou programáticos considerados inegociáveis", na expressão de Abranches, parece, desde sempre, um enorme desafio quando não se possui, de fato, a maioria do Parlamento e, sobretudo, quando essa maioria parece ser tão fragmentada e controversa, tanto do ponto de vista "ideológico" quanto "programático".

Com efeito, os problemas e as disputas a que o país acompanhou por ocasião do governo José Sarney (1985-90), às voltas com um Congresso Constituinte independente e muitas vezes indócil, davam razão aos temores. De certo modo, a presença marcante do presidente da Câmara dos Deputados — e do Congresso Constituinte —, deputado Ulysses Guimarães (PMDB-SP), permitia acreditar uma polaridade de poderes — Executivo e Legislativo — nada harmônicos.

Foram vários os momentos de tensão — sobretudo, na definição da duração do mandato presidencial de Sarney — em que o chefe do Executivo precisou, no interior da coalizão que lhe asseguraria "maioria", constituir um novo grupo que lhe garantisse esse domínio, ainda que sempre precário. Foram os tempos do que se chamou de "Centrão", do qual um de seus próceres — o deputado paulista Roberto Cardoso Alves (PTB) — cunhou a "franciscana" frase-síntese: "é dando que se recebe". Se o Executivo pretendia receber, precisaria, em troca, ter algo a oferecer.

Contudo, uma importante inflexão nessa agenda de pesquisa questionou vários dos pressupostos anteriores. Figueiredo e Limongi (1999, 2003), por meio de exaustivo trabalho estatístico, de posse de dados disponibilizados pela Câmara dos Deputados — o limitado "basômetro" de que se dispunha à época —, verificaram que o Legislativo brasileiro funcionava com a disciplina e o domínio de agenda pelo Executivo característico dos regimes parlamentaristas.

Não houve paralisia e a instabilidade que se percebeu, por ocasião do *impeachment* de Fernando Collor de Mello, pode-se dizer que se deu menos pelo presidencialismo de coalizão do que por sua falta. Ao recusar-se a compartilhar o poder com os partidos, ao acreditar-se autossuficiente ao extremo, praticando mesmo um presidencialismo apontado como imperial, Collor — e não o Congresso Nacional — criou as condições para a inviabilidade de seu governo. Em razão disto — e ao lado de uma gama de outros erros e desvios (Melo, 1997) —, o presidente eleito em 1989 teve de renunciar antes que o Congresso Nacional cassasse seu mandato, sendo este o roteiro exato que se observou.

Collor à parte, é verdade que, ademais, certas prerrogativas atribuídas constitucionalmente ao Executivo — como as medidas provisórias e a iniciativa exclusiva em certas matérias legislativas — aproximam o sistema político brasileiro ao que Palermo (2000) denominou um paradigma de relações com concentração do poder decisório e governabilidade, evitando a dispersão imaginada.

Tal enfoque mostra que a concentração do poder decisório do Executivo trouxe a força necessária que os governos suportados pela Constituição de 1946 não possuíam, diminuindo o problema da governabilidade. Para Limongi e Figueiredo (1999), os poderes legislativos do Executivo, antes de obstruírem — como argumentaram Shugart e Carey (1992) —, auxiliam a governabilidade, garantindo os instrumentos necessários para que o governo induza a cooperação do Legislativo que se traduz na disciplina congressual e na dominância de sua agenda no parlamento.

Por fim, há que se destacar o fato de que seriam os partidos políticos — e não os parlamentares individuais — as unidades que estruturam os trabalhos no Congresso Nacional, operando por meio do denominado Colégio de Líderes a interlocução entre Poderes e a administração das demandas parlamentares — além da tentativa de satisfação dos interesses individuais. Assim, as pastas ministeriais são distribuídas aos partidos que compõem a base parlamentar do Executivo no Congresso, cabendo aos partidos, com esses ministérios contemplados, acompanhar a agenda do governo nas votações.

Desta forma, o Congresso deixa de ser visto como um obstáculo às ações do Executivo, como previam os teóricos citados anteriormente, tendo Figueiredo e Limongi (1999) comprovado sua tese por meio do exame das relações Executivo-Legislativo nos quatro governos imediatamente posteriores à promulgação da Constituição de 1988.[2]

Outro trabalho de fôlego que segue os mesmos moldes de Figueiredo e Limongi é o estudo de Santos (2003), o qual avança na discussão de outro importante mecanismo que acaba por atrelar o Legislativo à agenda do Executivo: a liberação de emendas parlamentares, com vistas à construção de uma reputação nas bases de cada parlamentar com objetivo último de reeleição.[3]

Mas, é tão claro quanto natural que a dinâmica desse sistema não se basearia exclusivamente em questões programáticas e/ou postulados ideológicos que pudessem ser colocados pelos Executivos e seguidos à risca e com disciplina pelas bancadas apoiadoras dos governos. De algum modo,

---

[2] Voltando a Fernando Collor, é sintomático que, por ocasião da aprovação do Plano Collor, em março de 1990, o presidente tenha declarado, num tom depreciativo, que o Congresso fizera apenas a "sua parte" – como se "a parte" do Congresso fosse obrigatoriamente aprovar os projetos do Executivo. Por sua vez, Fernando Henrique Cardoso (1995-2002) e Luiz Inácio Lula da Silva (2003-10), ao verem suas demandas aprovadas pelo Congresso, se pronunciavam agradecendo e ressaltando a grande importância do Parlamento, tratado, nesses casos, como um coautor daquelas medidas (Melo, 1997). Collor exerceu um importante papel pedagógico na consolidação do presidencialismo de coalizão no país.

[3] Este assunto já tinha sido tratado no artigo de Abranches (1988), mas ganharia densidade analítica apenas com o trabalho de Santos. Mais tarde, Amorim Neto (2006) retomaria e refinaria ainda mais a análise.

Abranches (1988), na citação que lhe fizemos anteriormente, imaginou conflitos mais puros — ideológica e pragmaticamente falando — do que de fato vieram a se estabelecer.

Naturalmente, há uma dispersão muito grande de interesses por parte das quase seis centenas de parlamentares — 513 na Câmara e 81 no Senado. Além disso, resta da tradição brasileira aquilo que Raymundo Faoro (2008:659) qualificou como o poder das oligarquias e do patronato político: "sem programas para atrapalhar ou ideologias desorientadoras". Rapidamente, essa fragmentação de interesses consumiria o "esforço de articulação" com demandas particulares, fisiológicas: "a comunidade política conduz, comanda, supervisiona os negócios, como negócios privados seus, na origem, como negócios públicos depois, em linhas que se demarcam gradualmente" (Faoro, 2008:819).

Não demorou para que o Executivo acabasse por impor seu poder de agenda, lançando mão de recursos não propriamente legislativos: cargos públicos — na administração direta e nas estatais —, liberação de valores previstos em emendas ao orçamento (aprovadas pelos Congressistas) e obras em municípios de acordo com o interesse das bases (Abranches, 1988; Santos, 2003). Sem contar, é claro, com a possibilidade de interlocução com agentes econômicos que viabilizariam, ao cabo de um processo nem sempre transparente, recursos de campanha.

E disto resta que, atendendo a demandas particulares, o Executivo por via indireta acabaria por fragilizar o coletivo parlamentar, o Legislativo como instituição; o presidencialismo de coalizão, mais que tensionado por questões ideológicas e pragmáticas, vê-se, num enorme número de ocasiões, pressionado por tensões de natureza fisiológica. Nesse sentido, Moisés e colaboradores apontam que:

> O Congresso Nacional brasileiro é uma instituição impopular, apesar de o seu desempenho ser considerado uma garantia de governabilidade do país. Quase 80% da população brasileira desconfia da instituição e menos de 16% dos brasileiros consideram *ótimo* e bom o seu desempenho nas últimas décadas. (Moisés et al., 2011:7)

Assim, a despeito de comprovar a tese de que as relações Executivo-Legislativo não paralisam o sistema político brasileiro criado em 1988, uma parte da literatura a respeito do presidencialismo de coalizão relevou custos de transação vinculados à barganha política no Parlamento. De algum modo, omitem-se questões vinculadas à qualidade do regime democrático do país. Os trabalhos de Moisés e colaboradores (2010, 2011) buscam fornecer outro tipo de contribuição para o debate, acrescentando e ponderando que:

> As vantagens que isso implica [entre outros recursos, a distribuição de cargos e liberação de emendas] segundo as abordagens que priorizam o papel do executivo são enfatizadas pela literatura, mas as suas implicações para a qualidade da democracia e, em especial, para as funções de fiscalização e controle que cabem ao parlamento e aos partidos políticos ainda não são suficientemente conhecidas e exigem mais pesquisa. Diante de incentivos institucionais tão eficazes para que os parlamentares acompanhem a posição da maioria governativa, é duvidoso que reste espaço, quando isso seja necessário, para a crítica e/ou a correção de posições do executivo. Mesmo autores como Figueiredo e Limongi (2003) admitem que o sistema é tão eficiente em impor restrições à atuação especificamente legislativa dos parlamentares que limita a sua eficácia institucional: "o Congresso Nacional atou as próprias mãos", segundo eles, ao aceitar uma configuração institucional que delega a iniciativa e o poder de agenda ao executivo. (Moises et al., 2010:9)

As críticas desses autores estão centradas no fato de que existe uma hipertrofia legislativa do Executivo em detrimento do Parlamento, que, apesar de garantir certa estabilidade ao sistema político no que tange à governabilidade, acaba por comprometer o desempenho mais amplo do Legislativo em sua função de representação dos interesses da sociedade, inclusive dos direitos das minorias (Bovero, 2002; Mill, 1947).

Nesse sentido, a grande lacuna estaria na dimensão da democracia que Moisés e colaboradores denominam qualitativa, apontando para um problema crasso na divisão de poderes em que o Executivo toma para si as funções do Legislativo, e este último abdica de sua autonomia de fiscalizar os atos do primeiro.

Mas, nem por isso se deve peremptoriamente condenar um e absolver o outro. Executivo e Legislativo disputam um jogo dinâmico de interações dialéticas. À primeira vista, poder-se-ia dizer que o Executivo exorbita de suas funções e invade o espaço do Parlamento. É uma verdade apenas parcial. Também o Parlamento abre mão de suas prerrogativas eminentemente políticas em virtude dos interesses mais pragmáticos, provincianos e fisiológicos de seus membros.

É ilustrativo que desenvolvamos aqui o que podemos chamar de "círculo vicioso da grande bancada". O mecanismo é simples e começa no fato de que num regime de multiplicidade de partidos nenhum presidente da República conseguirá se eleger tendo a maioria do Congresso em seu apoio. Se obtiver muito sucesso no processo eleitoral, seu partido ocupará algo em torno de 20% das cadeiras do Parlamento. Sua coalizão eleitoral, se muito, dobrará o tamanho dessa bancada. O presidente, como se sabe, precisará buscar novos aliados.

Considerando o preciosismo e elevado grau de detalhes da nossa Constituição Federal, além de seu grau de anacronismo em muitos aspectos, sobretudo, na ordem econômica, é bastante possível que o presidente eleito busque formar uma coalizão que lhe permita a maioria qualificada para promover reformas constitucionais. Ou seja, três quintos dos parlamentares em cada casa do Congresso, o que compreende 308 votos na Câmara e 49 no Senado. Ora, nessas circunstâncias, um partido que logra alcançar uma grande bancada — numericamente significativa — será um aliado cobiçado por qualquer titular do Executivo.

De um modo mais ou menos consensual, todos sabemos como fazem os partidos para alcançar essa bancada numericamente significativa a cada eleição. Em primeiro lugar, precisam estar plantados em diversas prefeituras espalhadas pelo país, o que chamamos de "capilaridade territorial". Quanto mais prefeituras, mais chances de eleger deputados, quanto mais governos, maiores as chances de eleger senadores. Ora, prefeituras e governos, para serem exitosos, carecem de recursos — normalmente, recursos federais são os mais vultosos e significativos.

Quanto mais realizadores e exitosos, prefeituras e governos, maiores as chances de elegerem bancadas grandes, idealmente. E será essa bancada o instrumento capaz de barganhar, exigir e arrancar recursos federais para municípios. Além da aprovação de emendas ao orçamento da União, essa bancada mais ampla conquistará ministérios e demais cargos públicos que serão os instrumentos de transferência de recursos para estados e municípios de seu interesse.

Não apenas isso: essa estrutura — governos, prefeituras, ministérios e cargos "avulsos" — propiciará interlocução com setores econômicos fundamentais para o financiamento de campanhas políticas. O círculo não se extingue e é possível que o primeiro agrupamento político, pós-redemocratização, que tenha compreendido e se esmerado em operar sob essa lógica tenha sido o PMDB. Agindo estrategicamente, consubstanciou-se em uma legenda que, em que pese seu tamanho e representação, não tem se importado em apresentar candidatos à Presidência da República. Não lhe interessa. Interessa-lhe apenas que conquiste uma grande bancada que lhe dê cacife para a barganha a que nos referimos. Esquematizado, o círculo seria mais ou menos este (fig. 1).

FIGURA 1

Círculo vicioso das bancadas

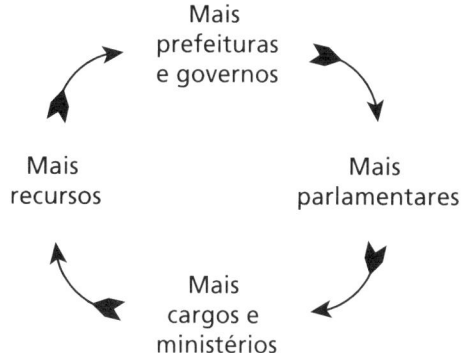

Fonte: Elaboração dos autores.

Citamos o PMDB, mas, de algum modo, salvo exceções que ainda não puderam ser testadas por ainda não terem ocupado espaços relevantes nos governos, todos os partidos agem mais ou menos com a mesma racionalidade. Mesmo aqueles autodenominados "ideológicos". Isto, é claro, não corresponde a nenhuma novidade, nem é exclusivo do regime brasileiro. Mas, o fato de não ser novidade e não ser genuinamente nacional não implica que também não seja um problema que se coloca para a qualidade da democracia. Com efeito, já em 1918, Max Weber (1980:20) anotava que:

> Podem os partidos ser essencialmente organizações para concessão de cargos (...). Neste caso estão os partidos meramente interessados em colocar seu líder na posição máxima, a fim de que este possa transferir cargos estatais aos seus seguidores, ou seja, aos membros dos staffs ativos e de campanha do partido.

Dizia ainda mais explicitamente que "todo partido luta pelo poder, isto é, por uma participação na administração e, consequentemente, no preenchimento de cargos" (Weber, 1980:32). Mas, ao mesmo tempo, o famoso sociólogo alemão alertava que "as hostilidades mútuas das máquinas eleitorais partidárias, muito mais do que as diferenças programáticas, são responsáveis pela dificuldade da fusão entre partidos" (Weber, 1980:21). Por aproximação, podemos dizer que esse regime concorrencial entre os partidos, ao despertar hostilidades entre as máquinas partidárias, dificulta não só a fusão, como diz Weber, mas, no caso em questão, o relacionamento no interior de uma aliança voltada à governabilidade.

De tal modo, a dinâmica política não pode ser medida unicamente por meio de abordagens quantitativas — embora seja fundamental que também seja. Há um jogo — às vezes mais, às vezes menos sutil — que precisa ser percebido. Diante do exposto, cabe-nos um exame das variáveis quantitativas e qualitativas mencionadas na literatura. Para tanto, lançaremos mão, neste texto, do uso do Basômetro. Mas tentaremos remontar o jogo de interesses que se processou por detrás dos números das votações.

O Basômetro: suas contribuições e limitações

Conforme já pontuamos, o Basômetro é uma base de dados aliada a um mecanismo computacional que permite observar os movimentos dos partidos da base e da oposição, assim como de parlamentares, individualmente, nas votações das duas casas do Congresso Nacional. Permite verificar aproximações e distâncias que guardam em relação ao Poder Executivo.

Os dados expostos no Basômetro nos permitem afiançar as conclusões de dominância e disciplina a que chegaram os supracitados estudos de Figueiredo e Limongi (2003), respeitadas as diferenças de períodos e parlamentares observados.[4] Conforme podemos observar no gráfico 1, que retrata a última votação nominal ocorrida até então (início de 2013) no Congresso Nacional,[5] os índices de votação de cada partido político condizem com seu posicionamento político.

Trocando em miúdos, no que diz respeito à arena congressual, *os partidos da base do governo realmente se comportam como governo e os partidos da oposição realmente se comportam enquanto oposicionistas.* O truísmo não é ironia nem provocação em relação aos trabalhos que defendem a eficiência do presidencialismo de coalizão. De fato, há uma inegável coerência *como resultado* do processo, e o alinhamento político obedece a uma lógica cartesiana. Isto comprova o vigor formal do presidencialismo de coalizão: o mecanismo realmente funciona, em que pese prognósticos feitos em contrário.

Enquanto as legendas de oposição apresentam entre 28% e 41% de "governismo", o índice dos partidos aliados ao governo alcança de 77% a 97% de fidelidade aos interesses do Executivo. No cômputo geral, o apoio ao governo permanece bastante elevado: 78% dos parlamentares acompanharam o Executivo na votação.

Cabe pontuar ainda a relativa coesão interna de cada partido político, a qual pode ser evidenciada pelo agrupamento dos parlamentares em torno da posição de sua liderança na Casa, comprovando a tese de que as bancadas

---

[4] Os dados abarcados no Basômetro compreendem apenas os períodos presidenciais dos governos Luiz Inácio Lula da Silva (2003-10) e Dilma Rousseff (2011-13), os quais não foram tratados nos primeiros trabalhos de Figueiredo e Limongi. Além disso, enquanto os autores trabalham apenas com dados da Câmara dos Deputados, o Basômetro disponibiliza também as votações no Senado Federal.

[5] A última votação nominal registrada no Basômetro, ao término desse capítulo, foi a PEC dos empregados domésticos com data de 4-12-2012.

são disciplinadas, ao contrário do que muitos apontavam como fragilidade de nosso Legislativo.

GRÁFICO 1
Retrato atual da base aliada da presidente Dilma Rousseff

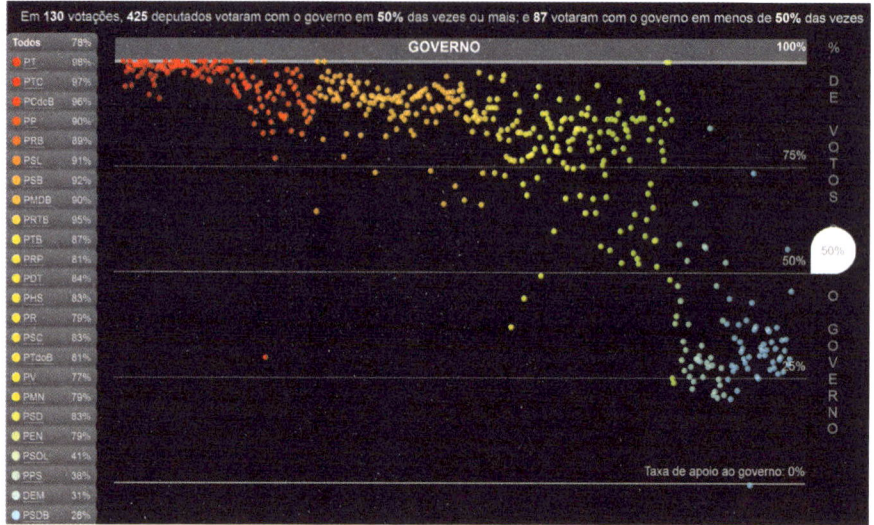

Fonte: Basômetro, Estadão Dados (2013).

No entanto, acreditamos que, a despeito da inegável utilidade do Basômetro para captar as dimensões quantitativas do presidencialismo de coalizão brasileiro, o aspecto qualitativo a que Moisés e colaboradores se referiram não deve passar desapercebido sem um exame mais minucioso. Nesse sentido, nos atrevemos a pensar seu aperfeiçoamento.

Em termos ideais, imaginamos os resultados das votações, expressos no Basômetro, conectados ao banco de dados qualitativos do noticiário do próprio jornal *O Estado de S. Paulo*. De posse deste, o pesquisador — e, claro, qualquer leitor —, além de verificar a votação, poderia, por meio de *hiperlinks*, acessar todo o noticiário a respeito do tema: os interesses colocados em questão, as disputas regionais ou de lideranças, as exigências (ou ameaças) de grupos de parlamentares feitos ao Poder Executivo de modo a "negociar" os votos na matéria, a evolução do processo.

Para completar o entendimento da questão e aumentar a transparência das relações políticas *republicanas*, de forma *ideal* — talvez um sonho —, imaginamos que a esse banco de dados (que agregaria votação e noticiário), um dia, possam vincular-se informações relativas às nomeações publicadas no *Diário Oficial da União* (identificadas com a indicação feita por parlamentares e partidos). Além, é claro, do acompanhamento *pari passu* dessas votações com a liberação de recursos para bases parlamentares, os quais figuram nas emendas do orçamento.

Ao tomar contato apenas com a fria reprodução dos dados quantitativos das votações como resultados finais, escapa-nos uma importante dimensão da análise de cada um desses episódios. E o Basômetro já é por si prova de que a evolução tecnológica deve e está contribuindo para o aperfeiçoamento democrático e para a publicidade dos atos dos Poderes constituídos; podemos, portanto, acreditar ser possível ir além.

Nesse sentido, buscaremos pensar o Basômetro por meio de um "estudo de caso", na tentativa de reconstituir mais variáveis que levaram ao resultado final, a que George e Benett (2005:206) chamaram de *process tracing* ou *delineamento do processo*, o qual consiste no

> método que busca identificar o processo causal interveniente (a cadeia ou mecanismo causal) entre a(s) variável(eis) independente(s) e o resultado da dependente. (...) Rastrear o processo que leva a um resultado limita a lista de potenciais causas (...) O delineamento do processo força o investigador a levar a equifinalidade em conta, isto é, considerar os caminhos alternativos que podem produzir o mesmo resultado, e oferece a possibilidade de mapear uma ou mais cadeias causais potenciais que são consistentes com o resultado e as evidências obtidas num único caso.

Com base nesta metodologia, será possível observar os trâmites que apontam para a complexidade do processo político no parlamento brasileiro, levando em conta o caso reproduzido a seguir referente à aprovação da chamada Lei Geral da Copa em 2012.

Um estudo de caso: a Lei Geral da Copa

Para ilustrar este trabalho, utilizaremos como "caso" a chamada Lei Geral da Copa (LGC) que versa sobre as responsabilidades compartilhadas entre o governo brasileiro e a Federação Internacional de Futebol (Fifa) acerca da realização da Copa das Confederações e da Copa do Mundo de Futebol, realizadas no Brasil em 2013 e 2014, respectivamente.

A legislação em questão abarca uma série de medidas relativas à organização do campeonato tais como a venda de ingressos, alterações no calendário civil e escolar, utilização de aeroportos militares e regulação de venda de produtos licenciados e bebidas alcoólicas. No entanto, este último ponto causou grandes problemas para o governo em sua tramitação na Câmara dos Deputados.

A comercialização de bebidas alcoólicas nos estádios estava prevista para ser aprovada no bojo da LGC, em um acordo entre o governo brasileiro e a Fifa, a despeito de ser proibida no país por legislação anterior expressa no Estatuto do Torcedor.[6] Esta medida, contudo, desagradou alguns aliados do governo, em especial a bancada[7] evangélica.

Para além da queda de braço com os evangélicos, o governo enfrentou a pressão da chamada bancada ruralista, que tentava postergar a votação da Lei Geral da Copa enquanto o novo Código Florestal não entrasse na pauta de votações. Dessa forma, apesar da aprovação de grande parte dos institutos da LGC, o governo enfrentou dois grandes embates na Câmara.

O primeiro revés tem a ver com o próprio atraso para a votação, que era considerada urgente pelo governo, prejudicando o plano de *marketing* da Fifa para o evento e seus possíveis benefícios para o país.[8] A solução veio de um acordo em que o governo cedeu, em troca da aprovação da LGC, o agendamento da votação do Código Florestal para abril de 2012.

---

[6] Lei Federal nº 10.671, de 15 de maio de 2003.

[7] Uma bancada ou frente parlamentar significa um grupo de parlamentares do Poder Legislativo — seja em nível municipal, estadual ou federal — que unifica sua atuação em prol de um interesse específico, por vezes suplantando a orientação partidária. A real mensuração desses grupos é complicada por sua natureza informal e, portanto, fluida em muitos aspectos.

[8] Cabe pontuar que para o relator da LGC na Câmara dos Deputados, deputado Vicente Cândido (PT-SP), a lei foi aprovada dentro do prazo previsto.

O outro problema para o governo dizia respeito à já citada medida de tentar liberar a venda de bebidas alcoólicas nos estádios durante os eventos. Dois importantes destaques[9] propostos no plenário durante a votação buscaram proibir o comércio dessas bebidas durante a competição. Em que pese a vitória que por fim permitiu o comércio de bebidas nos estádios, o governo viu-se num desgastante processo na relação com os evangélicos de sua base. A difícil negociação foi identificada como um claro sinal de fragilidade, ou, antes, falta de força no comando e controle da coalizão.

Por fim, conforme podemos observar nos gráficos 2 e 3, os deputados rejeitaram, na sessão de 28 de março de 2012, as emendas ao projeto. A primeira foi derrotada por 237 a 178 votos; a segunda — que buscava retirar do texto-base artigo que suprime a validade do Estatuto do Torcedor durante os torneios — foi derrotada por 229 a 161 votos. Ainda assim, os desacertos de lado a lado permaneceram. Ficou ali evidenciado que a "acachapante" maioria da coalizão governista é trabalhosa, custosa e, na verdade, nem tão acachapante assim.

GRÁFICO 2
Votação na Câmara dos Deputados
Sessão de 28-3-2012 (Destaque PSDB, PSC, PV, PPS, PR, PTdoB, PRP, PHS, PTC,

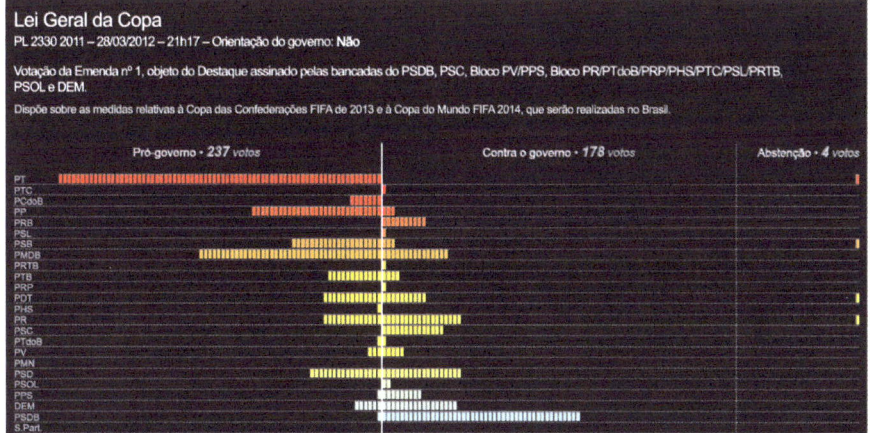

Fonte: Basômetro, Estadão Dados (2013).

---

[9] Houve outras tentativas de levar a questão adiante, mas restaram menos bem-sucedidas.

GRÁFICO 3
Votação na Câmara dos Deputados
Sessão de 28-3-2012 (Destaque para votação em separado da bancada do PSC)

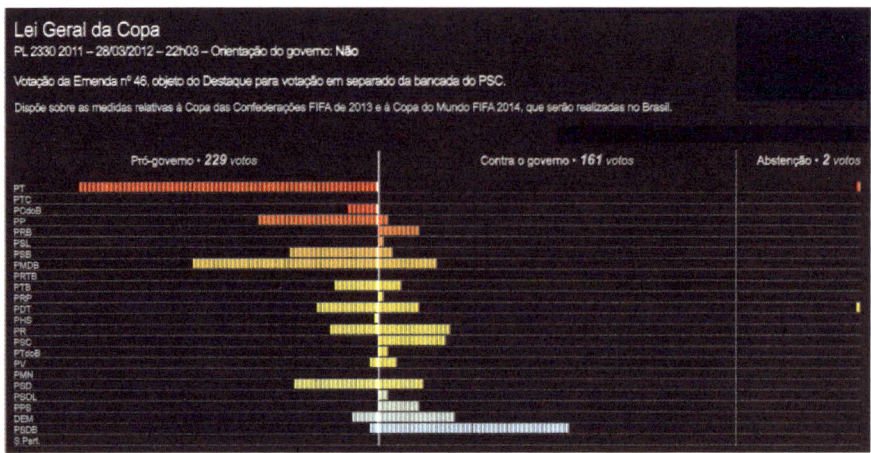

Fonte: Basômetro, Estadão Dados (2013).

É importante compreender que tanto "evangélicos" quanto "ruralistas", em sua maioria, são parte da "base" e compartilham ministérios ou demandas com o governo.[10] Recebem seu quinhão pela adesão, mas nem por isso há alinhamento automático ou subordinação ideológica e programática à coalizão a que pertencem. Muito pelo contrário, estabelecem agendas próprias e se dão o direito de "negociar" seus interesses — ou ameaçar — em troca de apoios em outras questões a que não estão ligados diretamente, como foi o caso da Lei Geral da Copa. Houve, nitidamente, um movimento de "oportunismo" político, não percebido pelos números. A despeito de ser parte do "jogo", é necessário que tenhamos a consciência do fenômeno, evidenciado

---

[10] O Ministério da Pesca tem como titular Marcelo Crivella, pastor evangélico ligado ao bispo Edir Macedo, da Igreja Universal do Reino de Deus (Iurd), senador pelo Partido Republicano Brasileiro (PRB-RJ). Quanto aos ruralistas, conforme matéria de *O Estado de S. Paulo*, de 24-5-2012, sua bancada já constitui o "maior lobby do Congresso", controlando um quarto da Câmara dos Deputados. Segundo o jornal, "a bancada (...) vale-se de alianças com outras agremiações no Congresso para promover uma agenda que inclui, entre suas principais bandeiras, o perdão às dívidas de agricultores, a expansão de terras cultiváveis no país e a oposição à ampliação de terras Indígenas". (Disponível em: <www.estadao.com.br/noticias/nacional,maior-lobby-no-congresso-ruralistas-controlam-14-da-camara,877406,0.htm>).

pela atuação das bancadas supracitadas conforme observado no Basômetro e reproduzido nos gráficos 4 e 5.

Ao filtrarmos apenas o comportamento dessas bancadas, podemos aferir nitidamente a defecção destes agentes: no primeiro destaque, as bancadas evangélica e ruralista impuseram, em sua maioria, uma derrota ao governo por 109 a 87 votos, ainda que a maioria dos partidos representados compusesse a base do governo; no segundo destaque, o governo conseguiu reduzir algumas defecções, o que não impediu uma nova derrota no seio dessas bancadas por 95 a 90 votos.

GRÁFICO 4
Votação na Câmara dos Deputados
Sessão de 28-3-2012 (Destaque PSDB, PSC, PV, PPS, PR, PTdoB, PRP, PHS, PTC, PSL, PRTB, PSOL e DEM) — comportamento das bancadas evangélica e ruralista

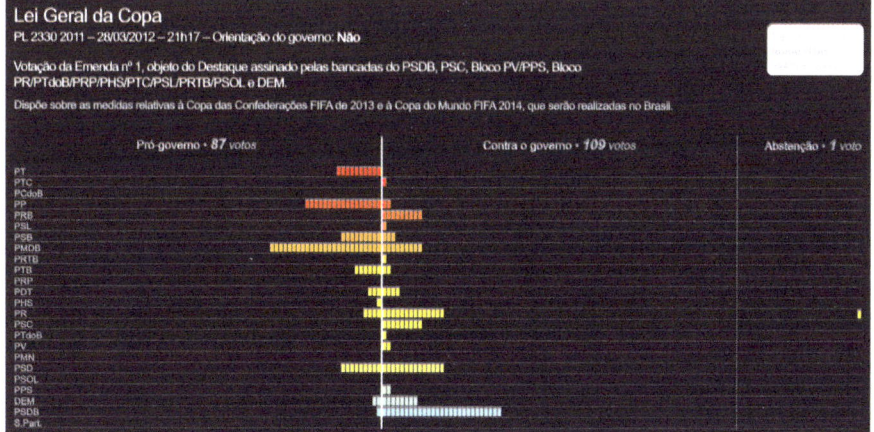

Fonte: Basômetro, Estadão Dados (2013).

GRÁFICO 5
Votação na Câmara dos Deputados
Sessão de 28-3-2012 (Destaque PSC) — comportamento das bancadas evangélica e ruralista

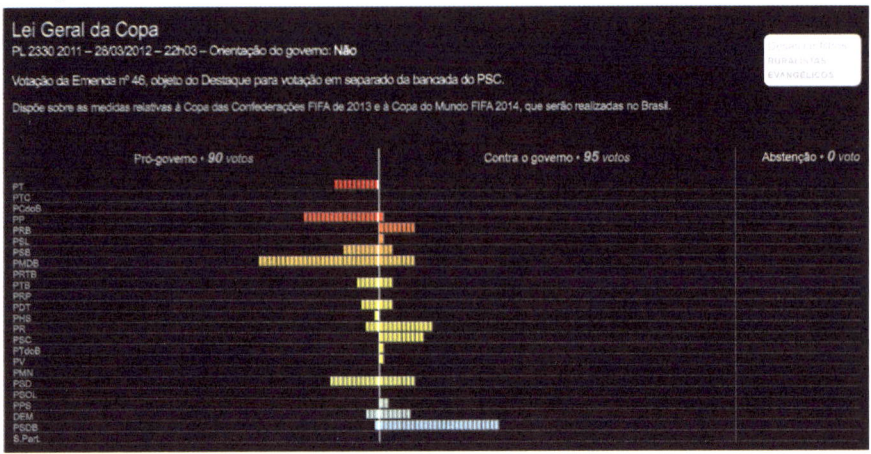

Fonte: Basômetro, Estadão Dados (2013).

A associação do Basômetro ao acervo de matérias do jornal a respeito da LGC nos permitiria compreender movimentos desse tipo. Mais que isso, a possibilidade de verificação de nomeações (no *Diário Oficial*) e de liberações de recursos e emendas parlamentares nos permitiria perceber ainda melhor a natureza e a dinâmica das negociações. Supõe-se que a questão "tecnológica" possa ser equacionada — ainda que não facilmente.

Assim, como a liberação não foi explicitada pela lei, os líderes partidários alcançaram uma solução de compromisso, decidindo que caberá à Fifa negociar o tema com cada estado que sediará a Copa, de acordo com sua própria legislação e os acordos políticos decorrentes.

O resultado citado demonstra que boa parte da base parlamentar do governo não acompanhou sua orientação, principalmente os partidos ligados à bancada evangélica como PRB e PSC, mas não apenas estes.[11] Em contra-

[11] Podemos observar que houve votos contrários ao governo em outras legendas governistas, como PTC, PRTB, PMDB, PR, PSB, PP, PT do B, PDT, PRP e PV.

partida, no seio da oposição, apenas o PPS (em um caso) e o PSOL (nos dois casos) cumpriram integralmente seu papel, tendo o PSDB e o DEM sofrido algumas defecções em direção ao governismo.

Nota-se que em matéria tão importante para o governo — e para a imagem internacional do país —, na primeira votação, 94 deputados simplesmente não compareceram para votar; na segunda, ainda mais significativa, 121 deputados estiveram ausentes.

Ausentar-se do Plenário, não dar quórum, deliberadamente não votar é uma forma clara (e, ademais, legítima) de expressar um posicionamento político ou de encaminhar uma negociação. Não se pode apenas, do ponto de vista moral — e despido do entendimento da dinâmica da política parlamentar —, fazer reparos a esses movimentos. No entanto, a percepção dessa realidade, como um dado, favorece algumas sínteses importantes:

1. Alguns cálculos dão conta de que o governo da presidente Dilma Rousseff contaria com uma base aliada estimada em 80% da Câmara, o que perfaz um número estratosférico, superior a 400 deputados. Alardeia-se, por sinal, a exuberância desses números e a fragilidade da oposição. E, em tese, o governo seria imbatível. Esta visão é precária, carece de senso de complexidade. A realidade do dia a dia do governo em nosso presidencialismo de coalizão é muito mais complexa.

2. Embora exista o princípio da disciplina partidária, os partidos nem sempre conseguem fechar questão (ou raramente o fazem) no que se refere ao posicionamento quanto aos projetos do governo. Isto leva a grande dispersão e aumenta os custos de negociação, criando incentivos para o desenvolvimento de interesses e estratégias de grupo e até mesmo individuais.

3. O Basômetro demonstra claramente a vitória, e é capaz de identificar votos em contrário. Facilita a visão das defecções na base governista e mesmo na oposição. Ainda assim, deixa apenas subentendida a questão das ausências — é necessário que se calcule a diferença entre o número de votantes e os possíveis 513 parlamentares, no caso da Câmara, que poderiam votar. Mesmo sendo um número expressivo, não há qualquer alerta para ele.

4. Também as razões da orientação de voto de cada partido ficam apenas supostas, dada a orientação mais ampla de apoio ou oposição ao governo. De

todo modo, apenas pelo resultado, não é possível compreender os motivos de eventuais votações contrárias ao próprio alinhamento das coalizões.

Objetivamente falando, o processo de negociação em que uma parte significativa da base nega o apoio ao governo rompe, pelo menos momentânea e parcialmente, com a coalizão. Isso fica obscurecido quando acompanhado apenas pela evidência fria dos números. Há um "jogo" que existe e não pode ser obliterado.

É evidente que qualquer democracia apresenta seu peculiar processo de negociação, a fragmentação parlamentar e as frações partidárias. Ainda assim, o exemplo mencionado demonstra que o presidencialismo de coalizão brasileiro compreende custos inevitáveis de negociação que estão muito além de questões ideológicas e programáticas, abarcando características muito mais pragmáticas — quando não fisiológicas — a discutir. Tanto evangélicos quanto ruralistas aproveitaram-se, por assim dizer, da LGC para fazer valer seus interesses setoriais. É possível que, individualmente, alguns parlamentares também o tenham feito, sendo, no entanto, mais difícil de captar tais movimentos.

Ainda assim, desmembrados esses votos contrários, analisados caso a caso, poderíamos encontrar demandas até mesmo desvinculadas desses agrupamentos, demandas individuais que pegam carona em votações específicas. Caberia aqui uma discussão — que de resto nos retiraria do foco — que seria analisar a capacidade e o poder das lideranças partidárias em se fazer seguir por suas bases, em evitar a dispersão de interesses e, assim, reduzir os custos de negociação. Mas isto seria tema para outro trabalho, e embrionariamente foi tratado no capítulo de Humberto Dantas.

Reafirmamos que a coalizão do presidencialismo brasileiro não pode ser entendida apenas como uma relação entre maioria e minoria; entre governo e oposição. Trata-se de fenômeno muito mais complexo, como sabemos. De qualquer modo, após a conturbada aprovação na Câmara dos Deputados, a Lei Geral da Copa seguiu para ser apreciada, conforme disposição constitucional, pelo Senado Federal. Durante sua discussão, na sessão de 9 de maio de 2012, a relatora Ana Amélia Lemos (PP-RS) chegou a mostrar contrariedade quanto ao texto-base aprovado pela Câmara no que diz respeito à liberação de venda de bebidas,[12] mas deu prosseguimento à matéria, alegando prazo restrito para discussão mais substantiva.

Dessa forma, o texto prosseguiu sem alterações importantes e foi aprovado por 40 votos governistas contra 19 votos oposicionistas, conforme podemos observar no gráfico 6. É importante observar que, no âmbito do Senado, os contornos que definem o governo e a oposição estão mais nítidos, embora não sejam marcados de forma draconiana.

Se do lado da oposição (PSDB, DEM e PSOL) não houve defecções em sua orientação, o governo sofreu baixas no PMDB, no PP, no PTB, no PDT, no PR e no PSC, muitas em razão do posicionamento — semelhante ao adotado na Câmara — da chamada bancada evangélica.

Após a votação no Senado, o texto seguiu para a sanção presidencial de Dilma Rousseff e foi publicado no *Diário Oficial da União* no dia 6 de junho de 2012, com seis vetos acerca de trabalho voluntário nas competições, concessão de vistos e reservas de ingressos.

GRÁFICO 6
Votação da Lei Geral da Copa no Senado Federal
Sessão de 9-5-2012

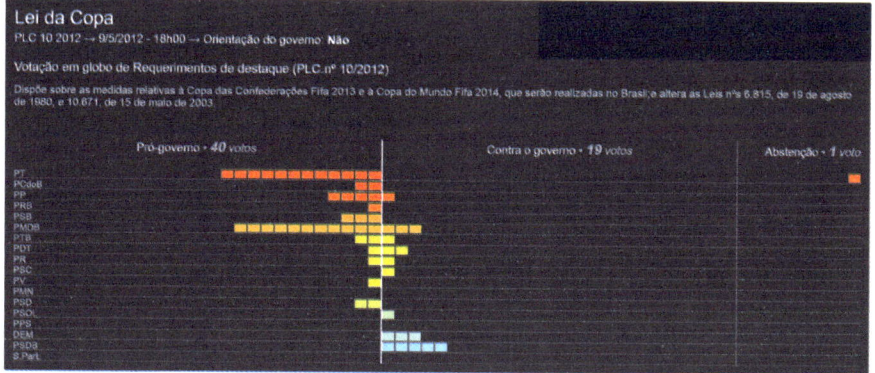

Fonte: Basômetro, Estadão Dados (2013).

---

[12] As críticas da relatora Ana Amélia foram acompanhadas inclusive por membros do partido da presidente, como o ex-ministro da Saúde Humberto Costa (PT-PE), que, a despeito disso, votaram com o governo pela aprovação da legislação.

Diante do resultado — e das oscilações entre governo e oposição expostas neste caso —, observamos a necessidade de aprofundar a discussão sobre as relações entre Executivo e Legislativo exposta pelos estudos clássicos de Figueiredo e Limongi, e de Santos, à luz dos questionamentos de Moisés e colaboradores e dos dados apresentados por esse novo e interessante dispositivo denominado Basômetro.

Considerações finais

O Basômetro é uma extraordinária ferramenta à disposição da ciência política e, sobretudo, da cidadania. Permite-nos enxergar com mais clareza e transparência a decisão final dos partidos e mesmo dos parlamentares, individualmente. Torna possível avaliar a disciplina e a fidelidade partidária em cada legenda e destas com seus posicionamentos pró e/ou contra o governo. Melhora significativamente o entendimento das relações Executivo e Legislativo, possibilitando o aperfeiçoamento da teoria que se desenvolveu a respeito do tema, ao longo dos anos.

Paradoxalmente, sua existência aponta para suas lacunas e por isso mesmo clama pelo aperfeiçoamento do processo. Respondendo a velhas questões, abre espaço para novas e mais complexas perguntas. A continuidade do projeto Basômetro torna-se essencial para a qualidade da democracia: integrar novos bancos de dados e cruzar informações de outra natureza será um avanço extraordinário.

Não seria exagero afirmar que o Basômetro — bem como sua ampliação e a integração dele a outros bancos de dados — consiste num importante instrumento de *accountability* a serviço da sociedade brasileira e do aperfeiçoamento do regime democrático vigente.

Referências

ABRANCHES, Sérgio. Presidencialismo de coalizão: o dilema institucional brasileiro. *Dados — Revista de Ciências Sociais*, Rio de Janeiro, v. 3, n. 1, p. 5-33, 1988.

AMORIM NETO, Octávio. *Presidencialismo e governabilidade nas Américas*. Rio de Janeiro: Ed. FGV, 2006.

BOVERO, Marcelo. *Contra o governo dos piores*. São Paulo: Campus, 2002.

CARVALHO, José Murilo de. *Cidadania no Brasil*. 3. ed. Rio de Janeiro: Civilização Brasileira, 2002.

DINIZ, Simone. Interações entre os poderes executivo e legislativo no processo decisório: avaliando sucesso e fracasso presidencial. *Dados — Revista de Ciências Sociais*, Rio de Janeiro, v. 48, n. 1, p. 333-369, 2005.

FAORO, Raymundo. *Os donos do poder*: a formação do patronato político brasileiro. São Paulo: Globo, 2008.

FIGUEIREDO, Argelina Cheibub. *Democracia ou reformas?* Alternativas democráticas à crise política: 1961-1964. São Paulo: Paz e Terra, 1993.

____; LIMONGI, Fernando. *Executivo e Legislativo na nova ordem constitucional*. Rio de Janeiro: Ed. FGV, 1999.

____; ____. O Legislativo e âncora fiscal. In: REZENDE, Fernando; CUNHA, Armando (Coord.). *O orçamento e a transição de poder*. Rio de Janeiro: Editora FGV, 2003. p. 55-91.

GEORGE, Alexander; BENETT, Andrew. *Case studies and theory development in the social science*. Londres: MIT Press, 2005.

KINZO, Maria D'Alva Gil. *Representação política e sistema eleitoral no Brasil*. São Paulo: Símbolo,1980.

LAMOUNIER, Bolívar. *Da Independência a Lula*. São Paulo: Augurium, 2005.

____. *Depois da transição*: democracia e eleições no Governo Collor. São Paulo: Loyola, 1991.

LIMA JÚNIOR, Olavo Brasil de. *Os partidos políticos brasileiros*: a experiência federal e regional (1945-64). Rio de Janeiro: Graal, 1983.

LIMONGI, Fernando; FIGUEIREDO, Argelina. Bases institucionais do presidencialismo de coalizão. *Lua Nova*, n. 44, p. 81-106, 1999.

LINZ, J. J. Presidential or parliamentary democracy: does it make a difference? In:

____; VALENZUELA, A. (Ed.). *The failure of presidential democracy*: the case of Latin America. Baltimore: John Hopkins University Press, 1994. v. 2.

MAINWARING, Scott. Presidenciaism, multiparty systems and democracy: the difficult equation. *Comparative Political Studies*, v. 26, n. 2, p. 198-228, 1993.

MELO, Carlos. *O ator e suas circunstâncias*. Ribeirão Preto: Novo Conceito, 1997.

MILL, John Stuart. *On liberty*. Alburey Castell, NY: Appleton-Century Crofts, Inc., 1947.

MOISÉS, José Álvaro et al. (Org.). *Democracia e confiança*: por que os cidadãos desconfiam das instituições democráticas? São Paulo: Edusp, 2010.

____ et al. *O papel do Congresso Nacional no presidencialismo de coalizão*. Rio de Janeiro: Konrad-Adenauer-Stiftung, 2011.

NICOLAU, Jairo. Partidos na república de 1946: velhas teses, novos dados. *Dados — Revista de Ciências Sociais*, Rio de Janeiro, v. 47, n. 1, p. 85-128, 2004.

PALERMO, Vicente. Como se governa o Brasil? O debate sobre instituições, políticas e Gestão de Governo. *Dados — Revista de Ciências Sociais*, Rio de Janeiro, v. 43, n. 3, p. 521-557, 2000.

SANTOS, Fabiano. *O Poder Legislativo no presidencialismo de coalizão*. Rio de Janeiro: UFMG; Iuperj, 2003.

SHUGART, Mathew Soberg; CAREY, John M. *Presidents and assemblies*: constitutional design and electoral dynamics. Cambridge: Cambridge University Press, 1992.

SOARES, Gláucio. *Sociedade e política no Brasil*. São Paulo: Difel, 1973.

WEBER, Max. Parlamentarismo e governo numa Alemanha reconstruída: uma contribuição à crítica política do funcionalismo e da política partidária. In: ____. *Os pensadores*. Tradução de Maurício Tragtenberg. São Paulo: Abril, 1980. p. 1-85.

CAPÍTULO 2
O governismo na política brasileira

*Paulo Peres**

Introdução

Um dos fenômenos que se tornam cada vez evidentes na política é o governismo. Por governismo devemos entender um comportamento partidário que tem como objetivo principal a participação no governo, de algum modo. Nos regimes democráticos, para "estar no governo, de algum modo", os partidos têm dois caminhos possíveis: (1) ou conquistam o Poder Executivo por meio da vitória eleitoral (2) ou procuram aderir à coalizão partidária que dá apoio ao Executivo no Legislativo. O governismo corresponde à adoção de uma estratégia que consiste em trilhar o segundo caminho. Ou seja, o governismo é uma estratégia possível para que um partido possa participar do governo numa situação em que ele não é o titular do Poder Executivo. Ao mesmo tempo, essa é a motivação crucial com a qual o governo poderá contar para tentar obter algum grau satisfatório de governabilidade, afinal, sempre que possível, os partidos tenderão a preferir fazer parte da coalizão de governo.[1]

---

* Professor do Departamento de Ciência Política e da Pós-Graduação em Ciência Política da Universidade Federal do Rio Grande do Sul.
[1] Sobre esse poder de atração que os recursos governamentais exercem sobre os partidos, ver Katz e Mair (2002, 1995).

Mas, qual a razão dessa ambição governista? Ocorre que estar no governo traz vantagens óbvias, como a ocupação de cargos estatais, a garantia do controle de verbas e políticas públicas as mais variadas, influência e prestígio, e assim por diante. O controle de tais recursos, por sua vez, pode ser revertido em votos e, assim, suprir a organização dos meios necessários à sua sobrevivência e até promover seu crescimento. Se cresce, o partido detém maior número de cadeiras legislativas e cargos executivos, o que significa que aumenta seu poder no parlamento e seu peso nos mercados eleitorais de estados e municípios. Com isso, consegue negociar mais cargos e recursos, e, às vezes, até conquistar a posição de seu maior interesse: o Executivo. Tudo isso, obviamente, tem efeito retroalimentado. Portanto, ser governista pode significar a entrada num "ciclo virtuoso" que garante emprego, renda e poder aos partidários.

Não por acaso, esse fenômeno vem chamando a atenção dos pesquisadores de política comparada que se dedicam a analisar as democracias europeias. Segundo eles, em decorrência das recentes mudanças nos ambientes eleitoral e social daqueles países,[2] suas organizações partidárias evoluíram no sentido da formação de uma espécie de cartel que controla a máquina estatal para extrair seus recursos. Trata-se do surgimento de um novo tipo de organização partidária, o *cartel party*, orientado à busca de cargos e verbas estatais e, por isso, com maior ênfase no que foi denominado *party in public office*, ou seja, o investimento do partido na "captura" dos recursos do Estado. Em realidade, essa evolução ter-se-ia mostrado inevitável nas democracias representativas, dependentes dos partidos, uma vez que a participação no governo se tornou algo crucial para a sobrevivência da organização partidária contemporânea, com seus políticos profissionais, sua burocracia altamente especializada e volumosa e seus assessores de alto custo, como profissionais de relações públicas e de marketing, publicitários, jornalistas, economistas, cientistas políticos etc.[3]

---

[2] Sobre as mudanças estruturais na Europa, confira Mair (1997), Bartolini e Mair (1990) e Inglehart (1977, 1990).
[3] Para mais detalhes sobre tais aspectos, confira Katz e Mair (2002, 1995, 1993).

Ademais, esse fenômeno seria sobejamente favorecido por certos desenhos constitucionais. Em sistemas eleitorais proporcionais e pluralistas haveria incentivos ainda mais fortes para o governismo, uma vez que existiriam mais espaços de poder a serem ocupados. Paralelamente, seria necessária a formação de coalizões partidárias para a obtenção de maiorias legislativas capazes de proporcionar governabilidade ao Poder Executivo. Juntando-se as duas peças, temos aí montado o quebra-cabeça do governismo contemporâneo. Inclusive, esse é o caso do Brasil, onde os governos formados a partir da Constituição democrática recente tiveram de recorrer às coalizões partidárias para a obtenção de governabilidade, o que veio a ser denominado "presidencialismo de coalizão".[4]

De tal perspectiva, minha intenção neste texto é analisar o governismo no processo democrático brasileiro recente, a partir das informações contidas no banco de dados organizado e disponibilizado publicamente pelo Estadão Dados, na plataforma virtual interativa chamada Basômetro.[5] Conforme será mostrado, no período coberto pelos dados, de fato, o governismo é a tônica dominante, tanto na Câmara dos Deputados como no Senado. Para encerrar, discutirei algumas questões mais gerais a respeito do fenômeno do governismo nas democracias contemporâneas.

---

[4] Esse debate foi iniciado por Abranches (1988) e desenvolvido pela área de estudos legislativos por Figueiredo e Limongi (1999), Santos (2003), entre outros. Para provar a eficácia do "presidencialismo de coalizão" na geração de governabilidade em prol do Executivo, os pesquisadores recorreram à mensuração da "disciplina partidária", a qual apreende a coesão dos votos dos parlamentares em relação às indicações de posicionamento das lideranças de seus respectivos partidos. Desse modo, poderíamos dizer que a mensuração da disciplina partidária, de certo modo, dava algum parâmetro para o dimensionamento do governismo da base de apoio legislativo ao Executivo. Para uma análise de revisão crítica dessa literatura, ver Peres e Carvalho (2012); para um balanço da evolução desse conceito, leia Limongi (2006).

[5] Essa é uma iniciativa digna de nota, pois seu resultado traz uma contribuição realmente significativa para a democracia brasileira. Se, conforme um dos principais teóricos da democracia do século XX, Robert Dahl (1997), um dos requisitos fundamentais desse regime político é o acesso à informação, e especialmente à informação sobre o governo, disponibilizar para o público uma massa de dados tão importante sobre o comportamento parlamentar, e ainda de maneira aberta e interativa, seguramente colabora para o funcionamento mais efetivo desse regime político. Por meio do Basômetro é possível acompanhar, de forma dinâmica, as votações dos deputados, senadores, partidos, bancadas em relação aos projetos de interesse do governo, tendo uma ideia mais clara da consistência e da coerência dos governistas e da oposição. Tais informações são relevantes para qualquer cidadão numa democracia.

As bases institucionais do governismo brasileiro

Num discurso proferido em 24 de março de 2004, o então presidente Lula concluiu o seguinte: "o bom de ser governo [vai] do dia em que você é eleito até a posse. Depois, são só problemas". Tal afirmação já era em si curiosa, uma vez que era proferida por um governante que parecia estar bem "confortável com seus sapatos"; mas, era mais do que isso, era sobejamente contraditória, afinal, "nunca antes na história deste país" tivemos alguém que lutou com tanta tenacidade para chegar ao posto mais elevado do governo. A contradição fica ainda maior quando, pouco tempo depois — como, aliás, já era esperado — ele resolveu lançar-se candidato à reeleição e, reeleito, acabou tendo de lidar com mais quatro anos de "problemas".

Mas, a contradição ganhou volume extra quando o próprio Lula, já constitucionalmente impedido de concorrer outra vez ao cargo, fez verdadeiro cavalo de batalha para impor, dentro de seu partido, a candidatura de Dilma Rousseff para substituí-lo. Vitorioso, o PT assegurou outros quatro anos de governo — ou de "problemas", conforme o aforismo do ex-presidente. Obviamente, não restam dúvidas de que, mantidas as condições de "temperatura e pressão" — entenda-se popularidade pessoal e aprovação de seu governo —, a presidente Dilma certamente também buscará a reeleição.

Contudo, não nos enganemos, essa avidez pelo governo não se restringe apenas a Lula e ao PT. O PSDB, por exemplo, está no governo do estado de São Paulo praticamente desde o final da transição democrática, e ainda não há sinais visíveis de que deixará essa posição num futuro breve. Os próprios tucanos foram os que mais se empenharam na aprovação da emenda constitucional que tornou possível a reeleição para os cargos executivos. O ex-presidente Fernando Henrique Cardoso foi o primeiro beneficiário dessa mudança nas "regras do jogo", duplicando sua estadia no Palácio do Planalto. O mesmo arrebatamento pelo governo se aplica aos demais partidos, desde os grandes até os pequenos, sejam eles de esquerda, centro ou direita. Bastaria conferir a história eleitoral de cada estado e município brasileiro para constatarmos que políticos individuais e partidos permanecem nos governos em cada um desses níveis da federação o máximo possível, ou à testa do Executivo ou como integrante da coalizão partidária pró-governo.⁶

Tampouco o governismo é um fenômeno recente na realidade política brasileira. Mesmo desconsiderando o período imperial, quando ser "saquarema" ou "luzia", na prática, era indiferente, já é possível identificar essa estratégia na "solução mandevilleana" que Campos Salles encontrou para o problema da cooperação dos partidos estaduais no Legislativo, trazendo certa estabilidade e governabilidade para o Poder Executivo.⁷ Ao mesmo tempo que recorria a barganhas pouco recomendáveis e expedientes nada honestos, como a "degola",⁸ num sistema eleitoral amplamente aberto a manipulações e fraudes, essa "política dos estados" ou "dos governadores", juntamente com o mecanismo coronelista nas bases eleitorais,⁹ impôs o governismo não apenas como estratégia dominante, mas como a única capaz de garantir alguma efetividade aos partidos daquele período. Portanto, já na Primeira República, o governismo possibilitou a governabilidade, induzido pelas cooptações, manipulações e punições a quem se atrevesse a fazer oposição aos Executivos nacional e estaduais.

No contexto da atual democracia brasileira, a "solução" para a cooperação entre Executivo e Legislativo também envolve o incentivo ao governismo. Esse incentivo está relacionado com o fato de que o Poder Executivo, que detém recursos imprescindíveis aos partidos,¹⁰ é identificado com o governo. *Grosso modo*, o governo compreende a arena ou o espaço político-institu-

---

⁶ Analisando as coligações eleitorais nas eleições municipais, Dantas (2007) trouxe dados surpreendentes que evidenciam esse comportamento governista de todos os partidos. No nível local, inclusive, alianças consideradas impensáveis no nível federal, como entre o PT e o PFL/DEM, por exemplo, foram seladas para se tentar garantir ou a conquista ou a manutenção do governo, assim como a participação nele como membro da coalizão governamental.

⁷ Essa estratégia de indução do governismo por Campos Salles foi analisada por Lessa (1988).

⁸ Sobre a degola, ver Carvalho (2001) e Ricci e Zulini (2012). Estes dois últimos autores trazem dados mais acurados e fazem uma interpretação não convencional da utilização do mecanismo da degola.

⁹ Sobre o mecanismo coronelista, confira a obra clássica de Leal (1997). Para uma análise aprofundada e histórica do conceito, ver o excelente trabalho de Queiroz (1997).

¹⁰ Figueiredo e Limongi (1999, 2008) e Santos (2003), entre outros, discutem em detalhes tais recursos e sua utilização como moeda de troca no "presidencialismo de coalizão" brasileiro.

cional no qual são disponibilizados aos seus titulares poder e recursos para a administração estatal, a produção de legislação e seu *enforcement*, assim como a formulação, execução e fiscalização de políticas públicas. Quem está no governo tem tais recursos à sua disposição. É claro que, entendido dessa forma, o governo abrange os tradicionais três poderes constitucionais — Executivo, Legislativo e Judiciário —, mas, na prática, em virtude de o Poder Executivo sempre ter a prerrogativa de dispor ou de controlar os recursos mais preciosos, e em maior quantidade, entende-se, usualmente, que governo é sinônimo de Poder Executivo.

Por sua vez, o Poder Executivo compreende uma pirâmide de poder em termos de recursos, como cargos, verbas, prerrogativas, prestígio, liderança etc. Essa pirâmide está configurada da seguinte maneira, de forma ascendente. O Executivo municipal tem mais recursos do que o Legislativo municipal, mas menos recursos do que o Executivo estadual. Este tem mais recursos do que o Legislativo estadual, mas menos recursos do que o Executivo nacional, que, por sua vez, tem mais recurso do que todos os Legislativos e demais Executivos. Então, a conquista do Poder Executivo dá direito a uma série de recursos cobiçados por todos os partidos, e, conforme o Executivo conquistado, ter-se-á mais poder, na forma de recursos assimétricos, sobre os outros poderes e, consequentemente, sobre os outros partidos. Nesse jogo, o Executivo nacional é o prêmio máximo, e o governo, repito, é identificado com o Executivo, convertendo-se no centro de gravidade em torno do qual orbitam os partidos. Percebido por esse ângulo, o governismo também pode abarcar o padrão de relações federativas; ou seja, essa estratégia de comportamento pode ocorrer tanto no eixo vertical como no horizontal do desenho constitucional — algo que teria caracterizado a chamada "política oligárquica" da Primeira República brasileira. Quando tais relações se estabelecem entre executivos diferentes, podemos dizer que temos um governismo federativo, baseado na assimetria de poder, principalmente econômico, envolvendo, por ordem hierárquica decrescente, os executivos nacional, estaduais e municipais. Esse é um governismo que se estabelece no eixo vertical dos desenhos constitucionais. No eixo horizontal, temos um padrão de governismo que se estabelece entre os poderes Executivo e Legislativo, mas que pode caracterizar-se também ao longo do eixo vertical — Legislativo e Executivo nacionais, estaduais e municipais podem apresentar tal padrão.

Paralelamente ao fato generalizável de que o Poder Executivo exerce um efeito atrativo sobre os partidos, temos ainda, no caso brasileiro, a existência de dois incentivos constitucionais para a manifestação atual do governismo: o sistema eleitoral-partidário e a forma de governo.[11] No presidencialismo, forma adotada no Brasil, a conquista do Executivo independe do aval do Legislativo. O presidente da República é eleito diretamente pela população e, com base nisso, assume o governo mesmo nos casos em que seu partido seja minoritário no Parlamento. No parlamentarismo, o chefe do Executivo depende da maioria legislativa, pois sua ascensão ao cargo é promovida não diretamente pelo voto popular, mas sim pela vontade majoritária do Parlamento. Então, em princípio, no parlamentarismo, primeiramente, o Legislativo forma uma maioria, que pode ser a de um único partido ou de uma coalizão partidária, e, depois, institui o Executivo e seu gabinete ministerial. No presidencialismo, ao contrário, o Executivo é empossado antes da formação do governo, pois sua legitimidade deriva dos eleitores, não do Parlamento. O governo, assim, é formado depois que o Executivo é instituído. Ou seja, no parlamentarismo, o Executivo é o produto da formação de governo; no presidencialismo, a formação do governo é produto da ação do Executivo.

Esse processo de formação de governo, por sua vez, interage com o formato do sistema eleitoral-partidário. Em países bipartidários, governos tanto presidencialistas como parlamentaristas terão poucos incentivos para investir no governismo, pois as recompensas para as cooptações para alianças são praticamente inexistentes. Com apenas dois grandes partidos com pesos significativos no processo decisório, esses sistemas fazem com que governo e oposição coincidam plenamente com ambos. Assim, se o partido que conquistou o Executivo logra êxito na obtenção da maioria das cadeiras legislativas necessária à governabilidade, não faz o menor sentido tentar atrair seu adversário para a formação de uma coalizão governista. No parlamentaris-

---

[11] Sobre as distinções e efeitos institucionais das formas de governo presidencialista e parlamentarista e dos sistemas bipartidário e multipartidário, ver Shugart e Carey (1992).

mo, o chefe do Executivo será facilmente empossado; no presidencialismo, formará seu governo mais tranquilamente. Ao partido minoritário sobrará apenas a estratégia oposicionista, com a qual tentará dificultar sua governabilidade, obliterando as políticas do governo, fiscalizando-o rigidamente, denunciando-o sempre que possível, judicializando o processo legislativo, e assim por diante. Com isso, procurará se capitalizar para vencer a próxima competição eleitoral.

No caso em que o partido que venceu a competição pelo Executivo é minoritário no Legislativo, situação praticamente restrita ao presidencialismo — já ocorrida algumas vezes nos EUA— , teremos os mesmos baixos incentivos ao governismo, só que de maneira inversa. O partido majoritário no Parlamento não terá qualquer incentivo maior para colaborar com o Executivo e, menos ainda, para formar uma coalizão que lhe dê sustentação legislativa. Agora, a estratégia oposicionista não é um restolho que lhe foi atirado pelo governo; nessa situação, a estratégia oposicionista é a mais indicada para pavimentar seu caminho rumo à conquista do governo na corrida eleitoral vindoura. Sendo majoritário no Legislativo, o partido oposicionista conseguirá mais facilmente criar dificuldades para o partido que detém o Poder Executivo e, assim, sabotar seu governo ao máximo. Com baixa governabilidade, esse governo sofrerá sérios impactos em sua popularidade, sofrerá desgastes que poderão tirá-lo do páreo na próxima disputa.

Em países com sistemas multipartidários, presumivelmente, há maiores incentivos ao governismo. Com muitos partidos em competição, é de se esperar que os votos sejam fragmentados, em certa medida. Quanto mais dispersos forem os votos nos partidos, mais partilhadas serão as cadeiras legislativas, o que significa que será relativamente difícil que um partido obtenha, sozinho, a maioria dos assentos no Parlamento. Sem haver um partido claramente majoritário em relação ao total de vagas do Legislativo, torna-se necessária a formação de coalizões partidárias para que se atinja aquela maioria que seja capaz de sustentar o primeiro-ministro, no caso dos governos parlamentaristas, ou o presidente, no caso dos governos presidencialistas. Num regime parlamentarista, a própria formação do governo e a indicação do chefe do Executivo dependerão da construção dessa coalizão majoritária no parlamento. No presidencialismo, embora o presidente tenha direito ao exercício do cargo sem qualquer indicação ou apoio do Legislativo, sempre haverá o incentivo à formação de coalizão majoritária com a finalidade de assegurar-lhe a governabilidade necessária ao bom desempenho de suas funções e à implementação de sua agenda.

Portanto, no Brasil, onde temos um Poder Executivo com consideráveis recursos à sua disposição, o que faz dele um irresistível polo de atração dos partidos, temos também um presidencialismo multipartidário, o qual demanda a formação de coalizões majoritárias para a obtenção de governabilidade.[12] Os incentivos para a estratégia governista ficam assim postos na mesa de negociações: o Executivo detém recursos, mas não tem votos suficientes no Legislativo para assegurar-lhe a governabilidade; os partidos que estão no Legislativo têm votos, mas não detêm recursos suficientes para a sustentação das atividades de seus membros e de sua organização. A troca de recursos por apoio será então a moeda dessa transação e o governismo será a melhor solução para os partidos que não conquistaram o Executivo, mas que querem ou precisam dos recursos controlados pelo governo.[13]

---

[12] Na verdade, a maioria legislativa é apenas uma parte da governabilidade, que, em princípio, pode ser dividida em três tipos: (1) governabilidade legislativa, (2) governabilidade administrativa e (3) governabilidade fiscal. Sem maioria no Congresso, torna-se muito difícil governar, pois é custosa ou inviável a aprovação de projetos, sem contar o poder que os parlamentares ganham no que se refere a fiscalização e denúncias em relação ao Executivo. Mas, é igualmente importante a capacidade administrativa dos ministros, secretários e, principalmente, da burocracia estatal. Sem isso, a administração da máquina do Estado e a execução e avaliação das políticas públicas ficam seriamente comprometidas. Não menos importante é a capacidade fiscal do governo, sem a qual não há cumprimento das obrigações financeiras nem investimentos. Entretanto, para a finalidade da presente discussão, atenho-me, neste texto, apenas à governabilidade legislativa.

[13] O governismo não é uma estratégia possível nas seguintes circunstâncias: (a) quando o sistema é bipartidário, obrigando a relação entre governo e oposição a ser, invariavelmente, uma relação entre os dois maiores partidos; (b) quando, em sistemas multipartidários, há prejuízos eleitorais ou constrangimentos morais para a adesão de algum partido ao governo; (c) quando a coalizão governamental já atingiu o ponto ideal para a obtenção dos votos da maioria necessários às suas políticas, cabendo nesse montante, obviamente, alguma margem de manobra para suplantar possíveis infidelidades; (d) quando o partido tem pouco poder de coalizão, ou seja, quando possui poucas cadeiras e tem pouca importância nas negociações políticas.

O governismo brasileiro em votos legislativos

Desde a redemocratização, o Brasil tem sido governado por coalizões partidárias, envolvendo o partido que conquistou o Poder Executivo e certos partidos que o apoiam no Legislativo, na forma de votos favoráveis aos projetos do governo. Com variações, as coalizões foram ganhando consistência cada vez maior ao longo do tempo, em função de os sucessivos presidentes da República terem aprendido a jogar o "jogo" da distribuição de recursos governamentais de maneira mais proporcional entre os parceiros da aliança, levando-se em consideração o tamanho de suas bancadas e, por consequência, a quantidade de votos de cada um deles.[14]

Com maiores dificuldades e certas instabilidades, os governos de Sarney, Itamar Franco e Collor ainda corresponderam aos iniciais "anos de aprendizagem" na formação da relação de troca governista. Com Fernando Henrique Cardoso, esse jogo passa a ser jogado de maneira cada vez mais cuidadosa e racionalizada. Com isso, a despeito de controvérsias circunstanciais, tensões pontuais e ameaças de rebeliões e defecções, a governabilidade, de fato, nunca foi seriamente ameaçada. Prova disso são os eloquentes dados apresentados pelas diversas pesquisas sobre o processo legislativo brasileiro, mostrando as altas proporções de disciplina partidária e o êxito do Executivo no que se refere à aprovação dos projetos de seu interesse, inclusive polêmicas reformas constitucionais.[15]

Já para o duplo período do governo Lula e para o parcial mandato de Dilma Rousseff, dispomos de dados ainda mais eloquentes, organizados e disponibilizados publicamente pela plataforma Basômetro, do Estadão Dados. Sua coleta se deu com o foco preciso de medir justamente o governismo dos partidos. O banco de dados traz as votações nominais na Câmara dos Deputados e no Senado nas quais houve clara indicação da posição do governo em relação a cada projeto votado. A unidade de análise é o voto individual

---

[14] Confira a discussão de Amorim Neto (2007) sobre esse ponto, ou seja, sobre o tamanho e a heterogeneidade dos ministérios formados pelos governos brasileiros, desde Sarney até Lula, destacando-se sua relação com a fragmentação partidária no parlamento.

[15] Sobre isso, ver Figueiredo e Limongi (1999) e Nicolau (2000).

de cada parlamentar em cada votação, de acordo com o interesse do governo. Desse modo, é possível conferir como cada deputado votou em cada matéria, assim como também é possível observar o comportamento agregado por partidos, estados e bancadas.[16]

Conforme mostram os gráficos a seguir, o governismo caracteriza de maneira bem demarcada as relações entre Executivo e Legislativo nos dois governos Lula e no governo Dilma, seja na Câmara ou Senado. No primeiro mandato de Lula (gráfico 1), cerca de 80% dos deputados votaram favoravelmente ao governo em 50% das vezes ou mais. Se delimitarmos os dados aos deputados que votaram com o governo em 75% das vezes ou mais, encontraremos cerca de 68% desses parlamentares. Se afunilarmos essa proporção para aqueles que foram governistas em 90% ou mais das votações, ainda assim teremos expressivos 41% dos parlamentares. Na faixa de 75% até 90%, há, inclusive, alguns deputados do PSDB e do PFL/DEM, principais partidos de oposição. No segundo mandato (gráfico 2), o governismo se manteve de forma consistente. Em 462 votações, cerca de 77% dos deputados votaram com o governo em pelo menos 50% das vezes. Delimitados os deputados que votaram pelo menos 75% das vezes com o governo, encontramos uma proporção de 73% de parlamentares. Subindo para pelo menos 90% de votos com o governo, encontramos 58% dos deputados.

Infelizmente, o banco de dados ainda não dispõe da taxa de governismo no Senado para os dois governos Lula. Mas, certamente, quando organizados, deverão mostrar padrão semelhante, porém, com proporções um pouco mais reduzidas, já que, como se sabe, seu governo enfrentou maior oposição naquela casa. A propósito da oposição no primeiro mandato, podemos perceber que, na Câmara dos Deputados, esta se reduziu a praticamente dois grandes partidos, o PSDB e o PFL/DEM, embora um número considerável de deputados desses partidos tenha apresentado uma taxa de governismo

---

[16] A plataforma é interativa e permite que qualquer usuário organize a disposição das informações por períodos temporais, por projeto em votação, por governo, casa legislativa etc. Assim, é possível saber a taxa de governismo dos deputados, partidos e bancadas de várias maneiras diferentes. Todos os detalhes técnicos e metodológicos do banco de dados podem ser acessados diretamente do site. Todos os gráficos apresentados aqui foram transpostos diretamente do Basômetro.

significativa — entre 50% e 75%. Até mesmo o PSOL foi consideravelmente governista, como pode ser observado no gráfico. No segundo mandato, o PPS passa a se comportar de maneira bem menos governista, ficando na faixa entre 25% e 50% de votos com o governo. O PSOL, embora tenha reduzido seu governismo, ainda ficou acima dos 50% nas votações com o governo. PSDB e PFL/DEM se tornaram mais oposicionistas, votando com o governo em menos de 30% das vezes.

GRÁFICO 1

Votações parlamentares com o governo na Câmara dos Deputados
Primeiro mandato de Lula (2003-06)

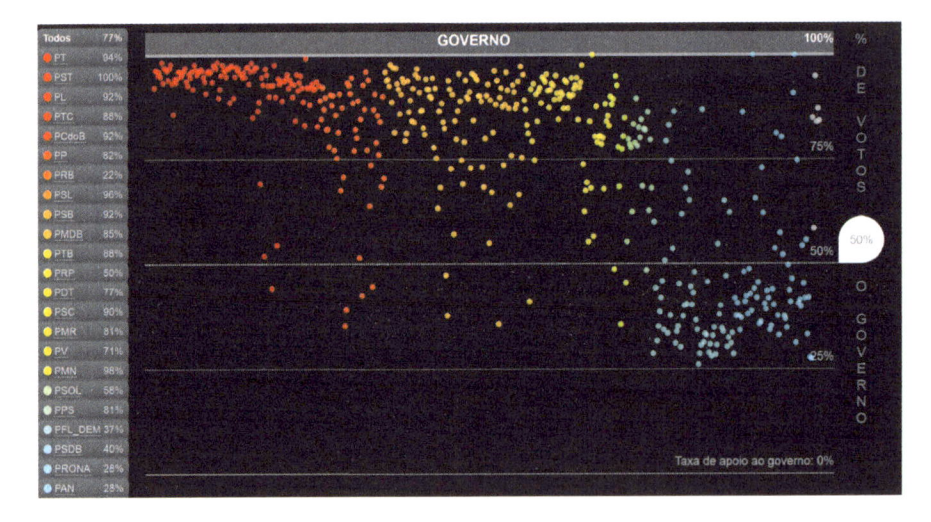

Fonte: Basômetro, Estadão Dados (2013).

GRÁFICO 2

Votações parlamentares com o governo na Câmara dos Deputados

Segundo mandato de Lula (2007-10)

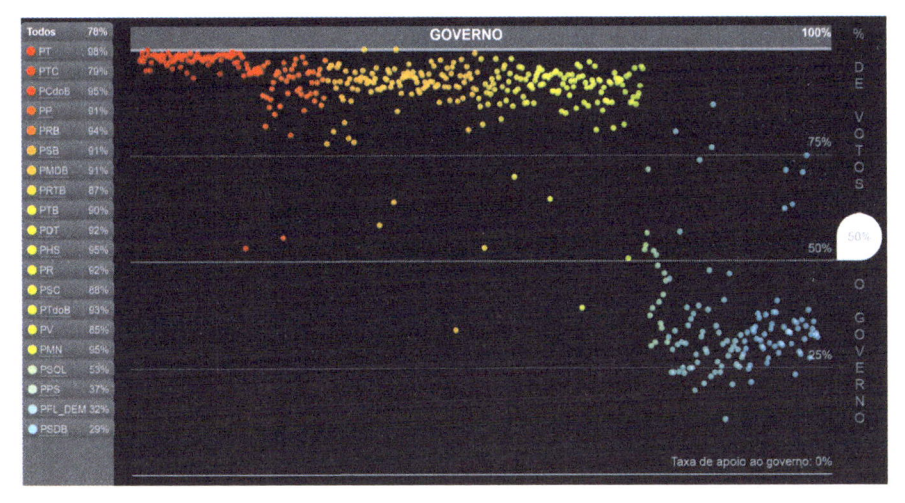

Fonte: Basômetro, Estadão Dados (2013).

No mandato de Dilma, até o momento, o governismo se mostra ainda mais demarcado, tanto na Câmara dos Deputados como no Senado, para o qual há dados disponíveis no Basômetro. O gráfico 3 mostra que, em 130 votações nominais contabilizadas, cerca de 82% dos deputados votaram favoravelmente ao governo em pelo menos 50% das vezes. Mostra ainda que 74% desses parlamentares agiram do mesmo modo em pelo menos 75% das votações, enquanto 43% deles se comportaram igual em mais de 90% das vezes. No Senado (gráfico 4) os números são ainda mais expressivos: 91% dos senadores apoiaram o governo em 50% ou mais das votações; em pelo menos 75% das votações, cerca de 76% dos senadores votaram com o governo; o mesmo ocorreu com 55% dos senadores em pelo menos 90% das vezes.

No caso dos partidos de oposição, PSDB, PFL/DEM e PPS continuam sendo os mais contrários; inclusive o PSOL passou a ser mais opositivo ao governo. Não obstante, com poucos senadores, o PFL/DEM se mostra mais governista naquela casa do que na Câmara dos Deputados; o PSDB, por sua vez, tem uma distribuição bem próxima dos 50% de governismo na mesma casa legislativa.

GRÁFICO 3
Votações parlamentares com o governo na Câmara dos Deputados
Mandato de Dilma Rousseff (2011-12)

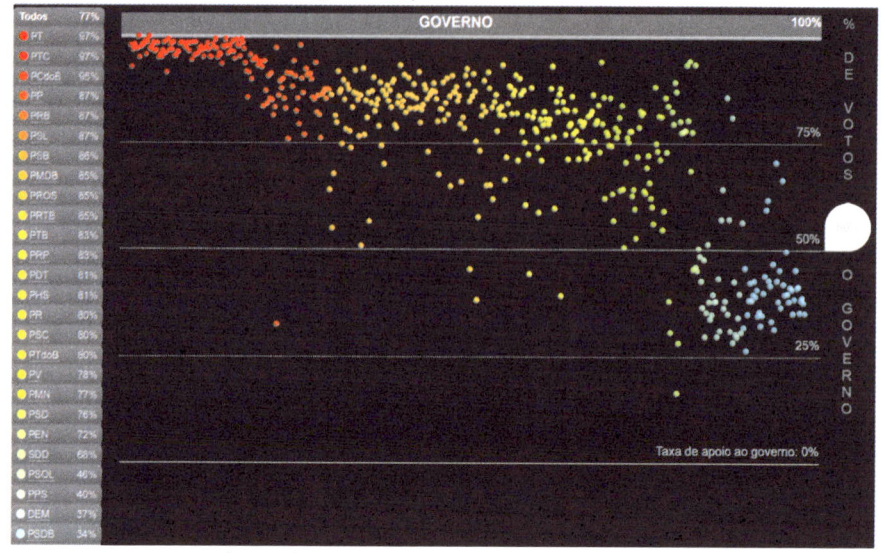

Fonte: Basômetro, Estadão Dados (2013).

GRÁFICO 4
Votações parlamentares com o governo no Senado
Mandato de Dilma Rousseff (2011-12)

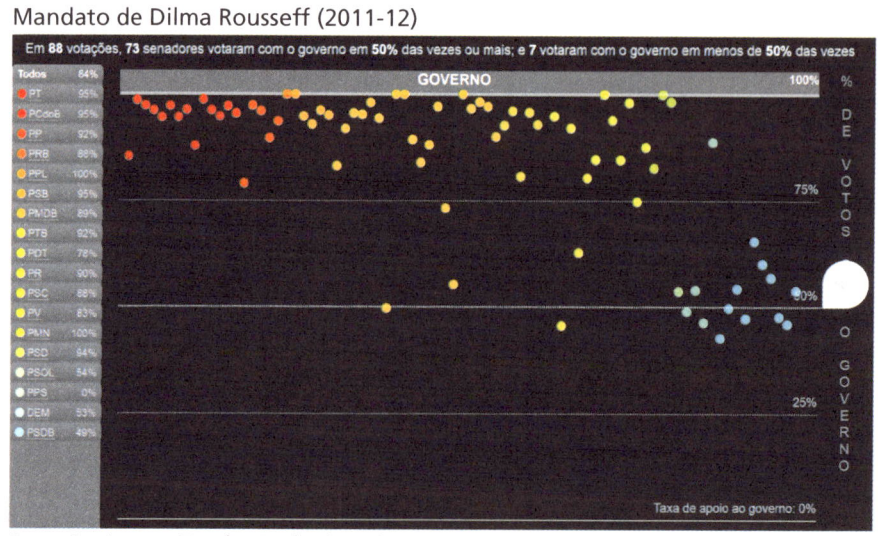

Fonte: Basômetro, Estadão Dados (2013).

Conclusão

Conforme mostraram os dados sobre as votações nominais no Legislativo brasileiro durante os governos Lula e Dilma, o governismo é um comportamento partidário e parlamentar dominante. Independentemente do que motiva os partidos, deputados e senadores, o fato é que, se ser governo é realmente um problema, como afirmou o presidente Lula no discurso mencionado, sem qualquer sombra de dúvida, esse é um problema que todos os partidos querem ter. Partidos novos, partidos mais antigos, partidos que deixaram de existir e que ainda surgirão, todos quiseram, querem e quererão estar no governo de algum modo, sempre que possível, em algum nível constitucional. Conquistar o governo é o objetivo prioritário de qualquer partido em atuação no sistema representativo brasileiro.

Porém, não devemos nos enganar com relação a mais este ponto; o *drive* governista, por assim dizer, não é exclusivo dos políticos e dos partidos brasileiros, ele caracteriza qualquer organização partidária moderna, de qualquer país, democrático ou não. Democratas e Republicanos, nos Estados Unidos; Conservadores, Trabalhistas e Liberais, no Reino Unido; assim como os partidos alemães, holandeses, dinamarqueses, suecos, suíços, italianos, espanhóis, portugueses, turcos, japoneses, argentinos, chilenos, uruguaios etc., de hoje, de ontem e de amanhã também orientaram, orientam e orientarão suas ações com o firme propósito de chegar ao governo. Portanto, no contexto contemporâneo, o mais conhecido mantra anarquista —"se há governo, sou contra"— não é nada mais do que uma memorável frase de efeito. Na verdade, o que quase todo ator político, individual ou coletivo quer é precisamente o oposto: "se há governo, sou a favor". "E quero estar nele", poder-se-ia acrescentar.[17]

Também não devemos supor que esse *drive* governista seja algo recente. Pelo contrário, os recursos estatais sempre foram as metas principais dos

---

[17] Em 2011, a revista *Época* publicou uma matéria que reforça essa ideia do governismo como estratégia dominante, trazendo inclusive alguns dados eloquentes sobre a situação estadual. Neles, a situação é ainda mais demarcada, pois os governadores chegam a contar com maiorias extremamente elevadas. Alguns deles contam com o apoio de quase todos os parlamentares das assembleias legislativas. Essa reportagem pode ser acessada no seguinte site: <http://revistaepoca.globo.com/ideias/noticia/2011/11/hay-gobierno-soy-favor.html>.

partidos modernos. Weber (2005), com base no estudo pioneiro de Ostrogorski (1964), já descrevia essa dinâmica de disputa pelos recursos do Estado na política norte-americana do século XIX. Esse era o período dos chamados *partidos de quadros*, os quais se formaram precisamente com a intenção de conquistar o governo e, com ele, os "espólios" da "guerra eleitoral", ou seja, os bens públicos. Nas palavras de Weber (2005:68), "numerosos partidos políticos, notadamente nos Estados Unidos da América do Norte, transformaram-se (...) em organizações que só se dedicam à caça aos empregos e que modificam seu programa concreto em função dos votos que haja por captar". Contudo, ainda segundo a análise daquele autor, esse fenômeno não seria restrito apenas aos norte-americanos. Pelo contrário, tudo indicava se tratar de uma espécie de padrão geral, encontrado igualmente em outras partes da América, onde, "nos territórios das antigas colônias espanholas, as ditas 'eleições' (...) não tiveram outro objetivo que não o de dispor da vasilha de manteiga de que os vencedores esperavam servir-se" (Weber, 2005:68).

Mas, nem mesmo a Europa fugia à regra geral. Conforme observação de Weber, já naquela época,

> na Espanha, (...) os dois partidos que se sucediam no poder, segundo um princípio de alternância consentida, (...) [tinham como fim] se beneficiarem alternadamente das vantagens propiciadas pelos postos administrativos. (...) Na Suíça, os partidos repartem pacificamente os empregos, segundo o princípio da distribuição proporcional. Mesmo na Alemanha certos projetos (...) propõem estender o sistema suíço à distribuição de cargos ministeriais e, consequentemente, consideram o Estado e os postos administrativos como instituições destinadas a simplesmente proporcionar prebendas. (Weber, 2005:68)

Portanto, essa

> tendência se manifestou em todos os partidos, com o aumento crescente do número de cargos administrativos que se deu em consequência da generalizada burocratização. Mas também se deu por causa da ambição crescente de cidadãos atraídos por uma sinecura administrativa que, hoje em dia, tornou-

se uma espécie de seguro específico para o futuro. Dessa forma, aos olhos de seus aderentes, os partidos aparecem, cada vez mais, como uma espécie de trampolim que lhes permite atingir este objetivo essencial: garantir o futuro. (Weber, 2005:69)

Justamente por isso, "As lutas partidárias não são apenas lutas para a consecução de metas objetivas, mas são, a partir disso, e sobretudo, rivalidades para controlar a distribuição de empregos. (...) Os partidos se irritam muito mais com arranhões no direito de distribuição de empregos do que com desvios de programa" (Weber, 2005:68).

Esse tipo de comportamento dos partidos, desde sua emergência no século XIX, de certo modo, já era previsível, em virtude de sua própria natureza. Afinal, o surgimento e a organização dos partidos modernos estiveram diretamente ligados ao objetivo prioritário de buscar apoio eleitoral junto às massas que iam sendo incorporadas ao sistema representativo, com a finalidade de garantir vitória na disputa pelo governo. Com efeito, até mesmo em termos conceituais, o que distingue uma organização partidária de qualquer outra organização política é precisamente o fato de que os partidos têm como motivação principal o exercício do poder político, por meio da conquista dos postos de governo.[18]

Pari passu, o que caracteriza de maneira mais realista os governos democráticos constitucionais contemporâneos — governos operados por partidos — não é a clássica divisão tripartite dos poderes, mas sim a divisão do processo político em dois grandes atores coletivos: governo e oposição. Nesse processo, o governo é sempre o objetivo principal e o governismo uma estratégia que pode se tonar dominante quando existem as condições institucionais e ambientais para sua ocorrência, como no caso brasileiro, mas, igualmente, de outros países. Com muitas posições de poder para ocupar, em modelos constitucionais pluralistas, com tantos cargos e verbas estatais para distribuir, os partidos terão cada vez mais a propensão a fazer conluio

---

[18] Conferir as definições de partido apresentadas por Weber (2005), Duverger (1951) e Lapalombara e Weiner (1966).

para partilharem o governo e seus recursos. Terão incentivos de sobra, inclusive, para expandi-lo, pois assim haverá mais cargos a serem preenchidos pelos partidários.

Referências

ABRANCHES, Sérgio. Presidencialismo de coalizão: o dilema institucional brasileiro. *Dados — Revista de Ciências Sociais*, Rio de Janeiro, v. 31, n. 1, p. 5-38, 1988.

AMORIM NETO, Octávio. Algumas consequências políticas de Lula: Novos padrões de formação e recrutamento ministerial, controle de agenda e produção legislativa. In: NICOLAU, Jairo; POWER, Timothy (Org.). *Instituições representativas no Brasil*: balanço e reforma. Belo Horizonte: Editora UFMG, 2007.

BARTOLINI, Stefano; MAIR, Peter. *Identity, competition, and electoral availability*. Cambridge: Cambridge University Press, 1990.

CARVALHO, José Murilo de. *Cidadania no Brasil*: o longo caminho. Rio de Janeiro: Civilização Brasileira, 2001.

DAHL, Robert. *Poliarquia*: participação e oposição. São Paulo: Edusp, 1997.

DANTAS, Humberto. *Coligações em eleições majoritárias municipais*: a lógica do alinhamento dos partidos políticos brasileiros nas disputas de 2000 e 2004. Tese (doutorado) — Programa de Pós-Graduação em Ciência Política, Universidade de São Paulo, São Paulo, 2007.

DUVERGER, Maurice. *Les partis politiques*. Paris: Libraire Armand Colin, 1951.

FIGUEIREDO, A.; LIMONGI, F. *Executivo e Legislativo na nova ordem constitucional*. Rio de Janeiro: Editora FGV, 1999.

____. *Política orçamentária no presidencialismo de coalizão*. Rio de Janeiro: Editora FGV; KAS, 2008.

INGLEHART, Ronald. *The silent revolution*: changing values and political styles among western publics. Princeton: Princeton University Press, 1977.

____. *Cultural shift in advanced industrial societies*. Princeton: Princeton University Press, 1990.

KATZ, Richard; MAIR, Peter. The evolution os party organizations in Europe: the three faces of party organization. *American Review of Politics*, v. 14, p. 593-617, 1993.

_____. Changing models of party organization and party democracy: the emergence of the cartel party. *Party Politics*, v. 1, n. 1, p. 5-28, 1995.

_____. The ascendancy of the party in public office: party organizational change in twentieth-century democracies. In: GUNTHER, Richard; MONTERO, José; LINZ, Juan (Ed.). *Political parties*: old concepts and new challenges. Oxford: Oxford University Press, 2002.

LAPALOMBARA, Joseph; WEINER, Myron. The origin and development of political parties. In: _____; _____ (Ed.). *Political parties and political development*. Princeton: Princeton University Press, 1966. p. 6-54.

LEAL, Victor Nunes. *Coronelismo, enxada e voto*. Rio de Janeiro: Nova Fronteira, 1997.

LESSA, Renato. *A invenção republicana*: Campos Sales, as bases e a decadência da Primeira República brasileira. São Paulo: Vértice, 1988.

LIMONGI, Fernando. A democracia no Brasil: presidencialismo, coalizão partidária e processo decisório. *Novos Estudos*, v. 76, p. 17-41, 2006.

MAIR, Peter. *Party system change*: approaches and interpretations. Oxford: Oxford University Press, 1997.

NICOLAU, Jairo. Disciplina partidária e base parlamentar na Câmara dos Deputados (1995-1998). *Dados — Revista de Ciências Sociais*, Rio de Janeiro, v. 43, n. 4, p. 709-736, 2000.

OSTROGORSKI, Moisei. *Democracy and The Organization of Political Parties*. Nova York: Transaction Books, 1964. 2 v.

PERES, Paulo; CARVALHO, Ernani. Proposta de uma agenda de pesquisas multidimensionais para o Legislativo brasileiro. *Revista de Sociologia e Política*, v. 20, n. 43, p. 81-106, 2012.

QUEIROZ, Maria Isaura Pereira de. O coronelismo numa interpretação sociológica. In: FAUSTO, Boris (Org.). *História geral da civilização brasileira: Tomo III, o Brasil Republicano*, v. 8. São Paulo: Bertrand Brasil, 1997. p. 172-214.

RICCI, Paolo; ZULINI, Jaqueline. Beheading, rule manipulation, and fraud: the approval of election results in Brazil (1894-1930). *Journal of Latin American Studies*, v. 44, n. 3, p. 495-521, 2012.

SANTOS, Fabiano. *O Poder Legislativo no presidencialismo de coalizão*. Belo Horizonte: UFMG, 2003.

SHUGART, Matthew; CAREY, John. *Presidents and assemblies*: constitutional design and electoral dynamics. Cambridge: Cambridge University Press, 1992.

WEBER, Max. A política como vocação. In: _____. *Três tipos de poder e outros escritos*. Lisboa: Tribuna da História, 2005.

CAPÍTULO 3
De protagonista a parceiro da governabilidade: o papel ambíguo e indispensável do PMDB no sistema político brasileiro

*Cláudio Gonçalves Couto**
*Fernando Luiz Abrucio***
*Marco Antonio Carvalho Teixeira****

Introdução

Em 1980 foi extinto o sistema bipartidário imposto em 1966 pela ditadura militar.[1] Isso ocasionou a restauração de um sistema multipartidário, no âmbito do qual surgiu o Partido do Movimento Democrático Brasileiro (PMDB). Ele foi a principal vertente a derivar do antigo Movimento Democrático Brasileiro (MDB), partido de oposição ao regime militar que aglutinou as principais forças políticas que reivindicavam o fim do autoritarismo e o retorno à democracia.

Foi nesse contexto, de oposição ao autoritarismo e transição para a democracia, que o PMDB se transformou numa das principais agremiações par-

---

* Doutor em ciência política pela USP e professor do Departamento de Gestão Pública da FGVSP.
** Doutor em ciência política pela USP, professor do Departamento de Gestão Pública da FGVSP, onde também é coordenador do curso de graduação em Administração Pública.
*** Doutor em ciências sociais pela PUC-SP, professor do Departamento de Gestão Pública da FGVSP, onde também é vice-coordenador do curso de graduação em Administração Pública.
[1] Vale ressaltar que no período vivíamos sob a égide de um bipartidarismo legalmente imposto pelos militares, no qual, além do MDB, também existia o partido que dava sustentação política aos militares: a Aliança Renovadora Nacional (Arena). O estudo mais relevante sobre essa questão ainda é o trabalho de Maria D'Alva Gil Kinzo (1988).

tidárias do Brasil contemporâneo, tendo percorrido uma trajetória bastante associada ao processo de redemocratização do país. Foi a principal agremiação partidária a atuar na Assembleia Nacional Constituinte produtora da Constituição democrática de 1988, a qual foi conduzida pela principal liderança da história do partido: o deputado Ulysses Guimarães, que presidiu simultaneamente o partido, a Câmara dos Deputados e a Constituinte durante o período de elaboração da Carta que ele mesmo alcunhou de "Constituição Cidadã" — expressão que se notabilizou.

Desde o fim dos governos militares o partido vem participando formalmente, ou mesmo colaborando pontualmente, com todos os governos, ora de forma mais coesa, ora parcialmente — com exceção do governo Collor, quando o partido foi deliberadamente excluído da coalizão situacionista pelo presidente da República. O ponto central que justifica essa importância da legenda é que, desde o retorno à democracia, o PMDB vem com frequência figurando como a maior agremiação partidária em número de deputados, senadores, prefeitos e até mesmo de governadores, o que o coloca como uma legenda-chave para qualquer processo de governabilidade, independentemente da aliança política que dê sustentação ao governo.

Diante da importância política que cerca a trajetória do PMDB para a garantia da governabilidade em nossa democracia recente, uma questão muito importante não pode deixar de ser colocada: por que o partido nunca foi competitivo em eleições presidenciais, em que pese ter participado de diferentes maneiras de todos os governos desde a redemocratização? Tal questão será abordada na próxima seção e na subsequente será discutido o comportamento do PMDB no processo de sustentação governamental dos presidentes Lula e Dilma, com base nos dados do Basômetro.

Breve trajetória do PMDB: de 1982 ao governo FHC

O PMDB foi o grande vitorioso das eleições estaduais de 1982, o primeiro pleito direto para os governos dos estados desde 1965. O partido elegeu governadores nos dois estados mais populosos do país: São Paulo (Franco Montoro) e Minas Gerais (Tancredo Neves). Além disso, teve êxito também nas eleições em outros sete estados: Acre, Amazonas, Espírito Santo, Goiás, Mato Grosso do Sul, Pará e Paraná. Desse modo, mesmo não tendo ganhado na maioria dos estados, venceu em alguns dos mais importantes, fazendo pender para seu lado a balança do poder federativo.[2] Por essa razão, Linz (1983) apontou existir no Brasil nesse período uma "diarquia", isto é, uma divisão de poder entre dois centros: o Federal, nas mãos dos militares, e o estadual (ou, ao menos, uma boa parte dele), nas mãos da oposição.

Ao conquistar diversos governos estaduais, a oposição ao regime militar lograva controlar, depois de muitos anos, recursos efetivos de exercício do Poder Executivo, como as forças policiais e o conjunto das burocracias dos estados, além de receitas tributárias consideráveis, notadamente as advindas do Imposto de Circulação de Mercadorias (ICM) (Abrucio, 1998).

No Senado, os peemedebistas elegeram, em 1982, nove das 27 cadeiras que estavam em disputa. Para a Câmara Federal, elegeram cerca de 200 deputados, número superior a 40% das vagas em disputa nessa Casa Legislativa. Com essa magnitude, o PMDB despontava como o principal rival do Partido Democrático Social (PDS), legenda que herdou a maioria dos membros da Arena e, portanto, na qual foram abrigados os apoiadores do regime autoritário que entrava em seu ocaso. O PMDB colhia, com isso, o prestígio do seu trabalho de oposição ao longo do regime militar e despontava como um partido estratégico para o processo de transição democrática em curso.

A partir desses resultados eleitorais, o PMDB pôde colocar-se à frente de dois importantes momentos significativos da luta por democracia no Brasil: a Campanha das Diretas Já (1983-84) e, após a derrota da emenda que propunha instaurar eleições presidenciais diretas (emenda Dante de Oliveira), a consequente disputa pela Presidência da República no colégio eleitoral (1984-85). Este foi um momento crucial, que marcou o fim do ciclo de generais na Presidência da República.

---

[2] É bom frisar que nessas eleições a oposição também ganhou num outro estado-chave, o Rio de Janeiro, porém com o PDT de Leonel Brizola. O PDS, sucedâneo da Arena, venceu em 12 estados, dentre os mais importantes, o Rio Grande do Sul e a Bahia.

É interessante observar que o primeiro grande comício da campanha das "Diretas Já", em São Paulo (praça Charles Miller), em novembro de 1983, foi organizado por iniciativa do menor dos partidos legais da oposição de então, o PT. Não obstante, o peso organizacional e o alcance político do PMDB fizeram com que ele rapidamente suplantasse os petistas na liderança do movimento, não deixando espaço também para a tentativa de qualquer outro partido em ganhar protagonismo. O principal fator a fazer com que a balança pendesse para o PMDB foi o peso de seus governadores, que puseram suas máquinas políticas a serviço da campanha.

Por essa razão, os governadores Tancredo Neves e Franco Montoro assumiram a condição de lideranças nacionais, tanto quanto Ulysses Guimarães, hábil negociador no Congresso Nacional, que foi alcunhado de "Senhor Diretas" pelo seu empenho nas mobilizações. Com a derrota da emenda Dante de Oliveira, o partido optou por deslocar a luta democrática para a sucessão no Colégio Eleitoral, lançando um candidato que disputaria a Presidência da República junto a esse restrito corpo de eleitores. O Colégio Eleitoral se compunha dos membros das duas Casas congressuais e de seis representantes por Assembleia Legislativa, indicados pelo partido majoritário — o que reforçava o papel dos governadores estaduais no processo. Tanto foi assim que o candidato peemedebista, Tancredo Neves, negociou sua eleição diretamente com os governadores dissidentes do PDS, que deram origem naquele momento à Frente Liberal — posteriormente transformada no Partido da Frente Liberal (PFL).

Sem consenso para a sucessão, os militares viram sua base de apoio cindir-se entre o candidato do PDS, Paulo Maluf, e o candidato da oposição lançado pelo PMDB, Tancredo Neves, que já contava com o apoio do PMDB, do PDT, do PTB — e ainda de três deputados petistas,[3] que não seguiram a orientação de seu partido e acabaram expulsos. Os dissidentes do regime foram também importantes dentro do corpo eletivo oriundo das Assembleias Legislativas, como no caso da Bahia. Cabe destacar que a indicação à vice-candidatura presidencial de José Sarney, ex-presidente do PDS, foi a contra-

---

[3] Airton Soares (PT-SP), Beth Mendes (PT-SP) e José Eudes (PT-RJ).

partida oferecida pelo PMDB ao apoio que Tancredo obteve dos dissidentes do regime. Ou seja, Sarney era o homem da Frente Liberal abrigado na candidatura peemedebista.[4]

Assim, dentro das regras do autoritarismo, os peemedebistas puseram fim ao ciclo de generais no poder. Após a morte de Tancredo (antes mesmo de tomar posse), dando lugar a José Sarney, o PMDB deu início à última fase do processo de transição, que culminaria na Assembleia Nacional Constituinte e nas eleições presidenciais diretas em 1989.

Logo no seu primeiro ano de governo, José Sarney lançou uma política de estabilização da inflação, o Plano Cruzado, bem-sucedida no curto prazo, redundando num retumbante sucesso eleitoral do PMDB nas eleições gerais de 1986. Nesse pleito o partido conquistou 22 dentre 23 governadorias[5] (a remanescente ficou com seu parceiro de coalizão, o PFL). Nas eleições para a Constituinte, o PMDB conquistou 54% das cadeiras nas duas Casas do Congresso.

Contudo, como o sucesso do Cruzado foi efêmero e o plano sofreu profundos ajustes logo após as eleições, desapontando boa parte do eleitorado, a popularidade do governo Sarney despencou, algo que posteriormente também impactaria negativamente o partido. Este malogro da política econômica não impediu que o PMDB tivesse um papel de grande relevância na Constituinte, ainda que profundamente cindido. O principal aspecto dessa cisão foi a existência de dois grandes agrupamentos parlamentares organizados em torno de núcleos peemedebistas. À esquerda, o grupo dos autênticos, arregimentados pela liderança de Mário Covas; à direita, e como reação às ações do primeiro grupo, estruturou-se o Centrão, defensor de teses mais conservadoras na Constituinte e operando como uma linha defensiva do governo Sarney.

---

[4] A legislação da época exigia que os dois candidatos da chapa presidencial pertencessem ao mesmo partido, razão pela qual José Sarney filiou-se ao PMDB, no qual permaneceu desde então, tendo-se tornado uma de suas principais lideranças.

[5] Amapá, Distrito Federal e Roraima ainda não tinham o *status* de estados, o que veio a ocorrer com a Constituição de 1988. Tocantins foi criado apenas em 1988 após a divisão do estado de Goiás. Por tais razões, o Brasil passou a contar com 27 estados.

A relação entre o presidente Sarney e o PMDB foi marcada por uma ambiguidade que, em diferentes formas e graus, tem estruturado desde então a maneira como o partido lida com o poder. Tem contado sempre com um grupo mais favorável ao governo e outro, que a ele se opõe. Isso cria uma grande dificuldade para o partido se unificar e, com isso, permitir o surgimento de candidaturas presidenciais que mobilizem efetivamente a agremiação em torno de um projeto nacional comum. Paradoxalmente, reside aí uma força e uma fraqueza do partido. Por um lado, a fragilidade de uma organização que não consegue operar voltada a um projeto nacional de poder que lhe dê coesão e protagonismo no comando do Poder Executivo federal; por outro, uma agremiação capaz de se amoldar a qualquer governo e se adaptar às mutantes circunstâncias do ambiente político em que atua, algo que, juntamente com seu tamanho, constitui importante arma no jogo da governabilidade no plano federal.

Houve reflexos dessa ambiguidade peemedebista no processo sucessório de 1989. Primeiramente, o partido sofreu — já na fase final da Constituinte — uma defecção de grande importância. Boa parte do grupo autêntico liderado por Covas produziu uma dissidência que originou o PSDB. Em segundo lugar, o partido não conseguiu se desvincular da impopularidade do presidente Sarney. Por fim, o PMDB não foi capaz de se unificar em torno da candidatura presidencial de seu maior líder histórico, Ulysses Guimarães.

Assim, enquanto Mário Covas teve um desempenho razoável na fragmentada eleição presidencial de 1989, terminando em quarto lugar, com pouco mais de 10% dos votos, Ulysses amargou o sétimo posto, mal superando os 4% dos votos — e ele tinha o maior tempo de rádio e TV entre todos os presidenciáveis. Iniciava-se ali uma longa e aparentemente incongruente trajetória eleitoral do PMDB. Se, por um lado, o partido mostrava-se fortíssimo nas eleições para as casas legislativas, as governadorias e — sobretudo — no plano municipal, por outro, revelava-se inapetente nas disputas presidenciais, ora tendo candidatos de desempenho pífio, ora sequer apresentando ou mesmo apoiando candidaturas, ora apresentando-se como coadjuvante de outros partidos.

Eis aí a esfinge peemedebista: ao mesmo tempo que a agremiação perdeu centralidade na disputa pelo cargo maior da República, tornou-se peça-chave para assegurar a governabilidade de qualquer presidente. Exemplo dramático disto foi a relação entre o PMDB e o então presidente Fernando Collor de Mello. Este organizou seu governo excluindo deliberadamente o partido de participação na coalizão governamental — algo que ele próprio posteriormente admitiu como um erro grave, pois lhe fez falta uma forte base de sustentação congressual, a qual poderia ter nesse partido, na época o maior do Congresso, seu principal lastro.

Mesmo na condição formal de oposição ao governo Collor, o PMDB viu algumas de suas lideranças participarem do governo sem a anuência formal da legenda, valendo-se mais de seu peso em seus estados do que de sua importância como representantes nacionais da agremiação. Iniciava-se assim um ciclo de divisão do partido em interesses regionais, que marcaria a dinâmica interna ao partido durante vários anos. Além disso, teve naquele momento um declínio de seu prestígio eleitoral. Isso pode ser constatado claramente ao se comparar os resultados das eleições estaduais e congressuais de 1990 com as duas que lhe precederam, em 1982 e 1986.

O aumento do poderio regionalista dentro do partido e a redução do tamanho eleitoral enfraqueceram o PMDB, mas ele continuou tendo um papel estratégico no tabuleiro político do país, uma vez que detinha governos estaduais importantes — como o de São Paulo — e governava um conjunto enorme de municipalidades, além de ser o maior partido congressual, num Legislativo federal bem mais fragmentado do que no período da Nova República. Desse modo, seu papel de suporte governamental seguiu sendo essencial.

Uma evidência disso foi o processo de *impeachment* do presidente Collor. Os presidentes da Câmara e do Senado pertenciam ao PMDB e conduziram o trâmite legislativo de forma contrária aos interesses do comandante do Executivo. A obtenção do apoio peemedebista seria a forma mais efetiva de evitar tal desfecho. Não obstante sua importância nesse processo, o PMDB não foi capaz de capitalizar politicamente este resultado, seja porque sua ambiguidade perante o poder lhe impediu de aparecer para a sociedade como o condutor desta empreitada, seja porque sua divisão entre lideranças regionais mais uma vez se traduziu em várias posições sobre o novo governo, comandado pelo presidente Itamar Franco.

O fato é que, no período pós-*impeachment*, PT e PSDB se cacifaram mais para a próxima disputa presidencial do que o PMDB. Os petistas, por conta de sua continuada oposição aos presidentes Sarney, Collor e Itamar, alicerçada pela grande capacidade de mobilizar setores sociais; e o PSDB, por ter ocupado postos-chave no governo Itamar, em particular, o Ministério da Fazenda, a partir do qual o então ministro Fernando Henrique Cardoso montou o bem-sucedido Plano Real, o qual se transformou em plataforma política para a sua vitória na eleição presidencial de 1994. Cabe lembrar que o PMDB, depois de se dividir bastante em sua convenção nacional, escolheu o ex-governador paulista Orestes Quércia para concorrer à Presidência da República. Quércia teve um resultado pífio, ainda pior do que o de Ulysses na disputa anterior em 1989, obtendo apenas 4,38% dos votos. Essa votação lhe deu o quarto lugar, atrás inclusive da idiossincrática candidatura de Enéas Carneiro, que disputou a eleição pelo inexpressivo Prona.

O PMDB foi peça importante do governo FHC para a aprovação de sua agenda legislativa. Diferentemente de Collor, o presidente Fernando Henrique buscou o apoio formal desse partido, colocando-o dentro do gabinete presidencial, no sentido definido por Octávio Amorim Neto (2000), isto é, pela distribuição de cargos e ministérios de forma razoavelmente proporcional ao tamanho do partido no Congresso Nacional. O PMDB não só tinha, individualmente, a maior bancada em ambas as Casas, como teve seu poder de barganha reforçado nos dois governos comandados pelo PSDB (1995-2002) por conta de ter tido ou a Presidência do Senado ou a da Câmara em todo este período.

Este apoio, no entanto, não escapou da ambiguidade que marca o posicionamento peemedebista perante os presidentes desde essa época. Entre os três partidos principais do gabinete presidencial de FHC, o PMDB foi o que teve menor fidelidade nas votações nominais (Nicolau, 2000), abaixo do PSDB e do PFL. Enquanto os peemedebistas tiveram uma taxa de disciplina da ordem de 80%, tucanos atingiram 91,6% e pefelistas 93,4%. A inconsistência e o divisionismo peemedebistas, inclusive, levaram parcelas do partido a articularem uma candidatura presidencial própria em 1998, algo que não ocorreu, mas a agremiação, ao fim e ao cabo, não apoiou nenhum dos presidenciáveis.

Além das divisões internas, os peemedebistas tiveram várias batalhas políticas neste período com os pefelistas, para ver quem seria a segunda legenda mais importante na aliança com os tucanos. O maior exemplo disso foi a luta entre os senadores Antônio Carlos Magalhães e Jader Barbalho pela presidência do Senado, conflito este que ao final gerou um enorme desgaste para ambos e para a governabilidade dessa Casa legislativa por parte do Executivo federal.

Na eleição presidencial de 2002, mais uma vez o partido se dividiu. Embora a legenda tenha participado da chapa comandada por José Serra (PSDB), indicando a senadora pelo estado do Espírito Santo, Rita Camata, para vice, outros membros do PMDB apoiaram ou Ciro Gomes (PPS), ou Lula (PT), de certa forma "cristianizando" sua candidatura vice-presidencial.

A primeira lição que emerge do período que vai de Sarney a FHC é a de que não é possível governar sem o PMDB, e que esse apoio torna-se mais efetivo se formalizado mediante sua participação no gabinete presidencial. Mas também se constatou ao longo de todo esse período que os peemedebistas tendem a se dividir em relação ao apoio às medidas do Executivo Federal, bem como nas sucessões presidenciais. O custo de manter essa sustentação é alto e o processo de negociação, geralmente conflituoso.

Talvez possa-se dizer que, se por um lado é impossível governar sem o PMDB, tê-lo como parceiro de governo é também muito difícil. O partido se converte assim num parceiro cortejado e, ao mesmo tempo, caprichoso. Sabedor de sua importância, exige sempre mais atenção e deferência, encarecendo a parceria e tornando constantemente tenso o relacionamento.

Durante os governos Lula e Dilma, o PMDB não fugiu ao seu padrão. Os dados do Basômetro mostram esta trajetória de ambiguidade do PMDB e a complexidade da gestão da coalizão daí resultante.

Primeiro governo Lula (2003-06)

Os dados do Basômetro demonstram o comportamento da bancada do PMDB durante o primeiro governo Lula. Convém destacar que na maior parte desse período o partido não esteve formalmente no governo e, ainda, vinha de uma trajetória de aproximação com o PSDB que provocou cisões dentro da agremiação. Entretanto, lideranças regionais importantes como José Sarney (AP), Renan Calheiros (AL) e Roberto Requião (PR), dentre outras, sinalizavam desde o início apoio ao governo. A oposição mais forte à gestão petista resumia-se a Orestes Quércia (SP), Jarbas Vasconcelos (PE) e Pedro Simon (RS), personalidades com pouco espaço na estrutura partidária nacional, mantendo uma influência mais restrita às seções estaduais da agremiação. O distanciamento do grupo liderado por Quércia em relação ao governo Lula tinha como justificativa o fato de este grupo não ter sido contemplado com os cargos que desejava na composição do governo.

GRÁFICO 1
Votação nominal durante o primeiro governo Lula — PMDB (2003-06)

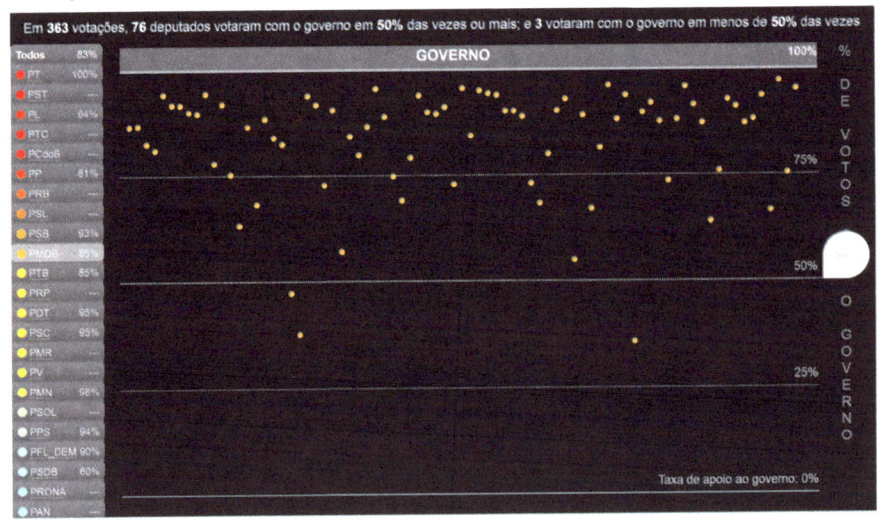

Fonte: Basômetro, Estadão Dados (2013).

O gráfico 1 mostra que o PMDB, em 363 votações nominais durante o primeiro governo Lula, apresentou um alto grau de fidelidade: 85%. Tal apoio se deu apesar de o partido não ter sido incorporado ao governo formalmente, chancelando sua adesão. Num tal cenário, ganharam importância maior negociações em torno do repasse de recursos para estados e prefeituras, assim como emendas ao orçamento, de modo a garantir o êxito governamental na obtenção desse apoio. Todavia, não se pode deixar de considerar o peso significativo de líderes regionais sobre as suas bancadas. As dissidências nesse período, além dos líderes já apontados, vinham de grupos cujas lideranças tinham dificuldades na relação com o novo governo: o grupo do deputado Eduardo Cunha (RJ), o grupo do PMDB gaúcho (sempre às turras com o PT local) e parte da ala baiana liderada por Geddel Vieira Lima, opositor no projeto petista em seu estado e que fazia, naquele momento, oposição a um dos principais projetos do governo para o Nordeste: a transposição do rio São Francisco.

Essas dissidências e a menor consistência da aliança se expressam na notável dispersão que se verifica no comportamento parlamentar dos peemedebistas. Embora a maioria dos deputados esteja concentrada na parte de cima do gráfico, apoiando o governo consistentemente em mais de 75% das oportunidades, nota-se que o padrão é "espalhado" e que um montante considerável de legisladores (20% deles) apoiou o governo em menos de 75% das vezes.

Foi apenas em novembro de 2006, após a reeleição de Lula, que a cúpula do PMDB aprovou o ingresso formal do partido no governo, passando a integrar a coalizão de sustentação ao petista. A partir daí o partido fez-se presente no governo em bloco e não apenas parcialmente, como vinha ocorrendo. Líderes regionais como Geddel Vieira Lima (BA), Wellington Moreira Franco (RJ) e até mesmo a ala gaúcha tornaram-se mais flexíveis na relação com o governo, e os resultados podem ser vistos no gráfico 2.

GRÁFICO 2
Votação nominal durante o segundo governo Lula — PMDB (2007-10)

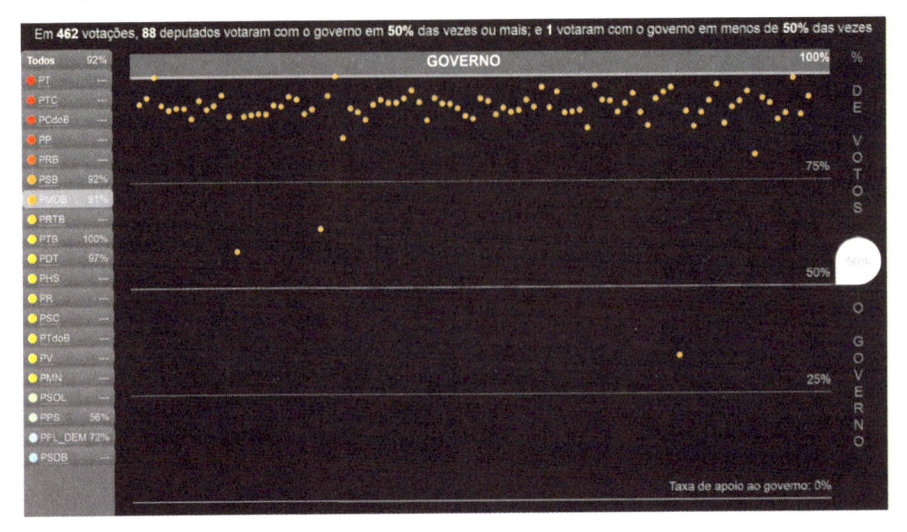

Fonte: Basômetro, Estadão Dados (2013).

Verifica-se que, em 462 votações nominais no segundo governo Lula, o PMDB aumentou o grau de apoio ao governo de 85% para 91%. A adesão formal à coalizão é o principal fator a explicar esse resultado, uma vez que líderes até então resistentes foram alçados a cargos importantes. Geddel Vieira Lima ganhou a condição de ministro da Integração Nacional e passou a apoiar o Projeto de Transposição do rio São Francisco, ao qual antes se opunha. Wellington Moreira Franco foi nomeado para uma diretoria da Caixa Econômica Federal (posteriormente assumiu um Ministério, já no governo Dilma). A dissidência advinha basicamente de parlamentares ligados a Jarbas Vasconcelos com base eleitoral no estado de Pernambuco e por parte de um pequeno grupo de parlamentares do Rio Grande do Sul, que ainda se mantinha próximo do PSDB.

Nota-se também uma considerável redução da dispersão dos parlamentares, que no segundo governo Lula se concentram na parte superior do gráfico. Assim, se no primeiro mandato 80% dos peemedebistas votavam com o governo em mais de 75% das ocasiões, no segundo mandato esse percentual subiu para 97% — com 85% dos deputados votando com o governo em mais de 90% das ocasiões.

Observa-se, contudo, conforme pode ser visto no gráfico 3, que o PMDB não apresenta um padrão de comportamento muito diferente do de outros partidos de adesão de menor porte, como PP, PTB, PRB e PR, ou mesmo do que dos mais "ideológicos" PDT e PSB. O gráfico 3 mostra que todos esses partidos tiveram uma taxa de apoio ao governo próxima dos mesmos 91% do PMDB, ao longo de todo o segundo mandato de Lula. Tomando-se como parâmetro de comparação o PT, partido do presidente da República, que votou com o governo em 98% das ocasiões, nota-se que também a dispersão entre os outros partidos da base do governo não é significativamente diferente da verificada no caso do PMDB nesse mesmo período, embora seja claramente maior do que a do PT.

GRÁFICO 3

Votação no segundo governo Lula — PT, PMDB e partidos de adesão (2010)

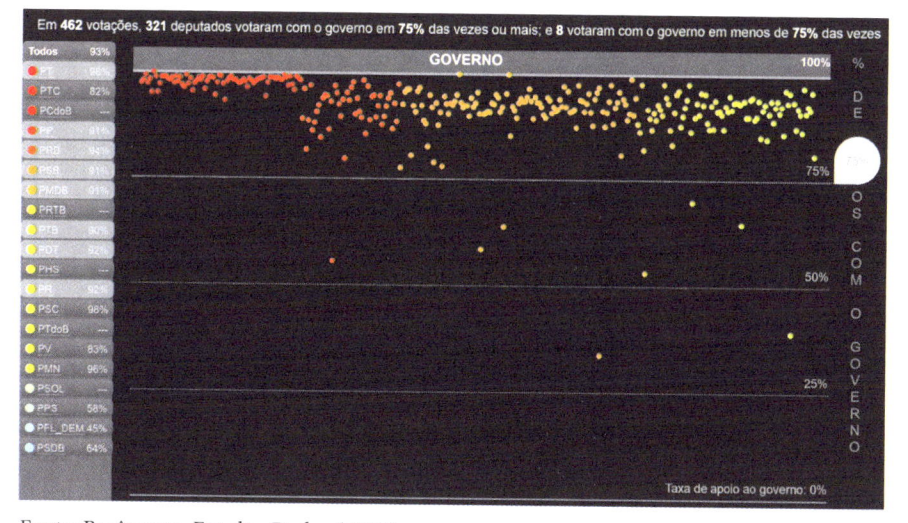

Fonte: Basômetro, Estadão Dados (2013).

Em 2010, o PMDB alcançou um objetivo político maior. Após ter demonstrado, ao longo dos dois mandatos de Lula, que era não só um parceiro importante, mas também confiável, logrou indicar o vice na chapa de Dilma Rousseff, o paulista Michel Temer, uma liderança partidária antes resistente à aliança com o PT. Temer desempenhou papel-chave no governo FHC, quando presidiu a Câmara dos Deputados entre 1997 e 2001 — ou seja, período situado ao longo dos dois mandatos de Fernando Henrique Cardoso. Tinha, também por isso, maior proximidade histórica com os tucanos. Contudo, era um dirigente partidário que havia demonstrado, como nenhum outro após Ulysses Guimarães, capacidade de conferir unidade ao partido. Tornou-se assim capaz de costurar com o PT uma aliança de profundidade maior, talvez superior até mesmo à verificada durante a Nova República. Convém lembrar que Michel Temer é presidente nacional do PMDB desde 2001 e permanece no cargo mesmo tendo sido eleito vice-presidente da República em 2010.

Eleita Dilma Rousseff, o PMDB seguiu tendo grande importância. E o comportamento do PMDB nos dois primeiros anos do governo Dilma (2011 e 2012), estendendo-se até abril de 2013, será destacado na sequência.

GRÁFICO 4
Votação nominal governo Dilma — PMDB (2011 a abril de 2013)

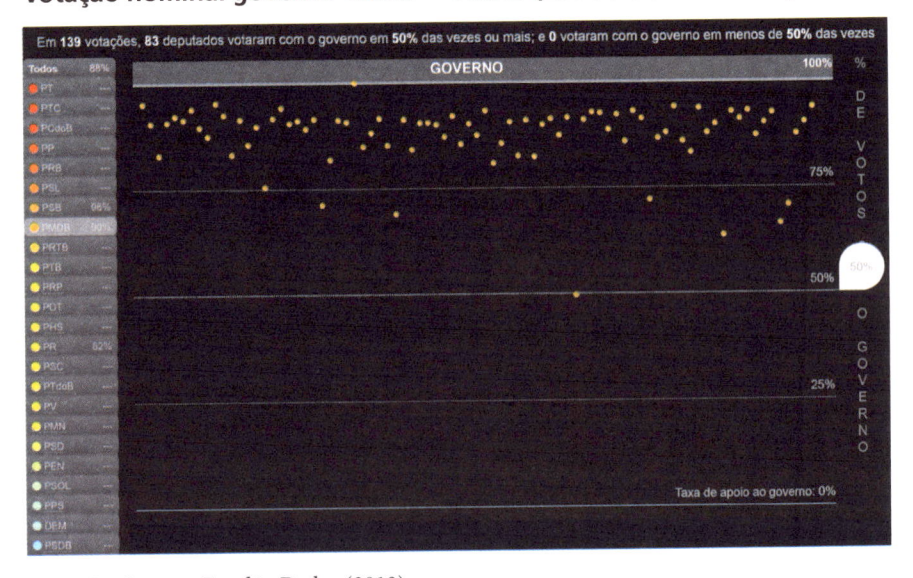

Fonte: Basômetro, Estadão Dados (2013).

Nas 139 votações ocorridas durante o governo Dilma até abril de 2013 o PMDB apresentou uma alta taxa de apoio ao governo: 90%. Ou seja, o fato de assumir a vice-presidência da República não alterou significativamente a média de apoio verificada no segundo governo Lula (91%), embora volte-se a notar certo aumento da dispersão desse apoio. As dissidências ocasionais que se verificaram tiveram a ver, sobretudo, com questões de interesse dos estados (como na questão do pré-sal), o que explica o comportamento de peemedebistas que votaram contra o governo. Deve-se considerar, todavia, que o estilo presidencial de Dilma ocasionou turbulências na coordenação política. Ocasionalmente também ocorreram confrontos entre o governo e a bancada evangélica, que possui representantes em todos os partidos — inclusive no PMDB. Entretanto, quando se identificam os deputados cuja lealdade ficou abaixo de 75%, nota-se que não existe um padrão claro de pertencimento a certos estados ou agrupamentos parlamentares específicos. Por fim, há também o caso de parlamentares que participaram pouco, como os suplentes, que assumiram circunstancialmente.

Conclusão

No presidencialismo de coalizão brasileiro, um papel-chave é desempenhado pelos partidos de adesão (Couto, 2010). Trata-se daquelas agremiações ideologicamente mais fluidas, que se dispõem a hipotecar seu apoio a governos de orientação programática distinta, desde que recompensadas com o acesso a recursos públicos, seja na forma de cargos, seja na forma de verbas que permitam o atendimento de suas bases — tanto eleitores como financiadores de campanha (Couto, 2010; Samuels, 2002).

Contudo, dentre os partidos de adesão, o PMDB se destaca. Primeiramente, por seu tamanho e capilaridade. É a maior dentre as agremiações de adesão no Congresso Nacional; tem sido também o maior em número de parlamentares nos estados e municípios, dentre todos os partidos; possui o maior número de prefeitos e está organizado em praticamente todas as municipalidades do país; por fim, frequentemente detém um número de governadores considerável. Noutros termos, embora do ponto de vista de seu padrão de votação o PMDB não se distinga de outros partidos de adesão, sua robustez política dá-lhe vantagens consideráveis nas negociações.

Em parte por isto mesmo, o PMDB dispõe de lideranças políticas que são protagonistas no jogo parlamentar. José Sarney, Renan Calheiros, Jader Barbalho, Romero Jucá, Eduardo Cunha, Henrique Eduardo Alves e Michel Temer foram e continuam sendo protagonistas nas negociações parlamentares e, consequentemente, na construção do apoio a diferentes governos. Em parte o próprio tamanho do PMDB contribui para isso, pois confere ao partido a primazia na indicação dos presidentes das Casas do Congresso. Porém, é preciso considerar também que o PMDB dispõe de um elenco de líderes políticos com ascendência sobre seus pares (mesmo de outros partidos), em particular no plano regional. Novamente, o partido dispõe aí de um trunfo político considerável.

A importância do PMDB no jogo da governabilidade lhe permite ter um poder de negociação maior com o governo, podendo inclusive ter um papel fundamental no momento de apresentação de emendas aos projetos legislativos, ao atuar na representação de interesses específicos às questões em votação ou então por meio da ameaça de votar com a oposição. Tal fato foi demonstrado por Santos e Canello (2013), os quais, embora tenham constatado o aumento crescente das taxas de coesão partidária dos peemedebistas desde o primeiro Governo Lula, revelam uma "situação de alinhamento bastante tensa" (Santos e Canello, 2013:20) entre o PMDB e o Executivo federal comandado pela presidente Dilma, que se expressa no processo de emendamento dos projetos.

O que Santos e Canello chamam de "situação de alinhamento tensa" do PMDB em relação ao governo também aparece na distribuição dos principais postos do gabinete — incluindo aí o segundo e o terceiro escalões, além das estatais — e na cobrança pelo cumprimento dos acordos referentes às emendas parlamentares. A atuação peemedebista muitas vezes coloca o partido em choque com outras legendas da coalizão governista. No governo Dilma, isto tem acontecido, por exemplo, nos casos do Ministério da Integração Nacional (comandado pelo PSB) e no das Cidades (dirigido pelo PP), exigindo ora a pasta ministerial, ora o repasse de verbas às bases de seus parlamentares. Trata-se de uma luta por protagonismo maior nas decisões, mas sem que isso o leve para a oposição e nem resulte na construção de uma alternativa à sucessão presidencial. Tanto isso é verdade que o mais provável é que o PMDB apoie novamente a candidata petista em seu projeto de reeleição, tendo mais uma vez Michel Temer como vice.

O artigo analisou a trajetória do PMDB desde o final do regime militar e constatou a mudança de seu lugar no sistema político brasileiro: de protagonista no plano do Executivo federal para o de parceiro ambíguo, mas indispensável, a qualquer presidente da República na montagem de uma coalizão majoritária no Congresso Nacional. A aceitação formal da participação dos peemedebistas no gabinete presidencial mostrou-se um instrumento fundamental para reduzir a incerteza deste partido em seu apoio ao governo.

Todavia, a manutenção deste suporte político tem de ser negociada e construída ao longo de todo o mandato, tendo alguns momentos de maior tensão e mesmo de infidelidade partidária em relação às propostas governistas. Este é o preço da governabilidade posto pelo PMDB à democracia brasileira contemporânea. Talvez essa situação não seja a sonhada por todo presidente eleito, mas ela não tem sido um obstáculo intransponível à aprovação da grande maioria dos projetos do Executivo federal. Mais do que isso: o equilíbrio governativo resultante da equação peemedebista muitas vezes obriga os governantes a dialogarem mais com o Congresso e com a sociedade.

Na verdade, se o objetivo for mudar os aspectos apontados como "perversos" na atuação do PMDB, como o clientelismo e o fisiologismo, cabe lembrar que outras agremiações políticas também atuam nesta linha, particularmente os "partidos de adesão" (Couto, 2010). As origens de tais males ainda estão na forma como o Estado brasileiro organiza sua administração pública, no que se refere ao preenchimento de cargos, à distribuição de verbas e à fragilidade republicana e democrática em boa parte dos governos estaduais e municipais. Se for reduzido o tamanho do loteamento meramente partidário, as políticas públicas tiverem critérios mais universalistas de alocação de recursos — algo que já vem acontecendo gradativamente nos programas federais — e houver uma maior republicanização dos governos subnacionais, o PMDB continuará com um papel central no jogo da governabilidade, mas terá de repensar suas armas e sua forma de atuação junto à sociedade.

Referências

ABRUCIO, Fernando Luiz. *Os barões da Federação*: os governadores e a redemocratização brasileira. São Paulo: Hucitec; Departamento de Ciência Política da USP, 1998.

AMORIM NETO, Octavio. Gabinetes presidenciais, ciclos eleitorais e disciplina legislativa no Brasil. *Dados* [on-line]. v. 43, n. 3, p. 479-519, 2000.

COUTO, Cláudio Gonçalves. Hacia el centro: el PT y el gobierno de Lula en Brasil. *Revista Temas y Debates*, año 14, n. 20, p. 125-139, oct. 2010.

FIGUEIREDO, Argelina; LIMONGI, Fernando. *Executivo e Legislativo na nova ordem constitucional*. Rio de Janeiro: Editora FGV, 1999.

KINZO, Maria D'Alva Gil. *Oposição e autoritarismo no Brasil*: gênese e trajetória do MDB. São Paulo: Idesp, 1988.

LINZ, Juan. *The transition from an authoritarian regime to democracy in Spain*: some thoughts for Brazilians. Yale University, New Haven, 1983. Mimeografado.

NICOLAU, Jairo. Disciplina partidária e base parlamentar na Câmara dos Deputados no primeiro governo Fernando Henrique Cardoso (1995-1998). *Dados* [on-line], v. 43, n. 4, 2000.

SAMUELS, David. Pork barreling is not credit claiming or advertising: campaign finance and the sources of the personal vote in Brazil. *The Journal of Politics*, v. 64, n. 3, p. 845-863, ago. 2002.

SANTOS, Fabiano; CANELLO, Júlio. *O governo Dilma na Câmara dos Deputados*: comparando partidos e coalizões nos mandatos petistas. Rio de Janeiro: Núcleo de Estudos sobre o Congresso; Iesp; Uerj, 2013.

CAPÍTULO 4
Líderes das bancadas ou deputados presidentes: quem orienta tendências nas votações dos partidos na Câmara dos Deputados?

*Humberto Dantas**

Introdução

Não são pequenos os esforços da ciência política — e isso poderá ser notado em capítulos como o de Carlos Melo e Leandro Consentino, que fazem extensa revisão bibliográfica — que visam a mostrar que no Brasil os partidos políticos representados no Congresso Nacional tendem a votar de maneira coesa. Isso significa dizer que a partir da posição dos líderes das bancadas partidárias os demais parlamentares tendem a seguir um comportamento padronizado em suas votações. As médias de adesão a uma posição comum dos membros de uma legenda em uma votação, sobretudo na base de apoio ao governo, costumam superar 80%. Os estudos se concentraram no plano federal, principalmente a partir dos trabalhos de Abranches (1988). Argelina Figueiredo e Fernando Limongi alteraram paradigmas e a discussão se estendeu de forma significativa ao longo das últimas décadas. Assim, diversos outros pesquisadores se empenharam em compreender a relação entre Legislativo e Executivo

---
* Doutor em ciência política pela USP. Professor e pesquisador do Insper. Coordenador do curso de pós-graduação em Ciência Política da Fesp-SP. Colunista da Rádio Estadão e da Rede Vida.

no Brasil, com um olhar acurado sobre as bancadas das legendas. Era tempo de responder se nosso quadro partidário dava sinais de institucionalização, desmitificando versões associadas, por exemplo, à desordem sugerida por Mainwaring (2001). Enquanto alguns se convenceram disso, outros trataram de observar que aspectos pragmáticos poderiam ter peso maior, no coeso comportamento partidário, do que as razões ideológicas ou associadas a um espírito de grupo. Os estudos passaram a olhar, também, para variáveis mais sociológicas, o que permitiu discussões sobre bancadas religiosas, ruralistas, sindicais etc. Recentemente, no campo das notícias surgiram as questões associadas ao Mensalão, enfatizando a necessidade de um incremento extra para a obtenção dos expressivos índices de adesão a uma determinada causa.

Repetindo fórmulas científicas no campo federal, pesquisadores analisaram os parlamentos de cidades e estados, como Dantas (2009). As constatações se aproximaram do que poderíamos chamar de um traço cultural de nossa política. Termos como "governo de coalizão", "presidencialismo de coalizão" e "governismo", por exemplo, foram cunhados ou reforçados para ilustrar nossa realidade legislativo-partidária em diferentes esferas, escorrendo para o senso comum. Nasceu assim o Basômetro, como ferramenta capaz de ilustrar e dimensionar de maneira mais clara o objetivo de dimensionarmos fenômenos associados a essas questões.

Objetivos e escolhas metodológicas

Diante de tais reflexões, o objetivo deste capítulo é bastante simples: utilizando a ferramenta do jornal *O Estado de S. Paulo*, verificar como se comportam as bancadas partidárias no Legislativo cujos líderes têm seus respectivos presidentes nacionais em exercício de mandato parlamentar. Em linhas gerais, e de forma agregada em períodos, como os presidentes, líderes e bancadas se posicionam em relação aos desejos do Executivo nas votações nominais ocorridas no parlamento? Apresentam as mesmas taxas de governismo? Há discordâncias e afastamentos expressivos? Nesse caso, como ficaria a bancada? Segue seu presidente ou caminha com seu líder?

Para a realização deste trabalho foi necessária a construção de um banco de dados extraordinário onde constasse a cronologia das lideranças das legendas e das presidências dos partidos políticos. Para todos os efeitos, uma série de recortes foi feita em virtude de certa inconsistência nos dados levantados, ou em razão de uma clareza maior nas análises. Assim:

a) Serão utilizados apenas os dados relativos à Câmara dos Deputados. O Senado será deixado de lado em virtude de um número menor de representantes (81) e, consequentemente, de bancadas menos volumosas que não nos permitiriam análises quantitativas consistentes.

b) Não foram considerados os partidos políticos que, nas últimas três legislaturas — o que equivale aos governos de Lula e Dilma Rousseff — não mantiveram, nas urnas, bancadas superiores a 10 deputados federais. Assim, chegamos a 12 legendas: PR-PL, PFL-DEM, PP-PPB, PTB, PMDB, PSDB, PV, PPS, PSB, PDT, PT e PC do B.

c) Tendo em vista a inconsistência dos dados transmitidos pela Câmara dos Deputados sobre as lideranças partidárias, utilizaremos exclusivamente o primeiro mandato do presidente Lula e os dois primeiros anos do governo de Dilma Rousseff.

d) Para não trafegarmos em campo menos consistente, deixaremos de lado os partidos que formaram blocos na Câmara dos Deputados e foram, ao longo da duração desses acordos, liderados exclusivamente por representantes que encabeçam tal movimentação. Haverá exceção, nesse caso, se os presidentes de todos os partidos envolvidos num mesmo bloco tiverem mandatos concomitantes de deputado federal.

e) Por fim, só analisaremos períodos em que líder e presidente exerceram seus mandatos de deputado federal por cinco meses ou mais. Em alguns cenários pouco claros podemos encurtar em alguns dias a análise, nos extremos dos períodos, em razão da imprecisão da data de entrada e saída dos parlamentares em relação às funções analisadas.

Diante das escolhas metodológicas apresentadas, estão excluídos de nossa lista os seguintes partidos:

a) PC do B — Renato Rabelo ocupou a presidência ao longo dos períodos analisados e não fez parte da Câmara dos Deputados.

b) PDT — Leonel Brizola e Carlos Lupi presidiram o partido ao longo dos períodos observados e não fizeram parte da Câmara dos Deputados. O deputado federal André Figueiredo ocupou interinamente a presidência da legenda e não será considerado.

c) DEM/PFL — o deputado federal Rodrigo Maia foi presidente do DEM por apenas dois meses ao longo do mandato de Dilma Rousseff. Sua passagem pelo comando nacional do partido esteve concentrada no segundo mandato de Lula, que não será abordado aqui.

d) PR/PL — ainda como PL (Partido Liberal) ao longo do primeiro mandato de Lula, o presidente nacional da legenda, Valdemar Costa Neto (SP), foi deputado federal até 1º de agosto de 2005, quando renunciou ao cargo. O parlamentar também acumulou a função de líder entre fevereiro de 2003 e fevereiro de 2004, e o partido formou, em agosto desse primeiro ano, um bloco com o PSL, o que pelos critérios adotados o afasta da análise.

Chegamos assim aos seguintes períodos, partidos e personagens da cena política nacional que serão analisados, ou seja, que ocupavam a presidência nacional do partido ao mesmo tempo que exerciam mandatos na Câmara dos Deputados:

a) PSB — até agosto de 2005, Miguel Arraes (PE) era deputado federal e presidente nacional do partido. Com seu falecimento, Eduardo Campos (PE), também deputado federal, recém-saído do Ministério da Ciência e Tecnologia, assumiu o comando do partido e retomou seu mandato parlamentar. No que diz respeito às lideranças, entre fevereiro de 2003 e janeiro de 2004, a tarefa foi exercida por Eduardo Campos (PE). A partir de então, até março de 2006, o posto foi ocupado por Renato Casagrande (ES). O substituto, nesse caso, foi Paulo Baltazar (RJ), que ficou dois meses no posto, saiu acusado de corrupção em investigações federais e não será considerado aqui. Em seu lugar assumiu, a partir de maio, Alexandre Cardoso (RJ).

b) PP/PPB — ao longo do primeiro mandato de Lula, Pedro Corrêa (PE) foi presidente do PP, criado em 2003 a partir do PPB. Em 15 de março de 2006, foi cassado no escândalo do Mensalão. A partir de então, dias depois, o presidente pediu afastamento e deveria ter sido substituído por Delfim Netto (SP), mas o vice-presidente havia migrado para o PMDB. Diante da vacância, o deputado federal Nélio Dias (RN) foi escolhido para o cargo e completou o período estudado. A liderança do PP na Câmara dos Deputados ficou a cargo de Pedro Henry (MT) entre fevereiro de 2003 e janeiro de 2005, e sob a responsabilidade de José Janene (PR) até fevereiro de 2006. Mario Negromonte (BA) completou o período analisado, iniciado sob a presidência de Corrêa durante pequeno período que não será analisado.

c) PTB — ao longo do primeiro mandato de Lula, e antes de seu falecimento em outubro de 2003, José Carlos Martinez (PR) foi presidente da legenda e deputado federal. Em seu lugar assumiu Roberto Jefferson (RJ), que acumulou as funções de parlamentar e presidente nacional da legenda até junho de 2005, quando se afastou do comando do partido para se defender dos processos associados ao Mensalão. Sua cassação foi definida em setembro. Jefferson foi líder do PTB, sob a presidência de Martinez, entre fevereiro e setembro de 2003. A partir do momento em que assumiu o controle da legenda, a liderança passou para José Múcio Monteiro (PE) até o final do período avaliado.

d) PMDB — Michel Temer (SP) foi deputado federal ao longo do primeiro mandato de Lula e presidente nacional do PMDB. Ao longo desse período seu partido teve como líderes na Câmara dos Deputados os parlamentares: Eunício Oliveira (CE), entre fevereiro de 2003 e janeiro de 2004; José Borba (PR), até junho de 2005; e Wilson Santiago (PB), até o fim do primeiro mandato de Lula. Esses dois últimos intercalaram seus mandatos por poucos dias com outros deputados, o que não será considerado.

e) PPS — ao longo dos dois períodos analisados, Roberto Freire foi o presidente do partido e deputado federal — seja no primeiro mandato de Lula, pelo estado de Pernambuco, ou sob o comando de Dilma Rousseff, pelo estado de São Paulo. Em 2003 e 2004 a legenda fazia parte da base de apoio ao governo. A partir de 2005 passou a ser oposição, condição mantida até hoje.

A liderança do partido foi acumulada por Freire entre fevereiro de 2003 e fevereiro de 2004, o que inviabiliza a lógica da análise nesses meses. O posto de líder, a partir de então, ficou a cargo de Júlio Delgado (MG), até fevereiro de 2005, de Dimas Ramalho (SP), até fevereiro de 2006, e de Fernando Coruja (SC), até o fim do período analisado sob a presidência de Lula. Durante o mandato de Dilma, o PPS formou um bloco com o PV, que tinha como presidente um deputado federal. Tal condição fará com que analisemos o bloco em conjunto, e, nesse caso, entre fevereiro de 2011 e março de 2012, o líder foi Sarney Filho (PV-MA), substituído até o fim do período por Rubens Bueno (PPS-PR).

f) PV — ao longo dos dois primeiros anos de Dilma Rousseff o presidente da legenda, José Luiz Penna (SP), acumulou o posto de deputado federal. O partido, que se considera independente em relação ao governo, formou bloco com o PPS. Como Roberto Freire (PPS-SP) estava em exercício de mandato parlamentar, os presidentes das duas legendas e o respectivo líder serão analisados de acordo com as informações apresentadas anteriormente.

g) PSDB — ao longo do período analisado no mandato de Dilma Rousseff, o presidente da legenda Sérgio Guerra (PE) acumulou o posto de deputado federal. O PSDB teve como seus líderes, na Câmara os deputados, Duarte Nogueira (SP), entre fevereiro de 2011 e fevereiro de 2012, e Bruno Araújo (PE) até o fim do período observado.

h) PT — ao longo do primeiro mandato de Lula, o deputado federal Ricardo Berzoini (SP) exerceu o cargo de presidente do partido entre setembro de 2005 e outubro de 2006. O PT teve como líder, em período muito semelhante a esse (setembro de 2005 a fevereiro de 2007), o deputado Henrique Fontana (RS).

Análise dos dados

Diante dos casos apresentados que se encaixam em nossas escolhas metodológicas, a partir de agora promoveremos as análises. Em alguns casos serão utilizados gráficos gerados a partir do Basômetro.

PSB — reflexões a partir de uma questão familiar

Três períodos serão avaliados. O primeiro vai se concentrar em uma questão que transcende a lógica partidária e trafega no campo familiar. Miguel Arraes (PE) era o presidente da legenda e Eduardo Campos (PE), seu neto, o líder do partido entre fevereiro de 2003 e janeiro de 2004. O PSB esteve com o governo Lula em 96% das votações: o índice de Arraes é de 100% — e ele não esteve presente em 71% das votações — e o de seu neto, 97%, com 27% de ausência.

A segunda análise soma 135 votações e relaciona Miguel Arraes, antes de sua morte em agosto de 2005 e o afastamento da Câmara em julho, com o líder Renato Casagrande (ES). O PSB registrou taxa de governismo de 92% no período, com um terço de seus parlamentares com menos de 90% de adesão a Lula. Nesse caso, enquanto o líder Casagrande, ausente em 18% das votações, esteve com o Planalto em 97% de suas votações, o presidente Arraes, que faltou a 89% das decisões nominais, registrou novamente 100% de apoio ao Executivo.

O terceiro período tem Eduardo Campos como presidente, no lugar do avô falecido, e a liderança de Alexandre Cardoso (RJ), entre maio e dezembro de 2006, em 32 votações, em que o partido registrou taxa de adesão ao governo de 88%. O líder esteve ausente em 50% das votações, mas aderiu a 100% dos projetos do governo. A taxa é idêntica à registrada por Campos, que não esteve presente em 94% das votações, provavelmente motivado pela exitosa campanha ao governo de Pernambuco. Em linhas gerais, chama a atenção a forte adesão dos seus presidentes aos interesses do Executivo, bem como os índices elevados de ausência de seus principais comandantes.

PP(B) — um partido em meio aos escândalos

Aqui também serão analisados três períodos. No primeiro deles, Pedro Corrêa era presidente e Pedro Henry o líder na Câmara entre março de 2003 e dezembro de 2004. A taxa de adesão ao governo Lula foi de 84%, sendo grande a dispersão: 34 parlamentares ficaram acima dessa média e 22 abaixo dela, com oito deles aquém de 70%, num total de 226 votações. O líder ausentou-se em 41% das votações, e aproximou-se do Planalto em 93% de suas posições, mesmo número atingido pelo presidente, Pedro Corrêa, que faltou em 54% das votações.

A segunda análise dos progressistas vai de fevereiro de 2005 a fevereiro de 2006, com Pedro Corrêa como presidente e José Janene como líder. Num total de 83 votações, a taxa de adesão do PP ao governo foi de 80%. Janene esteve ausente em dois terços das ocasiões, e apresentou índice de governismo de 96%, enquanto o presidente da legenda ausentou-se em 48% das indicações nominais e registrou fidelidade a Lula em 91% de suas posições.

O terceiro período tem Nélio Dias como presidente, que por uma questão de inconsistência de datas será analisado a partir de maio de 2006, e Mário Negromonte como líder da bancada na Câmara em 31 votações até dezembro de 2006. Os progressistas registraram 85% de taxa de adesão a Lula, com seu líder apresentando 92% de apoio e 61% de ausência. O presidente, por sua vez, aproximou-se do Planalto em 80% de suas decisões, ausentando-se em 84% das votações. Destaca-se no caso do PP o fato de Corrêa, Henry e Janene terem se envolvido em escândalos associados ao Mensalão. O partido, que antes das denúncias registrava boa sintonia entre líder e presidente, parece desarticular-se no período posterior às principais cassações.

PTB — uma legenda em torno de Roberto Jefferson

O PTB tem como personagem central Roberto Jefferson (RJ), sendo possível analisar dois períodos. No primeiro, o parlamentar fluminense é líder da legenda e José Carlos Martinez (PR) é presidente — março a agosto de 2003. Com o falecimento de Martinez, Jefferson passa ao comando nacional do partido e José Mucio Monteiro torna-se líder — setembro de 2003 a maio de 2005. Em junho desse último ano o presidente se licenciou para defender-se antes de ser cassado em plenário.

Diante de tais aspectos, nas 64 votações do primeiro período a taxa de governismo do PTB foi de 90%. O presidente Martinez esteve com o governo em 88% de suas posições e ausentou-se em um quarto delas. Jefferson, seu líder na Câmara, aderiu a 91% dos temas de interesse do governo e faltou a um terço das votações.

No segundo período, a taxa de adesão do PTB subiu para 92% em 130 votações. Tal média é impactada pelo comportamento rebelde de Jair Bolsonaro (RJ) e Arnaldo Faria de Sá (SP), que aderem a menos de um terço dos interesses do Planalto. Assim, 93% da bancada fica acima de 85% de adesão. O presidente Jefferson registra 100% de fidelidade ao Planalto, apesar de dois terços de ausências. Seu líder atinge taxa de governismo semelhante: 98%, afastando-se em 30% das indicações nominais. Os resultados do PTB apontam aproximação entre presidente e líder associada a altas taxas de governismo, mesmo tendo sido Jefferson réu confesso e autor das primeiras denúncias do que ele mesmo batizou de "Mensalão".

PMDB — um partido sob a liderança de Michel Temer

Três análises serão realizadas, todas elas no primeiro mandato de Lula sob a presidência de Michel Temer (SP) e um trio de líderes. No primeiro momento, que vai de fevereiro de 2003 a janeiro de 2004, o parlamentar cearense Eunício Oliveira (CE) liderou a legenda que registrou 92% de adesão a Lula em 138 votações. Michel Temer foi solidário com o Planalto em 91% de suas indicações, mas esteve ausente em 62% das ocasiões. Oliveira, empossado ministro das Comunicações em janeiro de 2004, foi fiel a 98% das posições de Lula, com ausência de 42%.

O segundo período, de janeiro de 2004 a junho de 2005, é turbulento nas relações entre o PMDB e o PT. A reivindicação por mais espaço e a ameaça de deixar o governo, devolvendo cargos, fez com que a taxa de governismo da legenda caísse para 80% em 123 votações. Michel Temer esteve ausente a 71% delas e aderiu a 80% dos interesses do Planalto. Seu novo líder, José Borba, no entanto, aderiu a 100% das votações, apesar de registrar 78% de ausência, o que pode indicar estratégia da legenda. Envolvido no escândalo do Mensalão, Borba renunciou ao mandato em agosto de 2005.

O terceiro período vai de julho de 2005 ao fim do primeiro mandato de Lula e tem Wilson Santiago na liderança. Ao todo, foram 99 votações, com o

PMDB registrando taxa de governismo de 80%. Michel Temer reduz sua adesão ao Planalto para 65%, estando ausente em 63% das ocasiões. Santiago, por sua vez, aderiu a 93% das reivindicações de Lula, com ausência registrada de 39%. No caso do PMDB, é possível notar que o partido parece respeitar com maior ênfase o comportamento de seu presidente. O líder na Câmara, nesse caso, parece mais disposto a sinalizar para o governo que faz parte da base, a despeito do que simbolize a rebeldia assistida. Uma segunda interpretação possível está associada ao fato de que a legenda tem efetiva dificuldade para domar sua extensa bancada, inclusive seu presidente. O gráfico 1 mostra o terceiro período analisado. Na seta horizontal, Michel Temer, na vertical, Wilson Santiago, mais governista. É possível notar também que 69% dos deputados aderiram ao governo em mais de 75% de suas votações, enquanto 31% ficaram abaixo disso. Destaque para os gaúchos Eliseu Padilha (31%) e Osmar Terra (36%), pertencentes à bancada de um mesmo estado, o que reforça a tese da lógica federalizada nos grandes partidos, algo defendido por Dalmoro e Fleischer (2005).

GRÁFICO 1

O PMDB entre julho de 2005 e dezembro de 2006 no Basômetro

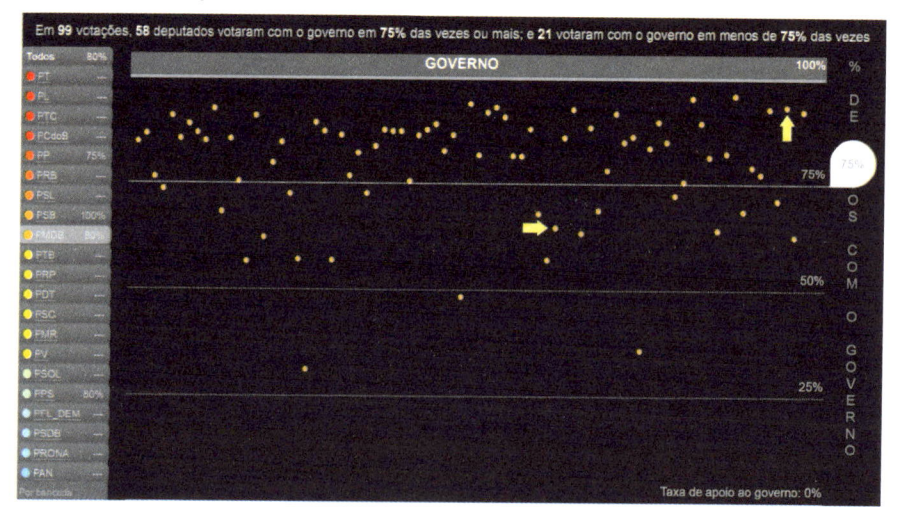

Fonte: Basômetro, Estadão Dados (2013).

PPS — invertendo a lógica governista: da situação à oposição

Roberto Freire (PE e SP) é presidente do partido em todos os períodos analisados e deputado federal em ambos. Em dezembro de 2004 a legenda rompe com o governo federal. Assim, três períodos serão analisados. No primeiro, que vai de fevereiro de 2004 a dezembro de 2004, o PPS está na situação com Júlio Delgado (MG) na liderança. A partir de então, na oposição, temos o segundo período, de fevereiro de 2005 a fevereiro de 2006, com Dimas Ramalho (SP) no papel de líder e, a partir de então até o final do governo Lula, com Fernando Coruja na função. Importante salientar que, para marcarmos de forma bastante clara a posição do PPS diante do governo, restringimos o primeiro período selecionado até dezembro de 2004, e não até fevereiro de 2005.[1]

No primeiro período selecionado para análise, Freire (PE) é presidente da legenda e a liderança passa a Júlio Delgado, que deixaria o partido mais tarde, quando o PPS foi para a oposição. Nas 82 votações do período, o partido tem média de 91% de adesão, mas seu presidente já dava sinais do desgaste que o levou para a oposição: 81% de governismo, com 67% de ausência. Delgado, por sua vez, é fiel a Lula em 95% de suas posições, com 46% de ausência.

No segundo período, o partido passa por um processo de encolhimento expressivo. Sua bancada cai diante, muito provavelmente, de sua escolha de migrar para a oposição e entregar cargos. Sua taxa de governismo, entre fevereiro de 2005 e fevereiro de 2006, cai para 53% em 85 votações. Seu presidente registra 63% de apoio a Lula, com 46% de ausências. Já seu líder, Dimas Ramalho, tem 60% de adesão com 26% de ausência.

No terceiro período, de fevereiro a dezembro de 2006, o PPS eleva seu grau de adesão ao governo Lula, mesmo como legenda de oposição, para 66% em 50 votações. Freire se distancia da posição e marca 58% de governismo,

---

[1] No primeiro ano de Lula no poder, Roberto Freire acumulou a função de presidente e líder do PPS na Câmara. O partido esteve com o governo e tinha Ciro Gomes como ministro. Assim, a legenda apresentou taxa de adesão de 96%. Freire registrou 95% e apenas três dos 20 parlamentares socialistas estiveram situados abaixo de 90% nas 147 primeiras votações sob a presidência de Lula.

tornando-se o segundo parlamentar mais oposicionista de sua legenda, com 76% de ausência. O líder Fernando Coruja, por sua vez, registra apenas 4% de ausência e 67% de adesão a Lula. O PPS, como vimos, efetivamente alterou sua posição de partido da base para a oposição. Pagou caro com a perda de parte de sua bancada, e no último período analisado teve em seu líder a principal referência de presença no plenário e em seu presidente o símbolo mais marcante de sua oposição. O aumento dos níveis de adesão em 2006, relativo a 2005, pode estar associado ao ano eleitoral e à necessidade de os deputados demandarem recursos extraordinários para um bom relacionamento com seus eleitorados.

PPS-PV — um bloco sem identidade

Em relação ao governo federal, PV e PPS são, nitidamente, partidos distintos. O PPS é da oposição desde dezembro de 2004. O PV, por sua vez, tem se declarado independente. O que isso representaria exatamente? O gráfico 2 aponta que a dispersão ao longo do gráfico simbolizaria falta de homogeneidade entre os membros do bloco, mas com tendências governistas que podem ser explicadas por trocas tradicionais entre os poderes Legislativo e Executivo. As duas bancadas, quando observadas conjuntamente no Basômetro, revelam dispersão pouco condizente com um comportamento uniforme capaz de caracterizar parceria. Em 130 votações realizadas ao longo dos dois primeiros anos do governo Dilma Rousseff, o PPS tem taxa de adesão de 35% e o PV de 76%.

Dois períodos serão avaliados para tornar nossa análise mais clara em relação aos parâmetros utilizados até aqui, mas é importante salientar que, em ambos, a divisão espacial, com o PV mais acima e o PPS mais abaixo no gráfico, se mantém. No primeiro deles, entre fevereiro de 2011 e fevereiro de 2012, Penna (PV) e Freire (PPS) eram os presidentes de suas legendas e Sarney Filho (PV) o líder do bloco. Ao longo de 82 votações, o PPS teve taxa de adesão ao governo de 25% e o PV de 75%. Freire foi o deputado mais oposicionista do bloco, com 15% de adesão, enquanto Penna foi o mais oposicionista do PV, com 53% — índice superior ao parlamentar mais governista do PPS. Ambos foram eleitos por São Paulo e estavam próximos do PSDB paulista, que disputou contra o PT todas as eleições presidenciais polarizadas por esses partidos (1994 a 2010). Sarney tem índice de governismo semelhante à média do Partido Verde: 70%. Assim, é possível afirmar que o líder do bloco tem um comportamento mais condizente com as médias de seu partido e que seus presidentes, nesse período, são os agentes mais oposicionistas de suas respectivas legendas.

No segundo período, que vai de fevereiro a dezembro de 2012, a liderança do bloco muda para as mãos do PPS, com Rubens Bueno. As respectivas presidências são mantidas, e os índices de governismo aumentam nas 49 votações registradas: o PV vai a 80% e o PPS a 51%. Teria esse incremento, sobretudo dos socialistas, alguma relação com as eleições municipais e a demanda por recursos extraordinários que tendem a ajudar nos pleitos locais? O fato é que Roberto Freire (PPS) é o segundo parlamentar mais oposicionista de seu partido, com 47% de adesão aos ideais de Dilma Rousseff, e Penna (PV) se mantém como o mais oposicionista de sua legenda, com 61%. O líder do bloco, Rubens Bueno, fica muito próximo de Freire, com 49%, ou seja, distante das médias registradas, sobretudo, pelos parlamentares do PV. O que esse bloco representaria? Que tipo de similaridade ideológica existiria nessa formação? Tudo indica que o pragmatismo é mais capaz de explicar a posição dessas legendas, ou exclusivamente a proximidade de seus presidentes, e não o comportamento das bancadas nas votações nominais da Câmara.

GRÁFICO 2

Bloco PPS-PV nos dois primeiros anos de Dilma no Basômetro

(em destaque no interior da linha traçada, os deputados do PPS)

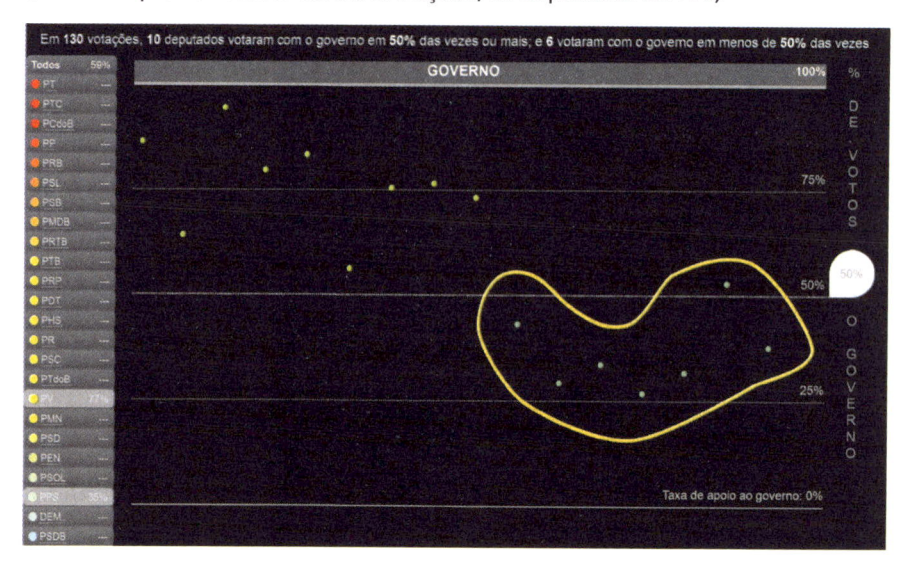

Fonte: Basômetro, Estadão Dados (2013).

PSDB — os movimentos da oposição

Políticos oposicionistas que votam com o governo em alguns temas afirmam: "mas quem disse que o grupo contrário precisa se opor sempre?". A análise do PSDB nesse estudo está dividida em duas partes, ambas sob a presidência de Sérgio Guerra (PE) ao longo dos dois primeiros anos de Dilma Rousseff à frente do país. Na primeira, o partido é realmente opositor, na segunda, nem tanto, e tal momento coincide com o ano de eleições municipais. Voltamos à pergunta da análise anterior: "teria o incremento de apoio ao governo federal alguma relação com as eleições municipais e a demanda por recursos extraordinários que tendem a ajudar nos pleitos locais?" No gráfico 3 está o PSDB de 2011, fortemente contrário ao governo federal, enquanto no gráfico 4, o PSDB de 2012, ano de eleição municipal e posterior à ameaçadora criação do PSD, um partido que se autodeclara sem ideologia e suficientemente independente para apoiar quaisquer governos.

Temporalmente, a primeira parte da análise dos tucanos vai de fevereiro de 2011 ao mesmo mês de 2012, sob a liderança de Duarte Nogueira (SP) na Câmara dos Deputados. Em 82 votações o partido registrou média de 18% de apoio ao governo federal. Sérgio Guerra esteve com Dilma em 23% de suas posições, ausentando-se em 73% das oportunidades. A homogeneidade da legenda se fez presente, e Nogueira colaborou com o governo em 20% de suas votações, com 28% de ausência.

Na segunda etapa da análise, que vai de fevereiro a dezembro de 2012, os tucanos registraram 44% de adesão aos ideais de Dilma Rousseff em 49 votações. Teria sido a agenda do segundo ano mais tranquila e tendente à concordância da oposição? Sérgio Guerra aumentou seu ímpeto governista para 57% das votações das quais participou, com ausência em 71% do total verificado. O que indica um presidente de partido oposicionista significativamente ausente e mais governista que sua legenda? Bruno Araújo (PE) esteve com o governo em 41% de suas posições e seu índice de ausência atingiu 35%. O PSDB, em termos gerais, mudou seu comportamento de maneira uniforme, sendo capaz de provocar os questionamentos anteriores. No gráfico 3 uma nuvem consistente oscila em torno dos 25% de adesão, enquanto no gráfico 4 o bloco se desloca em espaço pouco abaixo da faixa dos 50%. Ademais, é relevante salientarmos que o Basômetro é uma ferramenta que permite olhares mais amplos sobre as bancadas partidárias, havendo a possibilidade de cada votação, cada bancada e, por vezes, cada parlamentar carregar consigo histórias capazes de justificar as ocorrências quantitativamente observadas aqui.

GRÁFICO 3
PSDB no primeiro ano de Dilma no Basômetro

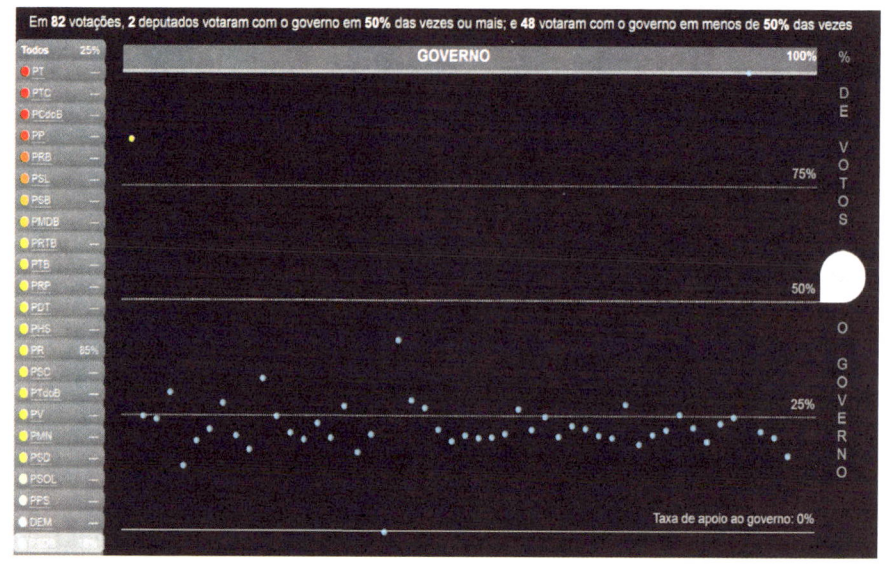

Fonte: Basômetro, Estadão Dados (2013).

GRÁFICO 4
PSDB no segundo ano de Dilma no Basômetro

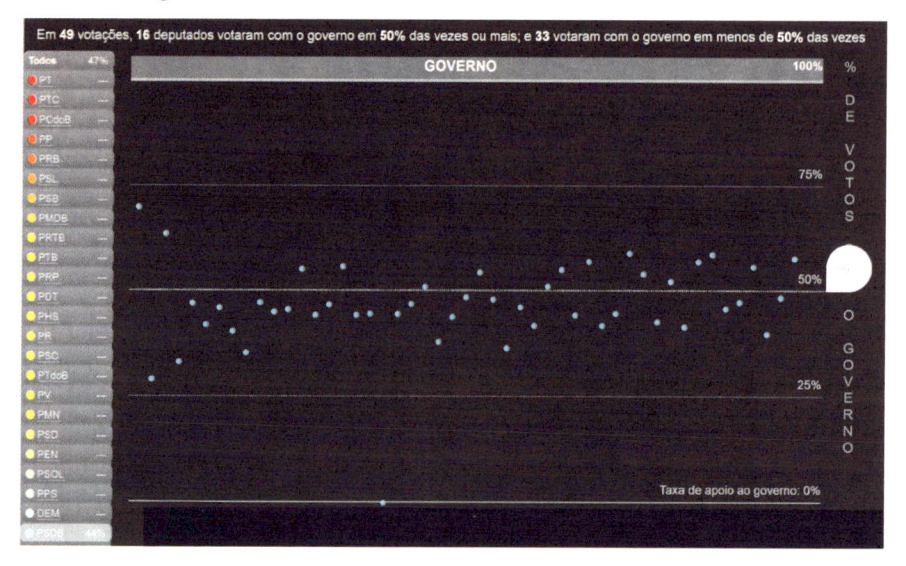

Fonte: Basômetro, Estadão Dados (2013).

PT — fidelidade quase absoluta

Estudos realizados com dados de votações da década de 1990 mostravam o PT extremamente coeso em torno de seu líder e fortemente posicionado no bloco de oposição ao governo FHC (Nicolau, 2000). Tal posição o ajudou a consolidar sua imagem de um partido fiel aos seus propósitos. Havia gente capaz de dizer que o PT era a única grande legenda com aspectos efetivos de partido político no país. Com a chegada de Lula ao poder o grupo se tornou mais atraente. Entre as eleições de 2000 e 2004, por exemplo, seu salto nos municípios é expressivo (Dantas, 2007). Os mesmos que o elogiavam passaram a dizer que o PT se tornou uma legenda comum. A despeito de tal posição, é possível afirmar que no governo os seus índices de apoio aos interesses do Poder Executivo são expressivos. O que parece óbvio não é tão simples. Estudos mostram, por exemplo, que durante alguns períodos sob o comando de FHC, o PFL era mais fiel ao governo que o próprio PSDB, e em ambos os casos a adesão era relevante (Nicolau, 2000). Fenômeno contrário também pode ocorrer. O PT não foi tão assíduo aos interesses de Lula no Congresso quando chegamos ao auge da crise do Mensalão — isso o Basômetro é capaz de mostrar.

No que diz respeito à análise que propomos aqui, a presidência do deputado Ricardo Berzoini (SP) coincide com parte expressiva da liderança de Henrique Fontana (RS) na Câmara. Falamos especificamente do período entre setembro de 2005 e outubro de 2006. Nesse caso, a taxa de governismo do PT vai a 92%, com seu presidente registrando fidelidade de 90% e ausência de 39% (seta vertical no gráfico 5). Fontana, por sua vez, identificado no gráfico pela seta horizontal que aponta para a direita, registra 96% de fidelidade e 27% de ausência. Para termos uma ideia do apoio a Lula, por questões óbvias, o líder do governo, o petista Arlindo Chinaglia (SP), tem 100% de adesão ao Planalto e apenas 12% de ausência. O PT, nesse caso específico, mostra um esperado grau de coesão para um partido que historicamente, mesmo sob as dificuldades da oposição, atua unido.

GRÁFICO 5
PT em parcela do primeiro mandato de Lula

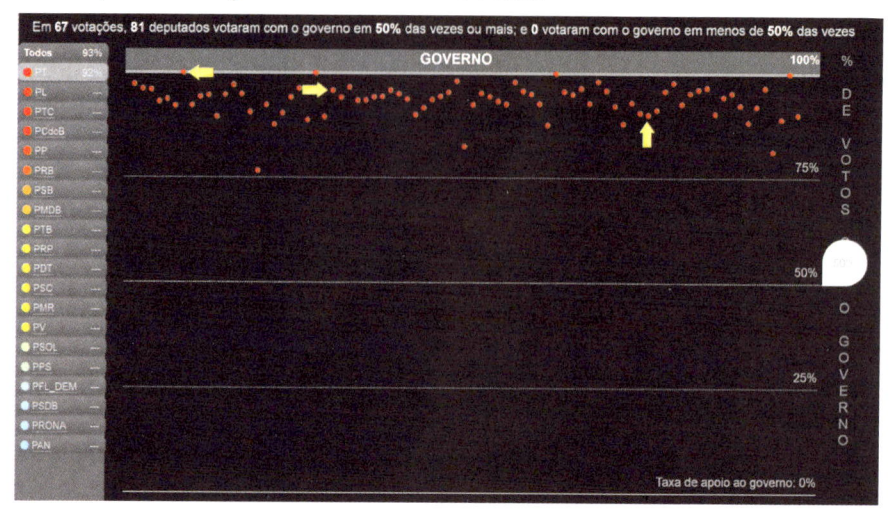

Fonte: Basômetro, Estadão Dados (2013).

Conclusão

Feitas as análises, é possível realizar uma síntese de acordo com a tabela 1. Avaliações específicas seriam possíveis de serem refeitas, mas parece interessante um olhar breve sobre números gerais e seus possíveis significados. Trata-se apenas de uma análise de algumas médias, de onde expurgamos os dados do bloco PPS-PV.

No que diz respeito à adesão ao governo federal, entre os partidos das confortáveis bases de Lula e Dilma Rousseff a taxa de adesão foi de 88%, contra 45% da oposição. Esse segundo dado talvez esteja um pouco elevado para os padrões esperados de resistência aos planos oficiais, mas, como dito anteriormente, a questão pode esconder especificidades que fogem à nossa análise. Se tomarmos apenas as posições dos líderes e presidentes, e repetirmos o cálculo dessas médias, teremos 96% de adesão dos líderes dos partidos da situação e 89% dos presidentes. Nesse caso, seria possível afirmar que os acordos fechados no parlamento tendem a sensibilizar mais as lideranças das legendas? É claro que atos de rebeldia podem acontecer, mas lideranças da situação tendem a apoiar mais os governos, enquanto seus respectivos presidentes parecem ter uma posição mais independente. Dos 13 períodos analisados nas legendas de situação, em dois existe igualdade e em apenas três a posição do presidente é mais governista do que a posição do líder, e nessas ocasiões as diferenças não superam três pontos percentuais. No caso das oposições, o líder (47%) é em média discretamente mais oposicionista que o presidente (50%). A diferença é mínima, mas pode causar surpresa, pois do comandante maior da legenda, em tese, poderíamos esperar um comportamento crítico mais emblemático.

Quando avaliamos as distâncias, medidas em pontos percentuais, entre a posição do líder em relação ao presidente e de ambos em relação às médias de adesão do partido, nova surpresa. A menor média, de sete pontos, é entre o líder e a bancada, o que pode mostrar controle sobre os deputados. Nesse caso, cinco exceções mostram o presidente mais próximo dos seus deputados, sendo o caso do PT muito discreto em se tratando de um partido homogêneo e cujos interesses, em tese, podem ser mais orientados pelo líder do governo. Chama atenção a distância do PMDB (20 pontos) e do PP (16 pontos) em períodos específicos. O que afastaria tanto a liderança de seus comandados? No caso das médias que distanciam o presidente da bancada, temos 7,4 pontos, ou seja, algo muito semelhante ao resultado dos líderes. A maior diferença (7,9 pontos) nesse indicador de distância fica por conta dos líderes de bancada em relação aos presidentes, reforçando nossa ideia de que presidentes e líderes nem sempre falam a mesma língua ou adotam a mesma estratégia. Em nove casos, entre as 17 situações analisadas, as distâncias entre liderança e presidência eram iguais ou superiores a cinco pontos, atingindo 20 e 28 pontos no PMDB.

Por fim, chama atenção as questões relacionadas às ausências dos políticos em votações. Inicialmente, não se tratava de uma temática central a essa reflexão, mas algo indica que a variável merece um olhar acurado. Presidentes de legendas se sacrificam pelos seus grupos, rodando o país e participando dos mais diferentes eventos nacionais e internacionais. Estranho que isso seja, no entanto, custeado com recursos públicos despendidos para o exercício de mandatos parlamentares. Nos períodos observados aqui, a média de ausência dos presidentes se aproxima muito de dois terços (65%) — em oito períodos supera 70%. Entre os líderes, que deveriam estar presentes para garantir a unidade de seus acordos, tal índice atinge pouco mais de um terço (38%), o que ainda assim é elevado.

TABELA 1
Síntese dos períodos analisados

Partido	Período*	Governismo partido	Adesão líder	Adesão presidente	Distância líder x part.	Distância pres. x part.	Distância líd. x pre.	Ausência líder	Ausência presidente
PSB	Mar-03 a Jan-04	96%	97%	100%	1 ponto	4 pontos	3 pontos	27%	71%
PSB	Jan-04 a Jul-05	92%	97%	100%	5 pontos	8 pontos	3 pontos	18%	89%
PSB	Mai-06 a Dez-06	88%	100%	100%	12 pontos	12 pontos	0 ponto	50%	94%
PP	Mar-03 a Dez-04	84%	93%	93%	11 pontos	11 pontos	0 ponto	41%	54%
PP	Fev-05 a Fev-06	80%	96%	91%	16 pontos	11 pontos	5 pontos	66%	48%
PP	Mai-06 a Dez-06	85%	92%	80%	7 pontos	5 pontos	12 pontos	61%	84%
PTB	Mar-03 a Ago-03	90%	91%	88%	1 ponto	2 pontos	3 pontos	33%	25%
PTB	Set-03 a Jun-05	92%	98%	100%	6 pontos	8 pontos	2 pontos	30%	66%
PMDB	Mar-03 a Fev-04	92%	98%	91%	6 pontos	1 ponto	7 pontos	42%	62%
PMDB	Fev-04 a Jun-05	80%	100%	80%	20 pontos	0 ponto	20 pontos	78%	71%
PMDB	Jul-05 a Dez-06	80%	93%	65%	13 pontos	15 pontos	28 pontos	39%	63%
PPS	Mar-04 a Dez-04	91%	95%	81%	4 pontos	10 pontos	14 pontos	46%	67%

Partido	Período*	Governismo partido	Adesão líder	Adesão presidente	Distância líder × part.	Distância pres. × part.	Distância líd. × pre.	Ausência líder	Ausência presidente
PPS	Fev-05 a Fev-06	53%	60%	63%	7 pontos	10 pontos	3 pontos	26%	46%
PPS	Fev-06 a Dez-06	66%	67%	58%	1 ponto	8 pontos	9 pontos	4%	76%
PPS-PV	Abr-11 a Fev-12	PV = 75% PPS = 25%	70%	PV = 53% PPS = 15%	PV 5 pontos PPS 45 pontos	PV 22 pontos PPS 10 pontos	PV = 17 pontos PPS = 55 pontos	55%	PV = 43% PPS = 37%
PPS-PV	Fev-12 a Dez-12							0%	PV = 22% PPS = 31%
PSDB	Abr-11 a fev-12	18%	20%	23%	2 pontos	5 pontos	3 pontos	28%	73%
PSDB	Fev-12 a Dez-12	44%	41%	57%	3 pontos	13 pontos	16 pontos	35%	71%
PT	Set-05 a Out-06	92%	96%	90%	4 pontos	2 pontos	6 pontos	27%	39%

Fonte: Câmara dos Deputados e Basômetro.

* Alguns períodos podem revelar pequena inconsistência de dias no período de início e fim, o que estatisticamente é em parte arrefecido pelo volume de votações ao longo dos prazos selecionados.

Referências

ABRANCHES, S. Presidencialismo de coalizão: o dilema institucional brasileiro. *Dados — Revista de Ciências Sociais*, Rio de Janeiro, v. 31, n. 1, p. 5-38, 1988.

DALMORO, J.; FLEISCHER, D. Eleição proporcional: os efeitos das coligações e o problema da proporcionalidade. In: KRAUSE, S.; SCHMITT, R. (Org.). *Partidos e coligações eleitorais no Brasil*. Rio de Janeiro: Fund. Konrad Adenauer; São Paulo: Unesp, 2005. p. 85-113.

DANTAS, H. Coesão, migração e posicionamento partidário na assembleia legislativa do estado de São Paulo na legislatura 1999 a 2003. *E-Legis*, n. 3, p. 23-45, 2009.

DANTAS, H. *Coligações em eleições majoritárias municipais*: a lógica do alinhamento dos partidos políticos brasileiros nas disputas de 2000 e 2004. Tese (doutorado)

— Programa de Pós-Graduação em Ciência Política, Universidade de São Paulo, São Paulo, 2007.

FIGUEIREDO, A.; LIMONGI, F. *Executivo e Legislativo na nova ordem constitucional*. Rio de Janeiro: FGV; Fapesp, 1999.

____; ____. *Política orçamentária no presidencialismo de coalizão*. Rio de Janeiro: FGV, 2008.

LIMONGI, F. A democracia no Brasil: presidencialismo, coalizão partidária e processo decisório. *Novos Estudos*, v. 76, p. 17-41, 2006.

____; FIGUEIREDO, A. Bases institucionais do presidencialismo de coalizão. *Lua Nova*, n. 44, p. 81-106, 1999.

MAINWARING, S. *Sistemas partidários em novas democracias*: o caso do Brasil. Rio de Janeiro: FGV, 2001.

NICOLAU, J. Disciplina partidária e base parlamentar na Câmara dos Deputados (1995-1998). *Dados — Revista de Ciências Sociais*, Rio de Janeiro, v. 43, n. 4, p. 709-735, 2000.

CAPÍTULO 5
Entre Hermes e Themis: a oposição e suas estratégias no presidencialismo de coalizão

*Ernani Carvalho**
*Dalson Figueiredo Filho***

Introdução[1]

Uma das obras mais citadas e sem dúvida um divisor de águas sobre quais lentes devem ser empregadas para se enxergar o mundo da política foi *Poliarquia: participação e oposição* de Robert Dahl. Publicado em 1972, o livro causou bastante polêmica no ambiente acadêmico da ciência política, sobretudo, a norte-americana. A sua base teórica desidratava o argumento da teoria da modernização então reinante entre os estudiosos da política. Para Limongi (2006:13), a

> literatura (**pré-Poliarquia**) tendia a derivar as chances de ocorrência da democracia e do autoritarismo de certas características sociais e históricas fora do alcance da ação humana. A possibilidade da passagem de um a outro estado era desconsiderada. Mais do que isso, a literatura tornara-se marcadamen-

---
* Doutor em ciência política pela USP, professor do DCP-UFPE, pesquisador do CNPq e Visiting Research na Universitat Pompeu Fabra (Espanha).
** Professor adjunto I (DCP-UFPE).
[1] Os autores receberam suporte financeiro do CNPq e da Capes.

te pessimista quanto às chances da democracia nos países subdesenvolvidos, ao tempo que afirmava a excepcionalidade dos países desenvolvidos. Democracia seria possível apenas em países que se desenvolveram no século XIX. Países pobres estariam condenados ao autoritarismo e não escapariam a esse destino mesmo que se desenvolvessem.

Essa guinada paradigmática de vislumbrar a ação política como elemento estratégico de escolha entre indivíduos, grupos, associações e partidos como dinâmica capaz de mudança do *status quo* estabeleceu a base dos parâmetros normativos do "pluralismo". As variáveis institucionais ganham peso e autonomia explicativa, em detrimento dos grilhões deterministas da teoria da modernização.

> O ponto de partida dessa formulação é a premissa de que todo e qualquer grupo político prefere reprimir a tolerar seus adversários. A questão está em saber se tem forças para tanto, se é vantajoso fazê-lo. A oposição será tolerada pela situação quando para esta última for menos custoso fazê-lo do que aceitar o risco de perder o poder para a primeira em eleições livres. Da mesma forma, a oposição aceita participar da competição eleitoral quando esta opção lhe for menos custosa do que a conquista do poder por meios revolucionários. Nesses termos, como já comentado, a democracia se sustenta a partir de um equilíbrio de forças, isto é, quando nenhum grupo social está em condições de eliminar os demais. Sobretudo, é fruto de um cálculo de atores políticos inseridos em uma relação estratégica. (Limongi, 2006:19)

Poliarquia proporcionou um amplo debate teórico e metodológico nas diversas subáreas da ciência política. As instituições que compõem a mola propulsora do funcionamento do Estado se tornaram, uma a uma, objeto de investigação. A ciência política latino-americana possui uma literatura abundante sobre quase todas as instituições-chaves, principalmente, aquelas que se referem ao eixo explicativo competição e participação. Partidos políticos, eleições, Executivo, Legislativo, sindicatos, opinião pública, seguidos mais tardiamente por políticas públicas, movimentos sociais, judiciário, entre outros.²

Na seleção estratégica feita pelos pesquisadores e analistas latino-americanos, algumas dessas instituições se tornaram ausentes ou pouco estudadas, quando muito eram citadas e tratadas como figurantes diante dos problemas de pesquisa então elegidos. Este capítulo tenta trazer à tona algumas reflexões sobre uma dessas ausências, sobretudo para a política latino-americana,³ em especial a política brasileira.⁴

O nosso objetivo neste capítulo é analisar, tomando o Brasil como caso, as estratégias da oposição partidária em uma poliarquia caracterizada pelo presidencialismo de coalizão.

Em 29 de julho de 2011, a revista *Veja* publicou uma matéria intitulada "A exígua oposição brasileira", na qual chamava atenção sobre a criação de mais um novo partido político com fins a compor a base do governo Dilma:

> A criação do PSD — o partido que não é de centro, de direita, nem de esquerda — deverá deixar a oposição brasileira com 16 senadores e 97 deputados. PSDB, DEM, PPS e PSOL passarão a representar apenas 19,7% do Senado e 18,9% da Câmara. O índice está entre os menores do mundo democrático. Pior: a oposição tem, hoje, menos cadeiras do que durante a maior parte do regime militar. Os números dão uma dimensão da crise dos partidos de oposição no Parlamento.⁵

Na referida reportagem, lideranças do próprio governo, preocupadas com a gestão de uma base aliada tão ampla e heterogênea, admitiam a necessidade de uma reforma política que facilitasse a "governabilidade".

---

² Uma amostra do estado da arte da ciência política latino-americana e brasileira pode ser observada em: Miceli (1999), Trindade (2007) e Martins e Lessa (2010).

³ Região que possui governos (ou Poderes Executivos) extremamente poderosos.

⁴ Interessante notar que não existe um único artigo publicado no Scielo Brasil (<www.scielo.br>) sobre a temática da oposição partidária.

⁵ Ver matéria na íntegra em: <http://veja.abril.com.br/noticia/brasil/a-exigua-oposicao-brasileira>.

O (então) líder do PT no Senado, Humberto Costa (CE), é um dos que defendem a mudança nas regras para enxugar o quadro partidário (que hoje conta com 28 legendas) e reforçar a identidade dos partidos. O caminho, diz ele, é criar o voto em lista fechada, o financiamento público de campanha e pôr fim às coligações proporcionais. Ele admite que não é fácil conviver, no mesmo bloco, com partidos que têm histórias e propostas diferentes: "Há um grau de dificuldade. É natural. No presidencialismo que temos no Brasil, essa convivência tem que acontecer".[6]

A preocupação do governo é sobre o controle da sua base aliada, não existindo nenhuma intenção de, nestas reformas, ampliar a capacidade de contestação pública. Os gráficos abaixo demonstram a força da coalizão governista no Congresso Nacional.

GRÁFICO 1
Governismo (base do governo, Câmara dos Deputados, Dilma)

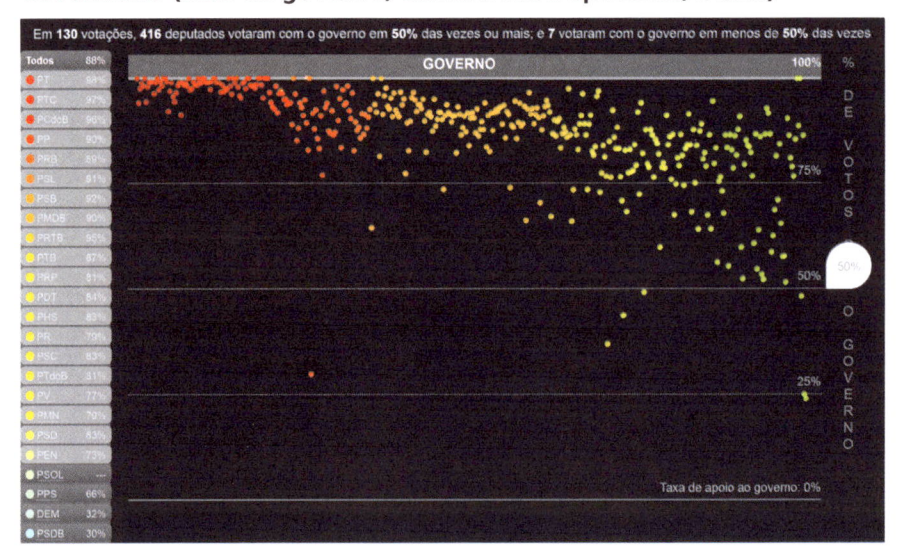

Fonte: Basômetro, Estadão Dados (2013).

---

[6] Ibid.

À exceção de Jair Bolsonaro (PP-RJ), que apresentou uma média de 30% de suporte ao governo, e dois parlamentares do PEN (Berinho Bantim (RR) com 25% e Fernando Francischini (PR) com 24%), que apoiaram o governo em aproximadamente 25% das votações, a maior parte dos deputados encontra-se acima da linha de referência de 50%. Na verdade, uma quantidade significativa de representantes está acima da linha dos 75% de apoio.

No Senado, o padrão de suporte ao governo é ainda mais consistente, já que a maior parte dos senadores está acima da linha de 75% de apoio.

GRÁFICO 2
Governismo (base do governo, Senado, Dilma)

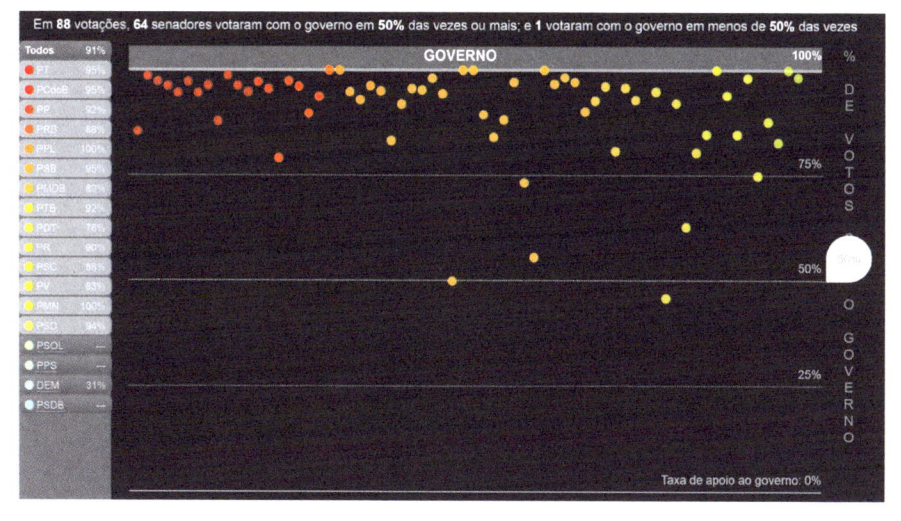

Fonte: Basômetro, Estadão Dados (2013).

O impacto do presidencialismo de coalizão no sistema político se parece muito com o do Sol no sistema solar, ou seja, a existência de um corpo que, pelo seu tamanho, por sua energia e por seus recursos, tem, gravitando em volta de si, um conglomerado de outros corpos com tamanho, energia e recursos sensivelmente menores. Todavia, diferentemente do sistema solar, o sistema político depende da interação entre estes corpos para sua sobrevida no jogo democrático.

Neste trabalho, com auxílio do Basômetro,[7] ferramenta interativa disponibilizada pelo jornal *Estado de S. Paulo* para medir o apoio dos parlamentares ao governo e acompanhar como eles se posicionaram nas votações ocorridas no Congresso Nacional, vamos reunir argumentos para explicar: (1) o desempenho da oposição nas votações e (2) como esse desempenho influencia as estratégias utilizadas pela oposição.

Determinantes institucionais do presidencialismo de coalizão[8]

Salvo melhor juízo, foi Abranches (1988) que cunhou o termo presidencialismo de coalizão na ciência política nacional. Em uma análise comparativa do desenho institucional, Abranches concluiu que "não existe, nas liberais democracias mais estáveis, um só exemplo de associação entre representação proporcional, multipartidarismo e presidencialismo" (Abranches, 1988:19). Alguns autores consideram essa combinação problemática (Ames, 2003; Mainwaring, 2001).[9] Mas o que é presidencialismo de coalizão afinal? Para Abranches, é um sistema caracterizado pela instabilidade, de alto risco, e cuja sustentação baseia-se, quase exclusivamente, no desempenho corrente do governo e na sua disposição de respeitar estritamente os pontos ideológicos ou programáticos considerados inegociáveis, os quais nem sempre são explícita e coerentemente fixados na fase de formação da coalizão (Abranches, 1988:27).

Para melhor entender os ingredientes dessa "combinação explosiva", é importante relembrar algumas características do nosso desenho institucio-

---

[7] Disponível em: <http://estadaodados.herokuapp.com/html/basometro/>.

[8] Para o leitor interessado em aprofundar seus conhecimentos nessa área, ver Mainwaring (1993, 2001), Limongi e Figueiredo (1998), Figueiredo e Limongi (2001), Amorim Neto (2006), Inácio (2006) e Ames (2003).

[9] Nas palavras de Melo (2005:852), "para muitos analistas, o desenho constitucional brasileiro, na verdade, contém uma combinação explosiva de presidencialismo e multipartidarismo. Os deputados federais são eleitos através de um sistema de representação proporcional em lista aberta, e os estados são distritos-membros, cuja magnitude varia de oito a 70. Após a mudança para a democracia, em 1985, o sistema bipartidário que existia no regime militar deu lugar a um sistema multipartidário com um número enorme — e sempre crescente — de partidos efetivos (oito)".

nal: (1) presidencialismo como sistema de governo;[10] (2) federalismo como forma de Estado;[11] (3) Legislativo bicameral em nível nacional, ou seja, Câmara dos Deputados mais Senado (art. 44, CF 1988);[12] (4) sistema multipartidário[13] e (5) representação proporcional (art. 45, CF 1988).[14] O próprio Abranches (1988) afirma que o conflito entre o Executivo e o Legislativo tem sido elemento historicamente crítico para a estabilidade democrática no Brasil, em grande medida por causa dos efeitos da fragmentação na composição das forças políticas representadas no Congresso e da agenda inflacionada de problemas e demandas imposta ao Executivo. Este é um dos nexos fundamentais do regime político e um dos eixos essenciais da instabilidade institucional (Abranches, 1988:8). O pressuposto central é que, quanto maior a fragmentação do Legislativo, maior é o potencial de conflito com o Executivo e maiores serão os custos de governabilidade.

Outra interpretação é dada pelos trabalhos de Limongi e Figueiredo (1998). Eles demonstraram que, independentemente da fragmentação, os ní-

---

[10] O artigo 2º do Ato das Disposições Constitucionais Transitórias (ADCT) definia que "no dia 7 de setembro de 1993 o eleitorado definirá, através de plebiscito, a forma (república ou monarquia constitucional) e o sistema de governo (parlamentarismo ou presidencialismo) que devem vigorar no País" (2º, ADCT, 1988). Posteriormente, a Emenda Constitucional nº 2, de 25 de agosto de 1992, determinou que "o plebiscito de que trata o art. 2º do Ato das Disposições Constitucionais Transitórias realizar-se-á no dia 21 de abril de 1993" (EC nº 2, 1992).

[11] A opção pela forma federativa aparece tanto no preâmbulo constitucional quanto no artigo 1º da Carta de 1988, registre-se: "A República Federativa do Brasil, formada pela união indissolúvel dos Estados e Municípios e do Distrito Federal, constitui-se em Estado Democrático de Direito" (art. 1º, CF 1988).

[12] "O Poder Legislativo é exercido pelo Congresso Nacional, que se compõe da Câmara dos Deputados e do Senado Federal" (art. 44, CF 1988).

[13] A criação de partidos políticos foi devidamente regulamentada pelo artigo 17: "é livre a criação, fusão, incorporação e extinção de partidos políticos, resguardados a soberania nacional, o regime democrático, o pluripartidarismo, os direitos fundamentais da pessoa humana" (art. 17, CF 1988).

[14] "Art. 45. A Câmara dos Deputados compõe-se de representantes do povo, eleitos, pelo sistema proporcional, em cada Estado, em cada Território e no Distrito Federal. § 1º — O número total de Deputados, bem como a representação por Estado e pelo Distrito Federal, será estabelecido por lei complementar, proporcionalmente à população, procedendo-se aos ajustes necessários, no ano anterior às eleições, para que nenhuma daquelas unidades da Federação tenha menos de oito ou mais de setenta Deputados" (art. 45, CF 1988).

veis de disciplina são consistentes. No original: "não encontramos indisciplina partidária nem tampouco um Congresso (CN) que agisse como um veto player institucional. Os dados mostram, isto sim, forte e marcante preponderância do Executivo sobre um Congresso que se dispõe a cooperar e vota de maneira disciplinada" (Figueiredo e Limongi, 1998:82). E como explicar esse padrão consistente e inesperado de disciplina, diante de um prognóstico explosivo? Para os autores,

> o controle exercido pelo presidente e os líderes partidários sobre a agenda dos trabalhos parlamentares e do processo decisório no interior do Congresso, tendo por base os seus poderes institucionais, tem efeitos significativos sobre o desempenho da coalizão de apoio ao presidente e a sua capacidade de manter-se unida ao longo do tempo. O controle do governo sobre a agenda protege a coalizão de governo contra o comportamento oportunista e imediatista de seus próprios membros. (Figueiredo e Limongi, 1998:102)

Outra vertente interpretativa afirma que as prerrogativas institucionais estabelecidas pela Constituição de 1988, apesar de centralizarem os recursos nas mãos do presidente, não impedem a existência de um elevado grau de paroquialismo. Nela, procurou-se combinar variáveis explicativas endógenas e exógenas:

> O sistema político brasileiro condensa duas diferentes e antagônicas forças e incentivos institucionais. De um lado, as regras eleitorais, o multipartidarismo e o federalismo agem descentralizando o sistema político. De outro lado, as regras internas do processo de decisão dentro do Congresso e os poderes constitucionais do Presidente de legislar e de distribuir recursos políticos e financeiros proporcionam incentivos para a centralização desse mesmo sistema. (Pereira e Muller, 2003:737-738)

Este comportamento bipolar do sistema político brasileiro aponta para a centralidade das coalizões, já que são estas que mantêm, na prática, a governabilidade. Dito isso, é importante analisar duas diferentes dimensões das coalizões de governo: (1) tamanho e (2) heterogeneidade ideológica. A figura 1 ilustra a relação dessas duas dimensões.

FIGURA 1

Tamanho e heterogeneidade ideológica

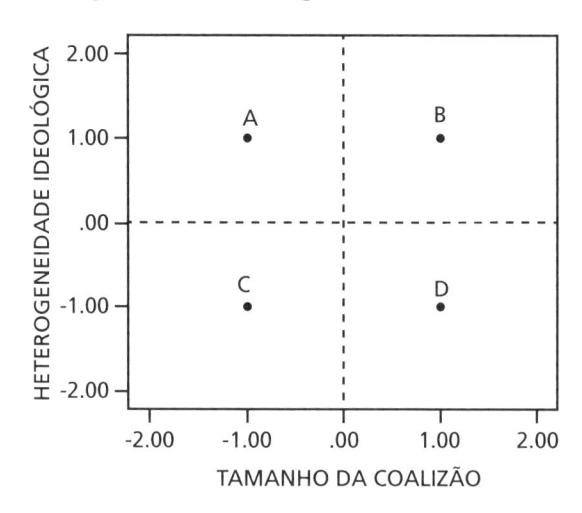

Fonte: Elaboração dos autores com base no Basômetro.

As linhas pontilhadas representam as médias das variáveis. Idealmente, existem quatro cenários possíveis. O quadrante A ilustra uma coalizão com tamanho abaixo da média e com alta heterogeneidade ideológica. Esse é um cenário preocupante para o governo. Comparativamente, o cenário menos conflituoso é o D, já que a coalizão é grande, mas com limitada heterogeneidade ideológica. O gráfico 3 ilustra o número de partidos na coalizão do governo federal no período entre 1990 e 2010.

GRÁFICO 3
Número de partidos na coalizão do governo (1990-2010)[15]

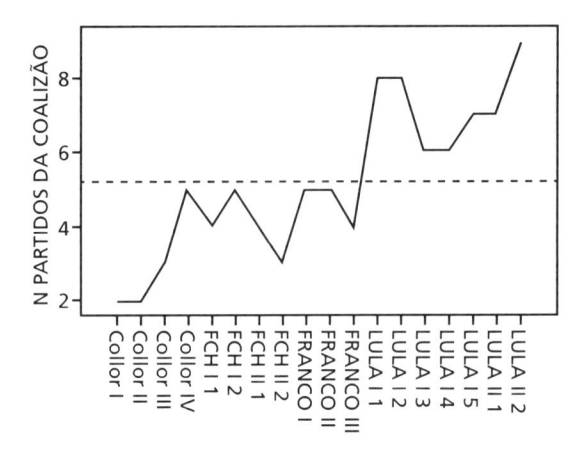

Fonte: Elaboração dos autores com base no Basômetro.

A linha pontilhada ilustra a média geral, que é de 5,17, com um desvio-padrão de 2,06. Comparativamente, Collor I e II apresentaram as menores coalizões (PRN e PFL), enquanto Lula formou os maiores agrupamentos governativos. Por exemplo, a base de sustentação do governo em Lula II contou com nove partidos (PT, PCdoB, PDT, PMDB, PP, PR, PRB, PSB e PTB).

A segunda dimensão importante da coalizão é seu grau de heterogeneidade. O gráfico 4 ilustra a dispersão da heterogeneidade ideológica das coalizões no período entre 1990 e 2010. A comparação é realizada a partir da diferença entre as somas das distâncias ideológicas dos partidos da coalizão e a do presidente (Batista, 2012).

---
[15] Esses dados foram retirados de Batista (2012).

GRÁFICO 4

Heterogeneidade ideológica das coalizões (1990-2010)[16]

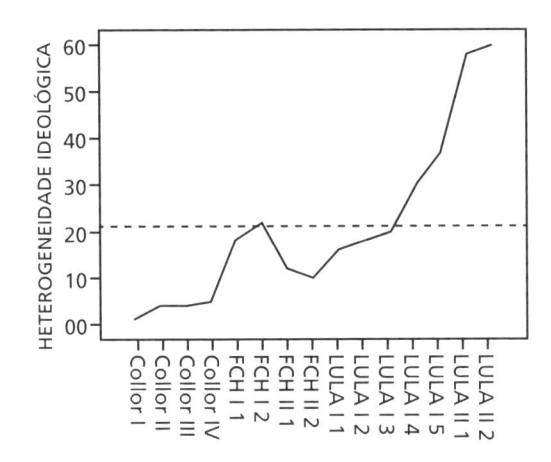

Fonte: Elaboração dos autores com base no Basômetro.

A heterogeneidade ideológica tem crescido ao longo do tempo. Durante o governo de Collor, as coalizões foram menores e mais homogêneas. Durante a era FHC, a heterogeneidade da coalizão aumentou. No entanto, foi durante o governo Lula que a diversidade ideológica atingiu os níveis mais elevados.

Por fim, resta saber o grau de associação entre o tamanho da coalizão e seu nível de heterogeneidade ideológica. O gráfico 5 ilustra essa correlação.

---

[16] Essa medida foi originalmente desenvolvida por Batista (2012) durante seu projeto de doutorado intitulado *O poder no Executivo: dinâmica interna e formulação da agenda legislativa no presidencialismo de coalizão brasileira*, defendido junto ao Departamento de Ciência Política da Universidade Federal de Pernambuco. Mais recentemente, esses dados foram incluídos no artigo *Coalition government and the organization of the Executive Branch in Brazil: on the road to centralization?*, em desenvolvimento pela referida autora. Agradecemos a Batista (2012) por compartilhar esses dados antes mesmo de publicá-los.

GRÁFICO 5

Correlação entre tamanho da coalizão e heterogeneidade ideológica

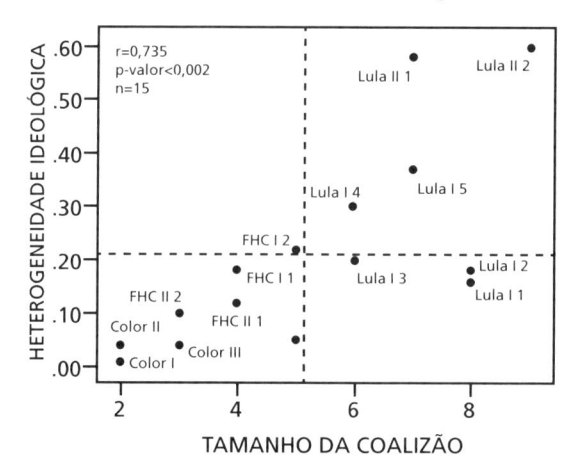

```
r=0,735
p-valor<0,002
n=15
```

Fonte: Elaboração dos autores com base no Basômetro.

O eixo Y representa o tamanho da coalizão, enquanto o eixo X ilustra seu grau de heterogeneidade. As linhas pontilhadas representam as médias de cada variável. Os pontos no gráfico simbolizam as diferentes coalizões durante o período observado, ou seja, cada observação representa uma coalizão diferente (Batista, 2012). O único governo que aparece no quadrante superior direito é a administração Lula (coalizões Lula I 4, Lula I 5, Lula II 1 e Lula II 2). O quadrante inferior esquerdo agrupa as coalizões pequenas e com baixo nível de heterogeneidade. Apenas uma coalizão (FHC I 2) apareceu no quadrante superior esquerdo (poucos partidos, muita heterogeneidade).[17] Além disso, os dados sugerem uma correlação positiva (0,735) e estatisticamente significativa (p-valor<0,002) entre o tamanho da coalizão e seu grau de heterogeneidade ideológica, pelo menos para os 15 casos observados. Em outras palavras, quanto mais partidos na coalizão, maior é o grau de diferenciação ideológica do agrupamento governativo.

Os dados expostos expressam uma tendência dos partidos políticos a, mesmo possuindo um marco programático distinto, muitas vezes anta-

---

[17] Essa coalizão durou 965 dias (32 meses), foi iniciada em 1996 e terminou 1998, contou com cinco partidos (PSDB, PFL, PMDB, PTB e PPB) e detinha 77,19% das cadeiras na Câmara dos Deputados.

gônico, se associarem ao partido vencedor para terem acesso à partilha dos recursos. O comportamento de "sobrevivência política" de partidos com trajetórias e aspirações distintas é uma consequência das regras de governabilidade estabelecidas em nosso desenho institucional. Em outras palavras, a decantação das regras institucionais da arena legislativa tem influenciado e, por vezes, determinado a lógica de coligação partidária na arena eleitoral.

O desempenho da oposição nas votações

De acordo com King, Keohane e Verba (1994:23), *"most important guideline for improving data quality is: record and report the process by which the data are generated"*. Metodologicamente, esta seção utilizou os dados disponibilizados pelo Basômetro a respeito das votações realizadas pela Câmara dos Deputados. Tecnicamente, utilizamos estatística descritiva, correlação de Pearson, teste t para amostras emparelhadas, análise de componentes principais e análise de conglomerados (*cluster*) para analisar o nível de governismo de cada presidente, ou seja, o percentual de vezes que os partidos votaram com o governo.

GRÁFICO 6
Governismo (%) (Lula1, Lula2 e Dilma)

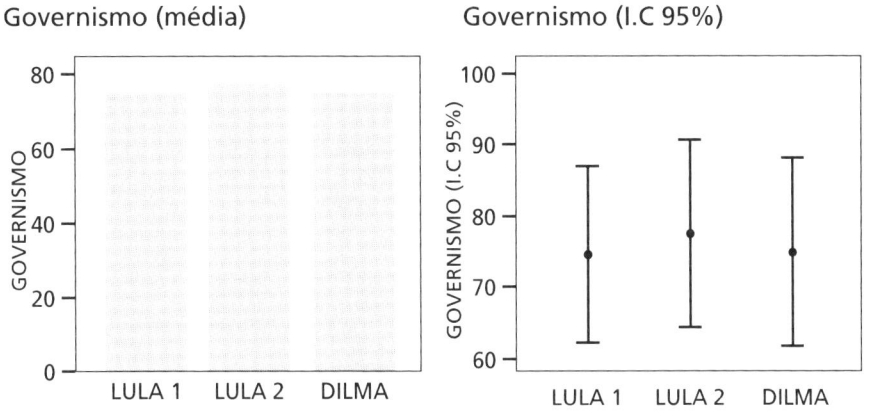

Governismo (média)   Governismo (I.C 95%)

Fonte: Elaboração dos autores com base no Basômetro.

Comparativamente, Lula2 apresentou a maior taxa de governismo com uma média de 80,35 e um desvio-padrão de 22,64 (n = 20). Para Lula1 esses valores foram de 72,61 e 25,5, respectivamente (n=23). Por fim, Dilma apresentou média de 78,00, com desvio-padrão de 20,89. A tabela 1 sumariza a comparação de médias.

TABELA 1
Comparação de médias

Comparação	média	dp	ep	t	gl	p-valor
Dilma-Lula2	-3,45	7,95	1,78	-1,94	19	0,067
Dilma-Lula1	1,72	22,28	5,25	0,33	17	0,747
Lula2-Lula1	2,81	22,84	5,71	0,49	15	0,629

Fonte: Elaboração dos autores com base no Basômetro.

dp = desvio-padrão; ep = erro padrão; gl = graus de liberdade

Apenas uma diferença de média é estatisticamente significativa (p-valor<0,067) (Dilma-Lula2). Isso quer dizer que a presidente Dilma apresenta uma taxa de governismo (-3,45) ligeiramente mais baixa do que a do governo Lula2. As demais diferenças não são significativas, sugerindo que em termos puramente estatísticos as médias de governismo são iguais.

O próximo passo é desagregar a análise por partido. O gráfico 7 ilustra o governismo por legenda partidária.

GRÁFICO 7
Governismo por partido (Lula1, Lula2 e Dilma)

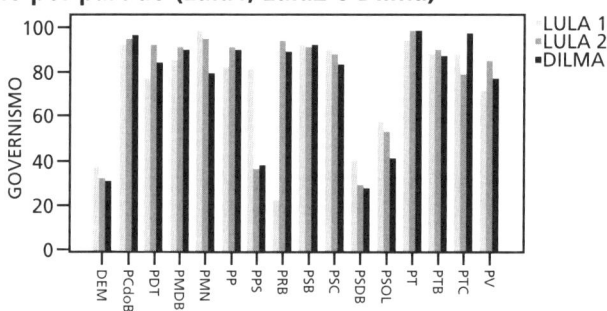

Fonte: Elaboração dos autores com base no Basômetro.

Comparativamente, DEM, PPS, PSDB e PSOL apresentam médias de suporte ao governo visualmente mais baixas. A tabela 2 ilustra o padrão de correlação entre as taxas de governismo para cada governo.

TABELA 2
Correlação entre as taxas de governismo

	Dilma	Lula2	Lula1
Dilma		0,939 (0,000) 20	0,549 (0,018) 18
Lula2	0,939 (0,000) 20		0,542 (0,030) 16
Lula1	0,549 (0,018) 18	0,542 (0,030) 16	

Fonte: Elaboração dos autores com base no Basômetro.

Ao se comparar os governos Dilma e Lula2, o padrão de votação é bastante consistente (r=0,939; p-valor<0,000; n=20). Ou seja, partidos que apresentaram taxas de governismo acima da média em Lula também o fizeram durante o governo Dilma. Similarmente, legendas oposicionistas em Lula2 continuaram votando contra o governo durante o período Dilma. A relação entre Lula1 e Dilma é menos forte (r=0,549; p-valor<0,018; n=18), sugerindo um padrão menos consistente de votações dos partidos nos dois períodos. A tabela 3 apresenta a taxa de governismo por partido.

TABELA 3
Taxa de governismo por partido (Lula1, Lula2 e Dilma)

PARTIDO	Lula1	Lula2	Dilma	média	GOV (Z)[1]
DEM	37	32	31	33,33	-1,95
PCdoB	92	95	96	94,33	0,86
PDT	77	92	84	84,33	0,41
PMDB	85	91	90	88,67	0,60

PARTIDO	Lula1	Lula2	Dilma	média	GOV (Z)[1]
PMN	98	95	79	90,67	0,67
PP	82	91	90	87,67	0,56
PPS	81	37	38	52,00	-1,16
PRB	22	94	89	68,33	-0,23
PSB	92	91	92	91,67	0,73
PSDB	40	29	28	32,33	-2,01
PSOL	58	53	41	50,67	-1,17
PT	94	98	98	96,67	0,96
PTB	88	90	87	88,33	0,58
PTC	88	79	97	88,00	0,56
PV	71	85	77	77,67	0,10

Fonte: Elaboração dos autores com base no Basômetro.

O DEM (33,33), o PPS (52,00), o PSDB (32,33) e o PSOL (50,67) representam a oposição ao governo. Para os propósitos deste trabalho, utilizamos um modelo de análise de componentes principais para estimar uma medida de governismo ao longo do tempo. Para tanto, utilizamos a variância compartilhada entre as médias de governismo de cada partido em cada governo. A nova medida tem média zero e desvio-padrão igual a um. Quanto maior o valor, maior é a taxa de governismo, independentemente da administração analisada. Contrariamente, quanto menor o valor, maior é o oposicionismo.[18]

Por fim, utilizamos a técnica de análise de conglomerados para agrupar os partidos de acordo com os seus níveis de apoio ao governo.[19] Optamos pela criação de três grupos: (1) forte apoio; (2) apoio moderado e (3) oposição. O gráfico 8 ilustra a dispersão do governismo por partido e por *cluster*.

---

[18] Para se ter uma ideia da robustez da nossa medida padronizada, o nível de correlação entre a média aritmética dos três períodos e o fator de governismo é de 0,999 (p-valor<0,000), com um n = 16.

[19] Tecnicamente, utilizamos o método de aglomeração *K-means cluster*, com k=3.

GRÁFICO 8
Governismo por partido e por *cluster*

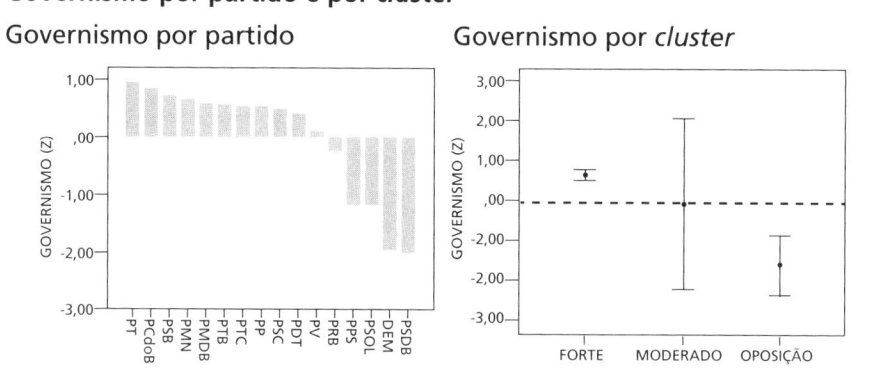

Governismo por partido

Governismo por *cluster*

Fonte: Elaboração dos autores com base no Basômetro.

O parâmetro de referência é a linha pontilhada (zero). Valores positivos sugerem mais governismo enquanto valores negativos denotam oposição. Seja pela análise simples do governismo em ordem decrescente por legenda, seja através do exame dos *clusters*, fica evidente que PSDB, DEM, PSOL e PPS apresentam níveis de suporte bastante diferentes dos demais partidos. O gráfico 9 ilustra a relação entre a taxa de governismo (z) e a distância de cada caso em relação ao centro do *cluster*.

GRÁFICO 9
Governismo (z) e distância do centro do *cluster* por partido

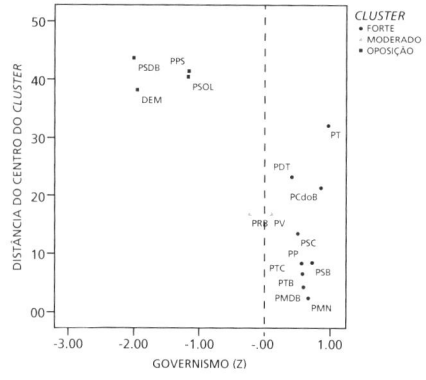

Fonte: Elaboração dos autores com base no Basômetro.

O ponto de referência é a linha pontilhada vertical. Quanto mais à direita da linha, mais governismo. Quanto mais à esquerda da linha, mais oposição. Os círculos pretos representam os partidos que demonstraram forte apoio ao governo durante as três administrações analisadas. Os triângulos cinzas representam os partidos que apresentaram suporte moderado (PRB e PV). Por fim, os quadrados pretos representam as legendas partidárias oposicionistas (DEM, PSDB, PPS e PSOL).

Os dados repercutem a dinâmica da institucionalização do sistema político brasileiro. Nele podemos observar que mesmo partidos declaradamente oposicionistas possuem taxas médias de governismo acima dos 50% — PPS (52,00%, lembrando que o PPS participou da Coalizão Lula I) e PSOL (50,67), ou seja, metade dos partidos de oposição (metade numérica, mas minoria em volume de representantes). Os dados não deixam dúvida sobre a incapacidade de a oposição fazer frente ao "rolo compressor" governista. Diante deste cenário, pelo qual, na grande maioria dos casos, as regras do campo de batalha legislativo definem *ex ante* o ganhador, quais seriam as estratégias disponíveis para a oposição?

Entre Hermes e Themis

Em uma democracia pautada pelo presidencialismo de coalizão, a dinâmica gerada a partir das regras estabelecidas torna o governo uma força quase imbatível. O desenho institucional estabelecido para promover a governabilidade tem, de fato, deslocado o ângulo de ação da minoria que ocupa a oposição. Isso pode ser visto no nível de combatividade da oposição nas duas casas do Congresso Nacional.

GRÁFICO 10
Governismo (PPS, PSOL,DEM e PSDB) (Câmara dos Deputados, Dilma)

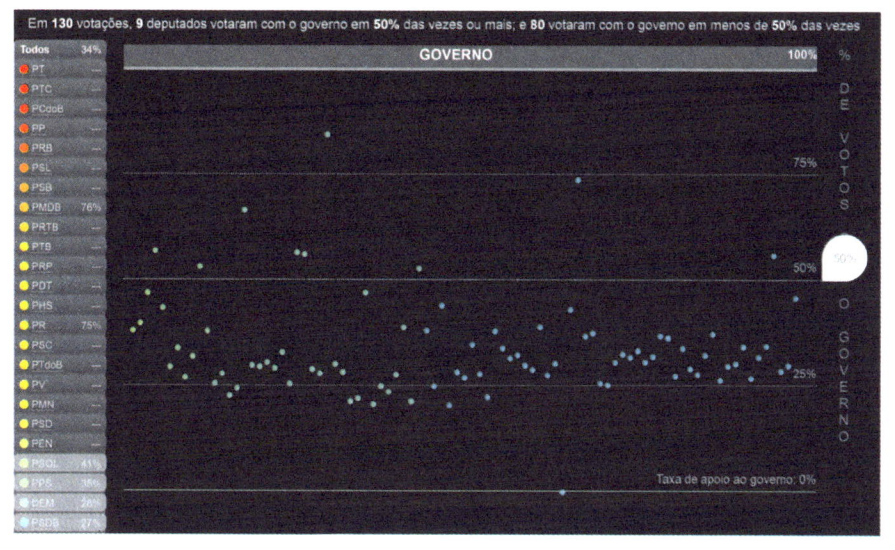

Fonte: Basômetro, Estadão Dados (2013).

A linha de referência de 50% é analiticamente informativa. A maior parte dos deputados, independentemente dos partidos analisados, se localiza abaixo desse patamar. Na verdade, muitos parlamentares apresentam um suporte médio ao governo em torno de 25%, ou seja, a cada quatro votações, em três oportunidades o parlamentar vota contra o governo.

Embora as possibilidades de combatividade disponível pela oposição legislativa sejam muitas, desde uma série de mecanismos institucionais legislativos (previstos nos regimentos dos parlamentos) até a judicialização de disputas com os governistas, a estratégia das minorias parlamentares tem sido bastante conhecida do público.

Não por acaso que, em seu discurso de despedida, o presidente da Câmara dos Deputados nos dois primeiros anos do governo Dilma, deputado Marco Maia (PT-RS), pertencente ao partido que detém o governo federal faz mais de 10 anos, atacou publicamente a imprensa e o Judiciário. Detalhe: em nenhum momento ele deu destaque à oposição partidária exercida na casa contra o seu partido.

É com profunda indignação e repulsa que vemos setores da grande imprensa questionarem a existência e própria finalidade do Poder Legislativo. Longe de questionar a importância da liberdade de imprensa e de expressão, porque sem essas prerrogativas também não se constrói democracia, não podemos compactuar com questionamentos dessa natureza. A maior fonte de expressão da opinião pública e da vontade popular não se concretiza em editoriais de jornais ou em matérias descontextualizadas que relegam a recente e bela história que os brasileiros vêm construindo (...) Faço questão de ressaltar que não há como deixar de manifestar minha mais profunda preocupação com as interpretações circunstanciais de nossa Constituição por parte do Judiciário, responsável tão somente por sua guarda, mas que tem se arriscado a interpretações que só ao Legislativo cabem. Atitude muito preocupante, que segue exigindo postura enérgica e intransigente por parte do Legislativo.[20]

Na mesma linha, também recentemente, lideranças do Partido dos Trabalhadores (PT) têm atacado de forma sistemática a imprensa e o Judiciário, demonstrando claramente seu descontentamento.[21] Como a imprensa e o Judiciário ocuparam tamanho espaço no campo da contestação pública? Qual o papel da oposição nesta dinâmica?

Obviamente que o desenho institucional representa um peso significativo no tamanho e na intensidade dessa dinâmica. No caso do Brasil, todas as ditas características institucionais que denominam a judicialização da política estão presentes (democracia, separação de poderes, direitos políticos, uso dos tribunais pelos grupos de interesse e uso dos tribunais pela oposição).[22] O próprio poder constituinte de 1988, ao criar uma Constituição ampla e agregadora de toda sorte de interesses,[23] potencializou a ação judiciária no campo político.

---

[20] Disponível em: <www.estadao.com.br/noticias/nacional,de-saida-da-presidencia-da-camara-marco-maia-critica-imprensa-e-judiciario,992839,0.htm>.

[21] Para ilustração, ver o que disse o presidente do Partido dos Trabalhadores, Rui Falcão, sobre a imprensa e o Judiciário: <www.estadao.com.br/noticias/nacional,rui-falcao-critica-midia-monopolizada-e-judiciario-conservador,968712,0.htm>.

[22] Para um maior esclarecimento sobre o fenômeno da judicialização da política, ver Carvalho (2004).

[23] Veja, neste sentido, o trabalho de Couto e Arantes (2006).

> A judicialização é alimentada pelo próprio processo legislativo em toda a sua plenitude, uma vez que não se judicializa algo que não tenha sido alvo de regulamentação. Ou seja, a intervenção do Poder Judiciário pressupõe uma intervenção anterior do poder representativo, o que mostra o efeito vinculante do fenômeno ao desenho constitucional adotado pelas democracias contemporâneas. (Peres e Carvalho, 2012:128)

Outro fator apontado pela literatura é que, em sistemas políticos onde o poder é fragmentado, a dinâmica decisória é mais custosa e, por vezes, mais lenta.

> Há uma crescente fragmentação de poder dentro dos Poderes do Estado que limita a sua capacidade de legislar ou de ser o lugar onde a política é efetivamente formulada. Vou chamar essa hipótese de " hipótese da fragmentação". Quando os poderes políticos não podem agir, as pessoas que estão procurando resolução de conflitos tendem a se dirigir para as instituições nas quais podem obter soluções; tribunais (e o processo legal) muitas vezes oferecem estes locais. Nos Estados Unidos, com seu sistema de poderes legislativos balanceados, um Legislativo dividido não pode facilmente parar tribunais de fazer políticas, mesmo bastante impopulares. (Ferejohn, 2002:55)

O Judiciário, na atual conjuntura brasileira, se tornou uma das grandes fontes onde bebe a oposição partidária. O fato de o Supremo Tribunal Federal (STF) ser uma instituição composta por prerrogativas institucionais que blindam suas decisões do alcance das maiorias parlamentares e do Executivo o tornou uma instância privilegiada para a contestação dos atos governamentais. A independência do STF gera confiança na possibilidade de reversão de uma política governista.

> Trazer a Corte Constitucional para dentro do processo legislativo é muitas vezes um comportamento irresistível para a oposição. A litigância é geralmente de baixo custo e não se traduz em punição política, seja porque a decisão judicial é pertinente ao direito público, seja porque a oposição possui um in-

teresse forte em mostrar ao eleitorado a sua alegada falta de compromisso em relação às políticas em questão. (Carvalho, 2009)

Tal comportamento não é restrito ao Brasil. Baum (2001) demonstrou que no caso norte-americano a coisa não foi diferente. No litígio constitucional de grande interesse político os atores vão até as últimas consequências, mesmo que isso signifique uma derrota nos tribunais. Com esse procedimento pretendem, pelo menos, conseguir demonstrar aos eleitores a defesa de sua posição. Assim, em ambos os casos é possível perceber que o uso dos tribunais pelas minorias partidárias está conectado com a possibilidade de ampliar, para além dos muros do Legislativo, as disputas em questão. A vitória não é o objetivo principal.

De acordo com Dotan e Hofnung (2005), uma interessante questão emerge desse particular: *por que legisladores fazem uso dos tribunais mesmo quando suas chances de vitória são mínimas e ainda mais se esse mesmo uso pode resultar na restrição da autonomia do próprio Poder Legislativo?* A resposta que os autores oferecem é que, a despeito das pequenas chances de sucesso na arena judicial, políticos podem se beneficiar por contestar políticas majoritárias porque angariam em torno de si considerável atenção pública, decorrente em especial da visibilidade que os meios de comunicação dedicam a esses episódios. (Taylor e Da Ros, 2008:827)

A exposição midiática, principalmente a televisiva, que atinge um contingente expressivo da população, é o fim esperado da maioria das ações impetradas pela oposição partidária no Judiciário. Se tomarmos a ação direta de inconstitucionalidade como um indicador deste processo, podemos deduzir claramente que a tática de judicialização foi utilizada por todos os partidos de oposição desde que esse instrumento jurídico foi institucionalizado até os dias atuais (Vianna et al., 1999; Taylor e Da Ros, 2008).[24]

---

[24] O Partido dos Trabalhadores, que hoje critica fortemente o viés judicializante da política brasileira, foi o partido que mais judicializou o conflito político no âmbito da revisão judicial abstrata quando estava na oposição.

A imprensa ou a mídia são decerto o mecanismo de acesso ao eleitorado mais cobiçado. A "eleição" do Judiciário e da mídia pela oposição partidária como os canais críveis de contestação ao governo se deu pelos mesmos motivos que a oposição foi relegada ao segundo plano do jogo democrático no Brasil, ou seja, pelo nosso desenho institucional.

O fato de o Judiciário e a mídia estarem sendo o foco das reclamações dos governistas retrata bem a limitada capacidade de contestação pública que exerce a oposição em um sistema político talhado pelo presidencialismo de coalizão.

Conclusão

Uma conclusão deste trabalho seria se questionar quais os limites que um desenho institucional propenso a garantir a governabilidade deve ter. A busca por estabilidade política sempre foi uma preocupação constante dos estudiosos da América Latina. Desde a emancipação política dos diversos estados latino-americanos, o histórico de guerras, golpes, e ditaduras tem sido uma realidade ainda muito viva.

Esta realidade talvez tenha sobredeterminado o grau de centralização dos recursos políticos e econômicos nas mãos dos governos. A crescente institucionalização desses sistemas tem gerado um nível de disputa entre "governo *vs.* oposição" bastante desigual.

No caso analisado, podemos perceber uma ausência de trabalhos preocupados com a dinâmica da capacidade de contestação da oposição partidária. Os estudos sobre a capacidade de formar coalizões e de governar são predominantes.

No Brasil, especificamente, as coalizões partidárias não obedecem nenhuma lógica programática, pelo contrário, elas tendem a ser, muitas vezes, antagônicas. A associação ocorre com o objetivo exclusivo de participar da partilha dos recursos. Aqui sustentamos que o comportamento de "sobrevivência política" desses partidos com trajetórias e aspirações distintas é uma forte consequência das regras de governabilidade estabelecidas em nosso desenho institucional. Em outras palavras, a decantação das regras institucionais da arena legislativa tem influenciado e, por vezes, determinado a lógica de coligação partidária na arena eleitoral.

Os dados do Basômetro demonstram que metade dos partidos oposicionistas possuem taxas médias de governismo acima dos 50% — PPS (52,00) e PSOL (50,67). Esses indicadores apontam o quanto a oposição é incapaz de fazer frente ao "rolo compressor" governista. Ou seja, de exercer sua capacidade de contestação pública, vital para a democracia.

A institucionalização deste desenho institucional, estabelecido pela Constituição de 1988, vem se caracterizando como uma força centrípeta na formação de coalizões governistas volumosas e bastante heterogêneas. Diante desse cenário, o Judiciário e a mídia se tornaram a opção de combate disponível à oposição.

Referências

ABRANCHES, Sergio. Presidencialismo de coalizão: o dilema institucional brasileiro. *Dados — Revista de Ciências Sociais*, Rio de Janeiro, v. 31, n. 1, p. 3-55, 1988.

AMES, Barry. *Os entraves da democracia no Brasil*. Rio de Janeiro: Fundação Getulio Vargas, 2003.

AMORIM NETO, Octávio. *Presidencialismo e governabilidade nas Américas*. Rio de Janeiro: Editora FGV, 2006.

BATISTA, Mariana. *O poder no Executivo*: dinâmica interna e formulação da agenda legislativa no presidencialismo de coalizão brasileira. Projeto de qualificação (doutorado) — Departamento de Ciência Política, Universidade Federal de Pernambuco, Recife, 2012.

BAUM, Lawrence. *The Supreme Court*. Washington: Congressional Quarterly Press, 2001.

CARVALHO, Ernani. Em busca da judicialização da política no Brasil: apontamentos para uma nova abordagem. *Revista de Sociologia Política*, n. 23, p. 127-139, 2004.

____. Judicialização da política no Brasil: controle de constitucionalidade e racionalidade política. *Análise Social*, Lisboa, v. XLIV, n. 191, p. 315-335, abr. 2009.

COUTO, Claudio; ARANTES, Rogerio. Constituição, governo e democracia no Brasil. *Revista Brasileira de Ciências Sociais*, v. 21, n. 61, p. 41-62, 2006.

DAHL, Robert. *Poliarquia*: participação e oposição. Prefácio de Fernando Limongi; tradução de Celso Mauro Paciornik. 1. reimp. São Paulo: Editora da Universidade de São Paulo, 2005.

FEREJOHN, John. Judicializing politics politicizing law. *Law and Contemporary Problems*, v. 65, n. 3, p. 41-68, 2002.

FIGUEIREDO FILHO, Dalson Brito; SILVA JUNIOR, José Alexandre da. Visão além do alcance: uma introdução à análise fatorial. *Opinião Pública* [on-line], v. 16, n.1, p. 160-185, 2010.

FIGUEIREDO, Argelina Cheibub; LIMONGI, Fernando. Bases institucionais do presidencialismo de coalizão. In: ____; ____. *Executivo e Legislativo na nova ordem constitucional*. 2. ed. Rio de Janeiro: FGV, 2001.

INÁCIO, Magna. Entre presidir e coordenar: presidência e gabinetes multipartidários no Brasil. In: ENCONTRO LATINO-AMERICANO DE CIÊNCIA POLÍTICA, 3., 2006, Campinas.

KING, Gary; KEOHANE, Robert; VERBA, Sidney. *Designing social inquiry*: scientific inference in qualitative research. Princeton: Princeton University Press, 1995.

LIMONGI, Fernando. A democracia no Brasil: presidencialismo, coalizão partidária e processo decisório. *Novos Estudos — Cebrap*, São Paulo, n. 76, p. 17-41, nov. 2006.

____; FIGUEIREDO, Argelina Cheibub. Bases institucionais do presidencialismo de coalizão. *Lua Nova*, n. 44, p. 81-106, 1998.

MAINWARING, Scott. Presidentialism, multipartism and democracy: the difficult combination. *Comparative Political Studies*, v. 26, n. 2, p. 198, 1993.

____. *Sistemas partidários em novas democracias*: o caso do Brasil. Rio de Janeiro: Fundação Getulio Vargas, 2001.

MARTINS, Carlos B.; LESSA, Ricardo (Org.). Horizontes das ciências sociais: ciência política. São Paulo: Anpocs; Instituto Ciência Hoje; Editora Barcarolla; Discurso Editorial, 2010.

MELO, Marcus André. O sucesso inesperado das reformas de segunda geração: federalismo, reformas constitucionais e política social. *Dados — Revista de Ciências Sociais*, Rio de Janeiro, v. 48, n. 4, p. 845-889, 2005.

MICELI, Sergio (Org.). *O que ler na ciência social brasileira*: política. São Paulo: Sumaré; Anpocs, 1999.

PEREIRA, Carlos; MULLER, Bernardo. Partidos fracos na arena eleitoral e partidos fortes na arena legislativa: a conexão eleitoral no Brasil. *Dados — Revista de Ciências Sociais*, Rio de Janeiro, v. 46, n. 3, p. 735-771, 2003.

PERES, Paulo; CARVALHO, Ernani. Religando as Arenas Institucionais: uma proposta de abordagem multidimensional nos estudos legislativos. Revista de Sociologia Política, Curitiba, v. 20, n. 44, p. 111-119. No prelo.

TABACHNICK, Barbara; FIDELL, Linda. *Using multivariate analysis*. Needham Heights: Allyn & Bacon, 2007.

TAYLOR, Matthew M.; DA ROS, Luciano (2008). Os partidos dentro e fora do poder: a judicialização como resultado contingente da estratégia política. *Dados — Revista de Ciências Sociais*, Rio de Janeiro, v. 51, n. 4, p. 825-864, 2008.

TRINDADE, Helgio (Org.). As ciências sociais na América Latina em perspectiva comparada. Porto Alegre: Editora da UFRGS, 2007.

VIANNA, Luiz W. et al. *A Judicialização da política e das relações sociais no Brasil*. Rio de Janeiro: Revan, 1999.

CAPÍTULO 6
Governistas e oposicionistas: padrões de votação nos governos Lula e Dilma

*José Paulo Martins Junior**

Introdução

Desde a redemocratização, existe no Brasil uma predominância do Poder Executivo. Ainda antes da Constituinte de 1988, o presidente Sarney já detinha importantes poderes legislativos, e os presidentes que se seguiram mantiveram e ampliaram esses poderes, tornando a Presidência da República muito poderosa.

O Executivo federal detém o poder de definir seu gabinete de ministros e isso permite que os presidentes componham amplas coalizões ministeriais a partir das quais eles conseguem reunir grandes bases governistas no Congresso Nacional.

Além dos poderes legislativos e das amplas coalizões governamentais, os presidentes quase sempre contam com a presença de aliados na presidência das casas legislativas. Os regimentos internos da Câmara dos Deputados, do Senado Federal e do Congresso Nacional conferem importante poder de

---

* Doutor em ciência política pela USP, professor adjunto II e chefe do departamento de Estudos Políticos (Unirio).

agenda para suas mesas diretoras e para o colégio de líderes, permitindo ao Executivo impor sua pauta legislativa com poucos embaraços.

Finalmente, o Executivo federal possui a prerrogativa da execução orçamentária. Isso permite que ele puna ou premie os parlamentares de acordo com seu comportamento em plenário. Aqueles que agem de acordo com o governo têm suas emendas executadas, os que agem de forma diferente dificilmente veem suas demandas atendidas.

A centralização do processo decisório desloca em favor do Executivo a balança do poder no Brasil. Todos esses elementos deixam claro que não é tarefa simples ser oposição. O Executivo tem tudo em suas mãos para impor e aprovar sua agenda legislativa. De fato, desde os anos 1990, mais de 85% das leis sancionadas têm origem no Poder Executivo.

Breve abordagem teórica

No início dos anos 1990 existia um diagnóstico sombrio sobre a governabilidade no Brasil. Nós vivíamos assombrados pela ameaça de uma "síndrome de paralisia hiperativa" em meio a graves crises econômicas e políticas que praticamente inviabilizaram os governos de Sarney e Collor de Melo.

Os cientistas políticos, com destaque para Bolívar Lamounier e Scott Mainwaring, alertavam que a combinação de partidos fracos na arena eleitoral com listas abertas para a eleição para deputados federais conduziam a uma situação em que o que valia era a vontade individual dos parlamentares, ocasionando uma ausência de coesão e disciplina partidária, imprevisibilidade nas votações e na incapacidade do governo de levar a cabo sua agenda legislativa. De fato, as crises políticas e a hiperinflação do final dos anos 1980 e começo dos anos 1990 levavam a crer nessas análises catastróficas.

As graves crises começaram a ser superadas a partir do governo de Itamar Franco. Em pouco tempo foi possível estabilizar a economia e engendrar uma coalizão capaz de dar um suporte estável ao governo. Os oitos anos do governo de Fernando Henrique foram uma continuidade bem-sucedida do governo Itamar. Desde a campanha eleitoral, FHC foi apoiado por uma sólida e coesa frente que reunia desde a centro-esquerda até a direita, que permitiu a aprovação de diversas emendas constitucionais, a quebra de monopólios e a condução de um extenso programa de privatizações.

A estabilidade alcançada nos anos FHC levou os cientistas políticos a repensarem o antigo diagnóstico da ingovernabilidade. Novas análises, principalmente as conduzidas por Limongi e Figueiredo, mostraram que, a despeito das regras eleitorais e partidárias que estimulavam o comportamento individual, existem grande coesão e disciplina partidária. A partir dos posicionamentos dos líderes partidários era possível estimar com boa precisão quais seriam os resultados das votações nominais. Tanto os principais partidos de governo, PSDB e PFL, como o de oposição, PT, ultrapassavam os 95% de disciplina.

Além do alto grau de disciplina, a disputa partidária no Legislativo também se mostrava estruturada de acordo com um padrão ideológico unidimensional, de forma que era possível dispor os partidos da esquerda para a direita. A probabilidade de partidos encaminharem votações de maneira semelhante diminuía na medida em que aumentava a distância ideológica entre eles.

As relações entre Executivo e Legislativo e entre governo e oposição nos governos Lula e Dilma ainda carecem de estudos acadêmicos mais aprofundados, não obstante é possível afirmar que os padrões gerais observados para o governo FHC não se alteraram substancialmente e a análise que vamos realizar com os dados do Basômetro reforça essa noção.

Objetivos e metodologia

O objetivo principal desse trabalho é procurar identificar semelhanças e diferenças entre os partidos de oposição e situação entre os governos Lula e Dilma. Para dar conta desse objetivo, é preciso definir quem foi governo e quem foi oposição nesse longo período que já ultrapassou 10 anos. Para este trabalho consideraremos partidos de governo aqueles que participaram dos gabinetes ministeriais desde 2003 e partidos de oposição os que não participaram. Isso leva a alguns problemas, entre eles, como lidar com alguns partidos que entraram e com outros que saíram dos gabinetes?

Uma rápida análise dos gabinetes ministeriais permite responder com alguma clareza esse questionamento. O primeiro gabinete ministerial de Lula durou de janeiro até dezembro de 2003. As pastas ministeriais foram distribuídas entre PT, PTB, PL, PSB, PDT, PPS, PCdoB e PV. O segundo ministério foi o mais longo de todos. Durou entre janeiro de 2004 até junho de 2005, quando explodiu a crise do Mensalão. O gabinete incluía ministros oriundos do PT, do PMDB, do PTB, do PL, do PSB, do PCdoB e do PV e excluía o PPS.

O terceiro gabinete ministerial se estendeu de julho de 2005 até março de 2006, quando diversos ministros saíram com vistas à disputa eleitoral daquele ano. A mudança mais importante com relação ao ministério anterior foi a incorporação do PP. Nessa fase do governo, estiveram representados o PT, o PMDB, o PTB, o PL, o PSB, o PP, o PCdoB e o PV.

A quarta e última equipe ministerial do primeiro governo Lula teve início em abril de 2006. Com exceção do PL, todos os partidos que integravam o gabinete anterior continuaram fazendo parte do Poder Executivo.

O primeiro ministério do segundo governo Lula promoveu o retorno do PL e a saída do PV. Apenas quatro meses após a posse, o PDT foi reincorporado, o PL virou PR e o recém-criado PRB entrou no governo. Menos de um ano depois, em fevereiro de 2008, o PV volta ao governo que atinge seu recorde de partidos com cargos ministeriais. Os 10 partidos se mantiveram até o final do mandato de Lula em 2010.

O PTB, que apoiou a candidatura de José Serra em 2010, perdeu sua cadeira ministerial no gabinete de Dilma. O PV também saiu do ministério e Dilma mantém seu gabinete ministerial com oito partidos, quais sejam: PT, PSB, PCdoB, PMDB, PP, PR, PDT e PRB.

Como vemos, não é muito simples precisar com clareza quem foi governo e quem foi oposição no Brasil durante os mandatos capitaneados pelo PT. Alguns partidos, como PTB, PDT, PPS e PV, transitaram entre a situação e a oposição ao longo dos últimos 10 anos. Independentemente disso, podemos afirmar que existem núcleos duros desses dois grupos. Eles são formados por PSDB, PFL/DEM, PPS e PSOL na oposição e PT, PSB, PCdoB, PMDB, PP, PL/PR na situação.

Uma vez definido quem é governo e quem é oposição, é possível olhar para os dados e observar quais são os seus padrões de comportamento. Nossa fonte de dados, como em todos os capítulos do livro, é o Basômetro, ferramenta interativa que mostra o comportamento de todos os parlamentares da Câmara de Deputados em todas as votações nominais em que houve orientação do governo sobre como votar desde o início do primeiro governo Lula.

As votações nominais são as únicas em que os parlamentares registram seus votos individuais, no entanto, não são utilizadas em todas as votações ou nas votações dos temas mais importantes. Parcelas significativas delas são procedimentais e se referem a requerimentos de retirada de pauta, adiamento da discussão e pedidos de urgência. Isso não significa que sejam votações de menor importância, mas que não se referem diretamente às questões mais relevantes para os interesses do governo e são instrumentos utilizados pela oposição para tentar fazer frente ao poder do Executivo.

Neste capítulo analisaremos somente os dados referentes à Câmara dos Deputados. Ainda que o Senado Federal seja um espaço de poder muito importante, com inúmeras prerrogativas, acreditamos que é na Câmara que se dá o principal embate entre o governo e a oposição, existem mais parlamentares, mais partidos, mais interesses e mais votações. Além disso, os dados referentes ao Senado estão disponíveis somente para o governo Dilma, o que inviabiliza a análise comparativa que faremos.

No total, o Basômetro registrou, até o fim de 2012, 954 votações, das quais 363 do primeiro governo Lula, 461 do segundo e 130 do governo Dilma. Para comparar os padrões de comportamento de governo e oposição, além dos dados já organizados pela ferramenta do Estadão, foi criado um banco de dados a partir do Basômetro em que foram registrados os resultados da votação, vitória do governo ou da oposição, as votações consensuais, nas quais governo e oposição votaram juntas, as situações em que a oposição e/ou o governo estavam divididos e o tipo de votação, se procedimental ou substantiva.

A hipótese que vai orientar a análise é de que houve um progressivo aumento na polarização entre governo e oposição. Essa hipótese está baseada na suposição de que o começo do governo Lula tenha produzido algo semelhante a um consenso e que, após o escândalo do Mensalão e das derrotas eleitorais em 2006 e 2010, a oposição tenha se tornado mais combativa e ferrenha.

Panorama geral das campanhas eleitorais e dos governos petistas

Em 2002, a corrida eleitoral transcorreu sem grandes eventos significativos que pudessem alterar os rumos das campanhas. Apesar da aparente tranquilidade, essa eleição foi marcada por maior disputa entre os diversos candidatos. Ainda antes das definições oficiais das candidaturas, entre os meses finais de 2001 e os iniciais de 2002, a pré-candidata pelo PFL, Roseana Sarney, apareceu com força nas pesquisas eleitorais: especialmente em fevereiro de 2002, segundo dados do Datafolha, ela ficava tecnicamente empatada com Lula na simulação do primeiro turno e à frente dele na simulação do segundo turno. Essa boa posição tornava a candidatura de Roseana quase irreversível, uma vez que se apresentava como a mais forte entre os governistas. Contudo, a força pré-eleitoral de Roseana ruiu após a divulgação pela imprensa da notícia da apreensão de uma pilha de notas de R$ 50,00, totalizando mais de R$ 1,3 milhão, na sede da empresa Lunus, de propriedade da candidata em sociedade com seu marido. Existem várias versões que procuraram dar conta da origem da operação policial que abortou a candidatura própria do PFL. Independentemente de tais versões, o que importa foi que a operação justificou o rompimento do PFL com o governo e a implosão da aliança eleitoral e governamental PSDB-PFL, que havia se mantido durante os oito anos de FHC.

A queda de Roseana abriu espaço para o crescimento da candidatura de Ciro Gomes. Esse dissidente do PSDB lançou sua candidatura por uma aliança partidária formada pelo Partido Popular Socialista (PPS), pelo Partido Trabalhista Brasileiro (PTB) e pelo Partido Democrático Trabalhista (PDT). Já no início de julho de 2002, ele conseguia empate técnico com Serra, com 20% das intenções de voto, ultrapassando-o durante o mês e atingindo, ao final deste, 28% das intenções de voto. Além disso, nas simulações para o segundo turno, Ciro chegou a aparecer à frente de Lula. Essa situação manteve-se estável até o início do horário gratuito de propaganda eleitoral, quando pesados ataques oriundos da campanha do PSDB derrubaram rapidamente os índices de intenção de voto do candidato. A partir de agosto, a disputa praticamente se estabilizou, com a consolidação da candidatura de Lula e com o fortalecimento da de Serra.

Do ponto de vista do eleitor, as características mais desejadas para um presidente eram fazer mais pelos mais pobres, defender os interesses dos trabalhadores e ter um bom plano de governo.

Lula foi eleito presidente após três tentativas frustradas em que ele e o PT foram derrotados por candidatos situados à sua direita no espectro ideológico. Após uma campanha praticamente sem sobressaltos, Lula derrotou José Serra no segundo turno e se tornou o primeiro presidente eleito por um partido de esquerda, ainda que com apoios importantes de setores situados à direita, notadamente o PL. Em sua campanha, Lula procurou se identificar como o candidato da esperança, aquele que promoveria a justiça social e traria a ética para a política, e era o mais identificado como aquele que tinha as características desejadas pelos eleitores.

O governo de Lula contou com o apoio de uma heterogênea e ampla coalizão de partidos reunindo desde a esquerda até a direita. A heterogeneidade da aliança tinha grande potencial para criar complicações para o governo, uma vez que não é plausível, mesmo em países em que a dimensão ideológica dos partidos não é muito acentuada como no Brasil, que um governo de esquerda consiga implantar sua agenda governamental com apoio de partidos de direita. A estratégia adotada pelo governo foi a compra de apoio parlamentar.

A despeito da excelente avaliação do governo Lula durante a reta final do mandato, diversas denúncias de corrupção vinham atingindo o governo desde 2004. A primeira envolveu o então assessor da Casa Civil Waldomiro Diniz, flagrado em vídeo no momento de receber propina de um empresário ligado à operação de bingos e jogos de azar. Supostamente, esse dinheiro seria utilizado para financiar campanhas eleitorais de candidatos do Rio de Janeiro. Para investigar essa suposição, o Senado Federal instalou no final de junho de 2005 a Comissão Parlamentar de Inquérito dos Bingos. Isso ocorreu após inúmeras tentativas governistas de abafar o caso.

Também conhecida como "CPI do Fim do Mundo", aquela comissão passou a investigar todo tipo de denúncia contra o governo, como a suposta ligação entre o assassinato do prefeito Celso Daniel (PT) e o esquema de financiamento de campanhas, as possíveis irregularidades na Prefeitura de Ribeirão Preto durante a gestão de Antonio Palocci, a suposta doação de casas de bingo ou a remessa de dólares vindos de Cuba para a campanha de Lula, entre outros temas explosivos.

A situação para o governo ficou ainda pior quando, em março de 2006, a CPI ouviu o caseiro Francenildo Costa, que desmentiu Palocci, ao afirmar que o ex-ministro frequentava uma mansão em Brasília usada por lobistas para fechar negócios suspeitos e promover festas com prostitutas. O local, conhecido como "República de Ribeirão Preto", havia sido alugado por ex-assessores de Palocci. O depoimento de Costa deflagrou outro escândalo, pois ele teve seu sigilo bancário ilegalmente violado logo após participar da CPI. Informações protegidas pelo sigilo bancário foram divulgadas pela imprensa, revelando que o caseiro havia recebido cerca de R$ 35.000,00 em depósitos, quantia incompatível com sua renda mensal de R$ 700,00. A denúncia tinha como intuito desqualificar as declarações do caseiro, sugerindo a ideia de que ele teria recebido esse dinheiro para mentir na CPI e prejudicar o então ministro da Fazenda. Depois, soube-se que tais depósitos haviam sido feitos pelo pai de Costa, empresário do setor de transportes. Embora negasse a paternidade, decorrente de relação extraconjugal, o empresário confirmou ter feito o depósito. Esclarecida essa situação, o foco passou a ser a quebra do sigilo bancário de Costa — ato ilegal, feito sem o aval da Justiça. O nome de Palocci foi logo envolvido nesse processo, o que levou à sua saída do Ministério.

Em junho de 2005, outro escândalo atingiu o governo Lula. Dessa vez, o então funcionário dos Correios Maurício Marinho também foi flagrado em vídeo ao negociar propina em nome do então deputado federal pelo PTB Roberto Jefferson. Entregue à própria sorte, Jefferson denunciou deputados da base governista que recebiam um "Mensalão" de R$ 30 mil do tesoureiro do PT Delúbio Soares. Segundo Jefferson afirmou à época, o dinheiro do "Mensalão" viria de empresas estatais e privadas e seria entregue aos parlamentares por operadores como o publicitário Marcos Valério e o líder do Partido Progressista (PP) na Câmara José Janene. A partir disso, foi deflagrada a CPI dos Correios, para investigar o envolvimento de empresas estatais para alimentar os recursos do "Mensalão". As denúncias de Jefferson atingiram diretamente a cúpula do PT e nomes como o do ministro da Casa Civil José Dirceu, o então presidente do PT José Genoíno e o secretário-geral do PT Sílvio Pereira, além de Delúbio Soares. Os desgastes provocados por essas acusações levaram à queda de Dirceu, até então principal figura do governo Lula, e de Genoíno, umas das principais lideranças históricas do PT. As revelações de Jefferson envolviam indiretamente também o presidente. Segundo o ex-deputado, Lula, desde o começo de 2005, tinha ciência dos fatos ocorridos, mas até então não tinha adotado nenhuma providência. Todavia, neste caso, o impacto foi quase nulo. Para a população, parece ter sido suficiente a declaração do presidente de que "não sabia de nada" do que estava acontecendo e que, se soubesse, teria tomado as atitudes cabíveis.

A Analítica Consultoria incluiu perguntas em suas pesquisas eleitorais para tentar levantar e medir as percepções dos eleitores em relação ao envolvimento de Lula nesses escândalos de corrupção. Para a grande maioria dos entrevistados, nenhuma prova foi encontrada contra Lula (81%) e, quando se provou que seus colaboradores estavam envolvidos, Lula não hesitou em demiti-los (77%). Há também uma maioria que concorda que Lula se livrou dos problemas, seja fingindo não ter nada a ver com os fatos acontecidos (63%), seja pondo a culpa dos erros nos outros (55%).

No que diz respeito à disputa entre governo e oposição na Câmara dos Deputados, é possível observar, no gráfico 1, com os percentuais de apoio ao governo até a última votação antes da eclosão do escândalo do Mensalão, e no gráfico 2, com os percentuais de apoio após o escândalo até o final do governo Lula I, que, curiosamente, caiu o apoio ao governo entre os partidos governistas e manteve-se o governismo dos partidos oposicionistas, exceto o PPS, que abandonou o governo na esteira do escândalo.

GRÁFICO 1
Apoio ao governo Lula I — até a última votação antes do escândalo do Mensalão

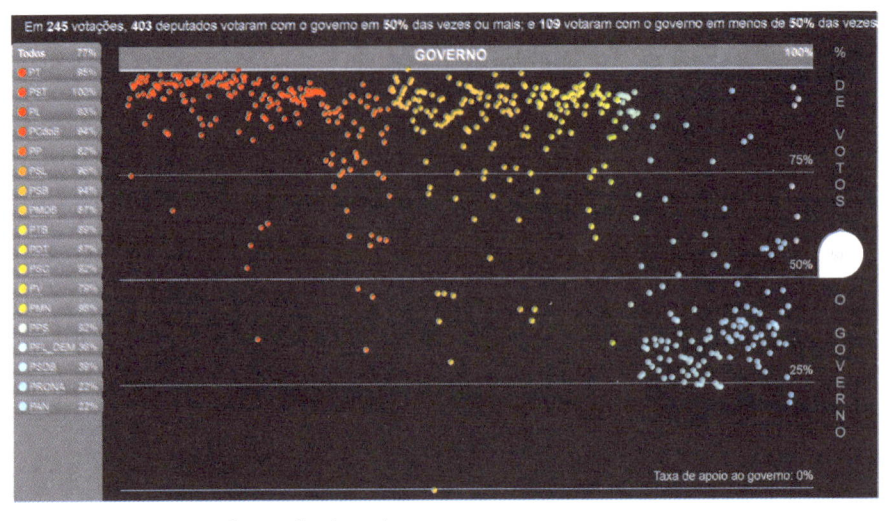

Fonte: Basômetro, Estadão Dados (2013).

GRÁFICO 2
Apoio ao governo Lula I — após o escândalo do Mensalão

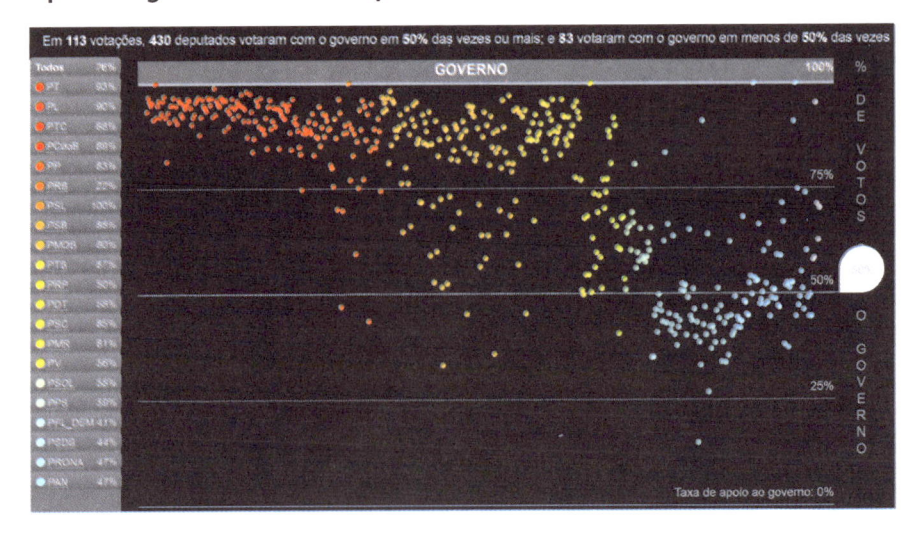

Fonte: Basômetro, Estadão Dados (2013).

Uma votação emblemática da fase pré-Mensalão do primeiro governo Lula foi o segundo turno da PEC 41/2003, que propunha alterar o Sistema Tributário Nacional. O governo conseguiu 346 votos com poucas dissidências, enquanto a oposição conquistou 92 votos e ficou bastante dividida — nada menos que 28 parlamentares de PSDB/PFL votaram com o governo. Uma das nossas hipóteses é que as divisões entre os partidos oposicionistas eram mais frequentes no primeiro período de Lula.

GRÁFICO 3
Votação típica dos partidos de oposição divididos internamente

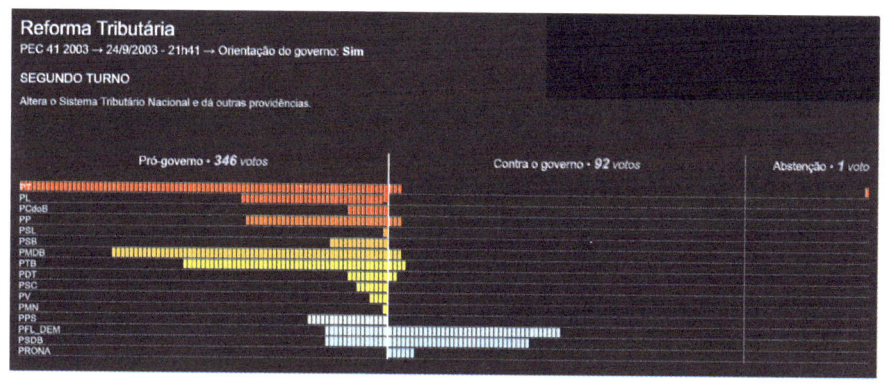

Fonte: Basômetro, Estadão Dados (2013).

Em março de 2005, durante as votações da PEC paralela da reforma da previdência, o governo sofreu suas primeiras derrotas, especialmente em votações procedimentais. Ao fim, a emenda constitucional foi aprovada em segundo turno com apoio de todos os partidos em uma votação consensual. Também é hipótese do trabalho que as votações consensuais foram mais frequentes no início da gestão petista.

Além disso, ocorreram votações em que os partidos governistas e oposicionistas racharam em relação ao apoio ao governo. O gráfico 4 mostra a situação de uma votação procedimental em que PT e PFL/DEM estiveram juntos contra o governo, enquanto PMDB e PSDB o apoiaram fortemente. Nossa hipótese é que governistas e oposicionistas se tornam mais coesos ao longo dos mandatos presidenciais do PT.

GRÁFICO 4
Votação que dividiu governo e oposição

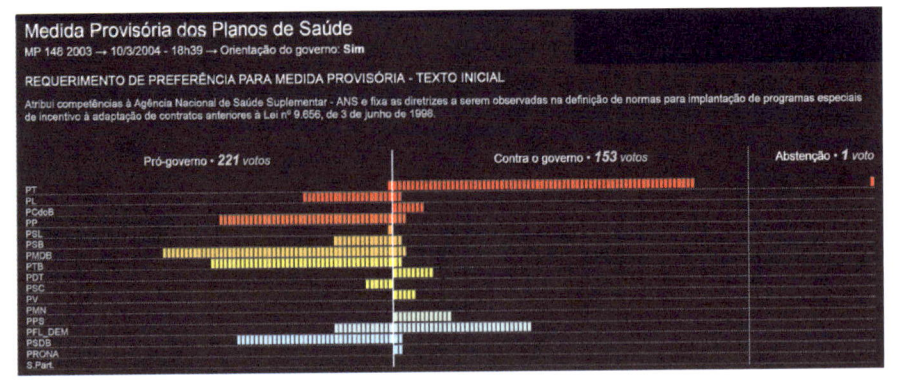

Fonte: Basômetro, Estadão Dados (2013).

Em novembro de 2005 aconteceu a votação da MP 258 que criava a Super Receita. Na votação do art. 49 o governo venceu com uma grande divisão nas bancadas de governo e oposição. Em diversas votações, o governo contou com a divisão da oposição para compensar sua própria divisão interna.

GRÁFICO 5
Votação dividida

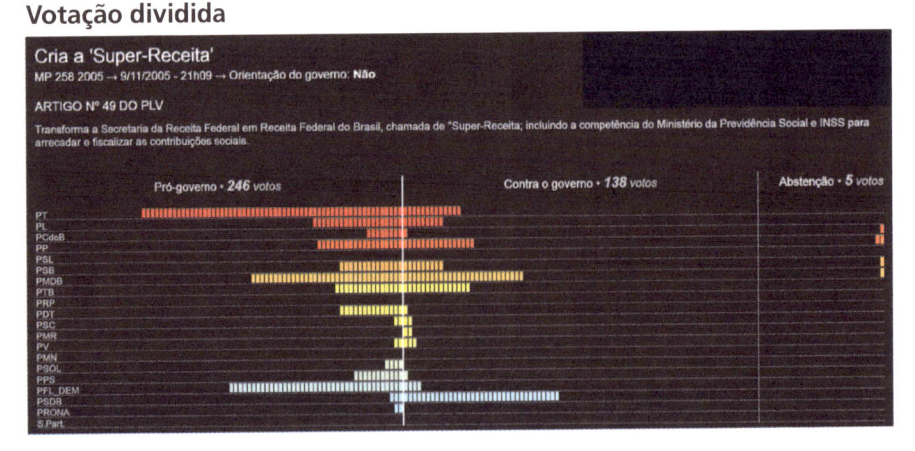

Fonte: Basômetro, Estadão Dados (2013).

Devido a todas as denúncias de corrupção que marcaram a segunda metade do primeiro governo Lula, a oposição tentou pautar a campanha presidencial de 2006 com a questão da ética na política. Não obstante, o papel que uma questão política pode exercer na decisão do voto é limitado por diversos motivos. Raramente uma única questão consegue prevalecer, na decisão do voto, sobre partidos e candidatos; estes reúnem em si posições com relação a inúmeras questões e têm suas características próprias. No seminal trabalho da Escola de Michigan, *The American voter*, são apresentadas três condições que devem ser satisfeitas para que uma questão possa influenciar o voto de um cidadão: 1) a questão precisa ser conhecida de alguma forma, 2) deve suscitar algum sentimento e 3) precisa ser acompanhada da percepção de que um candidato ou partido representa melhor a posição do eleitor do que outros candidatos e partidos. No caso da corrupção, as duas primeiras condições estavam satisfeitas, mas não a terceira. O discurso da oposição em defesa da ética caía no vazio porque o eleitorado sempre foi consciente de que não havia diferenças importantes entre os candidatos nessa questão.

Com a temática da corrupção anulada pela visão de que os candidatos se igualavam, o que predominou durante a campanha e foi decisivo para a reeleição de Lula foi a excelente avaliação que os eleitores faziam do presidente-candidato e de seu governo. Mesmo com mais um escândalo durante a campanha, o dos aloprados, Lula venceu com muita tranquilidade o segundo turno.

O recrudescimento das relações entre os partidos governistas e oposicionistas ao longo da campanha eleitoral levou a uma ponderável diminuição nos índices de governismo dos partidos de oposição e um aumento dos índices entre os partidos de situação, conforme podemos ver no gráfico 6. Além disso, o PPS, que esteve no começo do governo de Lula, abandonou o barco governista e passou a ser um dos principais partidos da oposição.

GRÁFICO 6
Apoio ao governo no fim do mandato Lula II

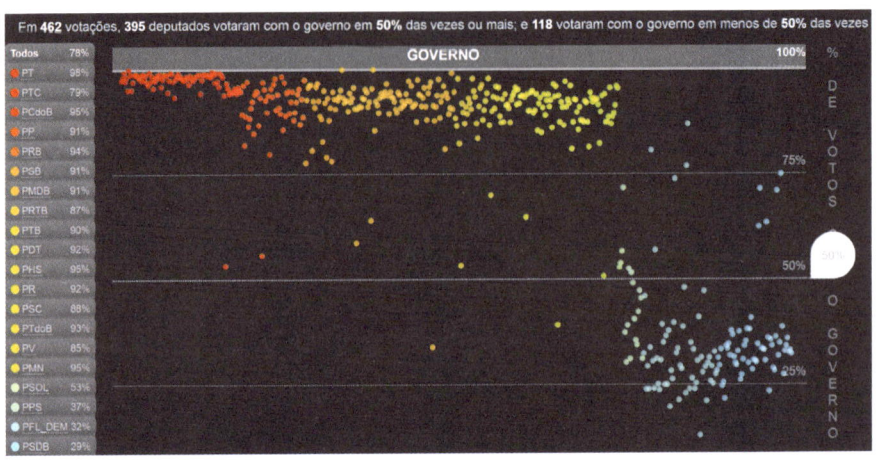

Fonte: Basômetro, Estadão Dados (2013).

O final do segundo governo Lula foi marcado pela alta popularidade do presidente. Os índices medidos por diversos institutos de pesquisa davam conta de um recorde de aprovação popular de Lula e de seu governo, mais de 80%. Em tal cenário, não foi muito difícil alavancar a candidatura da então desconhecida Dilma Rousseff. A candidata governista esteve atrás nas pesquisas de intenção de voto enquanto não começou a campanha eleitoral nos meios de comunicação de massa. Quando Dilma apareceu e foi identificada pelo eleitorado como a candidata de Lula, disparou nas pesquisas e só não foi eleita no primeiro turno por conta de denúncias de tráfico de influência noticiadas pela imprensa envolvendo o braço direito de Dilma no Ministério da Casa Civil e então ministra da Casa Civil Erenice Guerra.

O início do governo de Dilma foi marcado por diversas denúncias contra figuras importantes do governo. Diversos ministros herdados de Lula foram abatidos por acusações de irregularidades. Caíram Antônio Palocci, Alfredo Nascimento, Wagner Rossi, Pedro Novais, Orlando Silva Jr., Carlos Luppi e Mário Negromonte, em um processo conhecido como "faxina ética".

Dilma já começou o governo com grande apoio e popularidade, e as demissões dos ministros não abalaram essa credibilidade, pelo contrário, fez prevalecer a imagem de que a presidente não transigia com irregularidades.

No que diz respeito ao relacionamento entre governo e oposição, o gráfico 7 mostra que os índices de governismo dos partidos do governo e da oposição não mudaram muito quando comparados ao governo Lula, mas seguiram a tendência esperada: diminuíram na oposição e aumentaram na situação.

GRÁFICO 7
Apoio ao governo Dilma até a última votação registrada

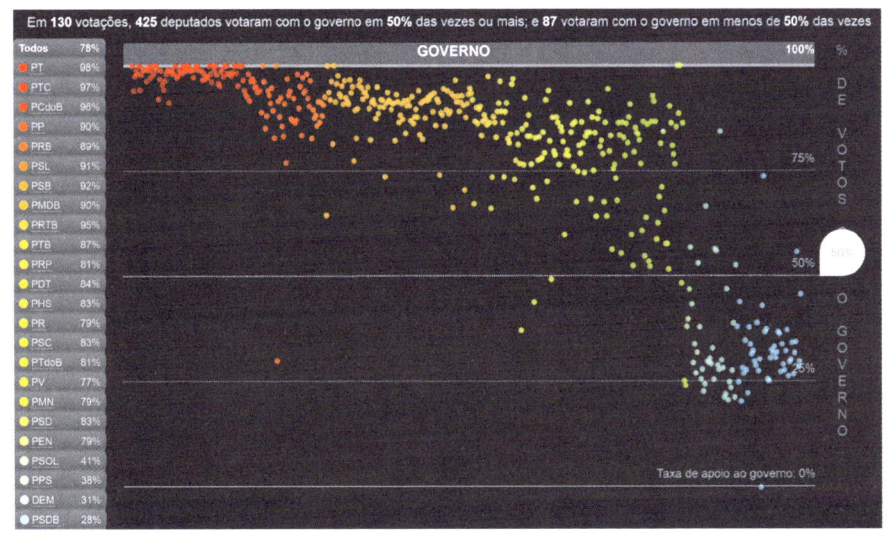

Fonte: Basômetro, Estadão Dados (2013).

Teste de hipótese

As imagens que mostramos até agora não permitem testar adequadamente nossa hipótese de que aumenta a polarização entre os partidos governistas e oposicionistas ao longo dos governos petistas. Comparando os governos de Lula pré-Mensalão e o de Dilma, observamos um aumento no governismo de PT, PCdoB, PMDB e PP e uma queda no governismo de PSB e PL/PR. Pelo lado da oposição, o governismo caiu no PSDB, PFL/DEM, PPS e PSOL. Ou seja, os índices se apresentam de forma a confirmar nossa hipótese, ainda que a variação deles não tenha sido linear ao longo do tempo, mas oscilado. Como já notamos, chama a atenção o fato de o governismo ter caído entre os partidos de situação e subido entre os de oposição na segunda metade do governo Lula.

TABELA 1
Índices de governismo nos partidos de situação e oposição

Governo	Lula I — pré-Mensalão	Lula I	Lula II	Dilma
Partidos				
Situação				
PT	95%	94%	98%	98%
PSB	94%	92%	91%	92%
PCdoB	94%	92%	95%	96%
PMDB	87%	85%	91%	90%
PP	82%	82%	91%	90%
PL/PR	93%	92%	92%	79%
Oposição				
PSDB	39%	40%	29%	28%
PFL/DEM	36%	37%	32%	31%
PPS	92%	81%	37%	38%
PSOL	-	58%	53%	41%

Fonte: Elaboração própria a partir de dados do Basômetro.

Após ter analisado os dados fornecidos diretamente pelo Basômetro, sentimos a necessidade de analisar outros dados que julgamos importantes. Para tanto, tabulamos todas as 954 votações nominais para termos uma visão geral dos comportamentos de governistas e oposicionistas. A primeira informação que julgamos importante foi estabelecer o índice de vitórias do governo. A tabela 2 mostra que o governo vence nada menos que 95% das votações e que não existem variações significativas entre os governos, exceto no que se refere a Lula 1 pós-Mensalão, em que as derrotas ocorrem com o dobro da frequência dos outros períodos.

TABELA 2
Vitórias do governo por governo

			Governo				Total
			Lula 0	Lula I	Lula II	Dilma	
Vitória do governo	Não	N	8	11	18	9	46
		% Governo	3,3%	9,3%	3,9%	6,9%	4,8%
		Resíduo ajustado	-1,3	2,4	-1,3	1,2	
	Sim	N	237	107	443	121	908
		% Governo	96,7%	90,7%	96,1%	93,1%	95,2%
		Resíduo ajustado	1,3	-2,4	1,3	-1,2	
Total		N	245	118	461	130	954
		% Governo	100,0%	100,0%	100,0%	100,0%	100,0%

Fonte: Elaboração própria a partir de dados do Basômetro.

As votações nominais se dividiram quase que em partes iguais em votações substantivas e procedimentais, conforme pode ser observado na tabela 3. No governo Dilma houve um aumento significativo na quantidade de votações substantivas. Vale destacar que o governo obtém menos sucesso nesse tipo de votação, com 7,4% de derrotas. A variável "tipo de votação" não está diretamente relacionada ao nosso teste de hipótese, mas é importante para que o leitor tenha uma noção mais exata sobre em que situações as votações nominais são utilizadas.

TABELA 3
Tipo de votação por governo

			Governo				Total
			Lula 0	Lula I	Lula II	Dilma	
Tipo de votação	Substantiva	N	111	66	222	86	485
		% Governo	45,3%	55,9%	48,2%	66,2%	50,8%
		Resíduo ajustado	-2,0	1,2	-1,6	3,8	
	Procedimental	N	134	52	239	44	469
		% Governo	54,7%	44,1%	51,8%	33,8%	49,2%
		Resíduo ajustado	2,0	-1,2	1,6	-3,8	
Total		N	245	118	461	130	954
		% Governo	100,0%	100,0%	100,0%	100,0%	100,0%

Fonte: Elaboração própria a partir de dados do Basômetro.

Muitas votações são consensuais, aquelas em que governo e oposição votam unidos em favor do governo. Ao longo dos mandatos do PT na Presidência da República, pouco mais de 19% das votações foram desse tipo. As votações consensuais são muito mais frequentes em votações substantivas, especialmente quando se aprovam propostas de emendas constitucionais. Ao longo do tempo não existem grandes variações na proporção de votações desse tipo, exceto, mais uma vez, na segunda metade do primeiro governo Lula, quando ultrapassaram mais de um terço das votações analisadas.

TABELA 4
Votações consensuais por governo

			Governo				Total
			Lula 0	Lula I	Lula II	Dilma	
Votação consensual	Não	N	202	77	388	104	771
		% Governo	82,4%	65,3%	84,2%	80,0%	80,8%
		Resíduo ajustado	,8	-4,6	2,5	-,3	
	Sim	N	43	41	73	26	183
		% Governo	17,6%	34,7%	15,8%	20,0%	19,2%
		Resíduo ajustado	-,8	4,6	-2,5	,3	
Total		N	245	118	461	130	954
		% Governo	100,0%	100,0%	100,0%	100,0%	100,0%

Fonte: Elaboração própria a partir de dados do Basômetro.

Estávamos corretos quando sugerimos que o primeiro governo Lula deveria ter contado com mais apoio da oposição por se tratar de um momento em que havia a esperança de mudanças substantivas na condução política. A primeira parte do governo Lula contou com importante apoio da oposição em mais de 30% das votações. Depois do escândalo do Mensalão esse índice jamais chegou a 19%.

TABELA 5
Oposição dividida por governo

			Governo				Total
			Lula 0	Lula I	Lula II	Dilma	
Oposição dividida	Não	N	166	101	374	108	749
		% Governo	67,8%	85,6%	81,1%	83,1%	78,5%
		Resíduo ajustado	-4,8	2,0	1,9	1,4	
	Sim	N	79	17	87	22	205
		% Governo	32,2%	14,4%	18,9%	16,9%	21,5%
		Resíduo ajustado	4,8	-2,0	-1,9	-1,4	
Total		N	245	118	461	130	954
		% Governo	100,0%	100,0%	100,0%	100,0%	100,0%

Fonte: Elaboração própria a partir de dados do Basômetro.

A situação apontada pela tabela 5, de racha da oposição na primeira parte do governo Lula, é reforçada pelos dados da tabela 6, que mostra um grande racha na situação na segunda metade. Os governistas estiveram divididos em mais de 40% das votações. Nos demais períodos esse racha jamais chegou a 30%.

TABELA 6
Governo dividido por governo

			Governo				Total
			Lula 0	Lula I	Lula II	Dilma	
Governo dividido	Não	N	173	68	362	99	702
		% Governo	70,6%	57,6%	78,5%	76,2%	73,6%
		Resíduo ajustado	-1,2	-4,2	3,3	,7	
	Sim	N	72	50	99	31	252
		% Governo	29,4%	42,4%	21,5%	23,8%	26,4%
		Resíduo ajustado	1,2	4,2	-3,3	-,7	
Total		N	245	118	461	130	954
		% Governo	100,0%	100,0%	100,0%	100,0%	100,0%

Fonte: Elaboração própria a partir de dados do Basômetro.

Considerações finais

A análise que realizamos mostrou que a situação da oposição é muito difícil no Brasil. O Poder Executivo possui inúmeros poderes para fazer valer seus interesses. Isso fica patente com o índice de mais de 95% de vitórias em votações nominais.

A despeito de muitos prognósticos ao contrário, a verdade é que os partidos no Brasil apresentam um comportamento bastante coeso, disciplinado e previsível. O Executivo tem condições de impor essa situação mesmo com os incentivos individualistas da legislação eleitoral.

Ao fim da análise acreditamos ser possível confirmar nossa hipótese até certo ponto. Os dados apresentados não são totalmente conclusivos. Houve efetivamente um aumento no governismo dos partidos de situação e uma diminuição entre os partidos de oposição ao longo dos governos petistas, mas não foi observada uma diferença grande, nem um movimento linear.

O principal ponto fora da curva, ou seja, que destoa do padrão geral, é a segunda metade do primeiro governo Lula, mas de forma contrária ao que era esperado. Governistas apoiaram menos o governo e oposicionistas apoiaram mais. Assim, o governo perdeu mais votações e os partidos estiveram mais rachados. Não é simples interpretar o que aconteceu, talvez todo o sistema político tenha ficado surpreso ou chocado com as revelações bombásticas que passaram a surgir diariamente no noticiário ao longo de todo ano de 2005.

Referências

CAMPBELL, Angus et al. *The American voter*. Chicago: The University of Chicago Press, 1960.

FIGUEIREDO, Argelina; LIMONGI, Fernando. *Executivo e Legislativo na nova ordem constitucional*. Rio de Janeiro: FGV, 1999.

LAMOUNIER, Bolívar. A democracia brasileira de 1985 à década de 90: a síndrome da paralisia hiperativa. In: VELLOSO, João Paulo dos Reis. *Governabilidade, sistema político e violência urbana*. Rio de Janeiro: José Olympio, 1994. p. 25-64.

MAINWARING, Scott. Brazil: weak parties, feckless democracy. In: ____; SCULLY, Timothy (Ed.). *Building democratic institutions*: party systems in Latin America. Stanford: Stanford University Press, 1995. p. 354-398.

CAPÍTULO 7
O fim da "longa Constituinte"? Emendas constitucionais nos governos petistas, 2003-11
Sérgio Praça[*]

Introdução[1]

Pense rápido: quais iniciativas marcam os governos federais petistas de 2003 a 2011? Provavelmente você pensou no Bolsa Família, no Minha Casa Minha Vida e no Programa de Aceleração do Crescimento (PAC). Talvez tenha se lembrado também, mais especificamente no governo Dilma, de iniciativas macroeconômicas, como a redução das taxas de juros e várias medidas de contabilidade criativa.

O Bolsa Família, iniciativa de transferência de renda a famílias pobres condicionada a cuidados básicos com saúde e educação, foi instituído pela Medida Provisória nº 132, em outubro de 2003, transformada na Lei nº 10.836/2004 três meses depois (Bichir, 2010:120). O Minha Casa Minha Vida, programa de incentivo à moradia urbana e rural, foi criado também por Medida Provi-

---

[*] Doutor em ciência política pela USP, professor de políticas públicas na UFABC e pesquisador do Cepesp (FGV-SP).
[1] Agradeço Andréa Freitas e Danilo Medeiros, do Cebrap, pelos dados disponibilizados, bem como a leitura e sugestões de Beatriz Rey, Daniela Costanzo e Thiago Belmar, incorporadas na medida do possível.

sória (459/2009), convertida na Lei nº 11.977, em julho de 2009. O Programa de Aceleração do Crescimento (PAC) é um conjunto de ações orçamentárias reunidas sob uma mesma bandeira, desde janeiro de 2007, com duplo intuito: mostrar ao eleitorado que o governo federal investe em infraestrutura de uma maneira coordenada e organizar, para fins burocráticos, diversos projetos desta área sob um guarda-chuva único, mais fácil de acompanhar.[2]

Se voltarmos à era FHC (1995-2002), o quadro é bastante diferente. À parte o Plano Real, instituído por diversas medidas provisórias (Figueiredo e Limongi, 1997; Limongi e Figueiredo, 2003) antes de Fernando Henrique Cardoso se tornar presidente, suas iniciativas legislativas mais relevantes se deram através de emendas constitucionais — ou seja, medidas que alteram a Constituição Federal de 1988, seja cortando dispositivos, seja adicionando outros. Apenas em 15 de agosto de 1995 foram promulgadas quatro emendas constitucionais referentes a privatizações. Trata-se de emendas negociadas intensamente com o Congresso (Almeida, 1999) e que ficaram, para o bem (Constantino, 2012) e para o mal (Biondi, 1999), como marcas importantes da presidência de Fernando Henrique Cardoso.

Por que, então, os governos federais petistas não têm como marca emblemática nenhuma reforma constitucional, ao menos até o fim de 2011? E em que medida as emendas constitucionais propostas por esses governos foram apoiadas pelos deputados federais em plenário? O restante deste capítulo ocupa-se dessas duas questões, sendo a última auxiliada pelo "Basômetro", ferramenta do jornal *O Estado de S. Paulo*.

---

[2] Uma apresentação do governo do início de 2007 identifica cinco blocos de medidas do PAC: i) investimento em infraestrutura; ii) estímulo ao crédito e ao financiamento; iii) melhora do ambiente de investimento; iv) desoneração e aperfeiçoamento do sistema tributário; v) medidas fiscais de longo prazo. É inegável, no entanto, que a mídia e os eleitores associam o PAC muito mais ao primeiro item do que aos demais. A apresentação está em: <www.planejamento.gov.br/secretarias/upload/Arquivos/noticias/pac/070122_PAC.pdf>.

O papel das emendas constitucionais

É importante entender o debate sobre emendas constitucionais no Brasil dentro da discussão mais ampla sobre o funcionamento do sistema político brasileiro. Se "governar" significa basicamente "aprovar leis" (Saiegh, 2009), é inegável que os presidentes brasileiros têm tido sucesso. Segundo Limongi (2006:23-24), 70,7% das propostas legislativas feitas pelos presidentes são aprovadas durante seus mandatos.[3] Esta é a taxa de sucesso. A taxa de dominância, que diz respeito às leis propostas pelo Executivo como proporção do total de leis aprovadas, chega a 85,6%. Ambos os dados contrastam com os do regime democrático de 1946-64, que contou com presidentes muito menos bem-sucedidos legislativamente.

Se esses números são familiares aos interessados em política brasileira, dois debates mais recentes podem não ser: o que trata do "custo de governar" o Brasil e o que trata da "agenda constituinte" supostamente permanente. São discussões que qualificam o entendimento do sucesso dos presidentes brasileiros em governar.

Na primeira, trata-se de avaliar se o sucesso legislativo do Executivo se dá à custa de negociações difíceis e recorrentes (Pereira e Mueller, 2002; Alston e Mueller, 2006; Raile, Pereira e Power, 2011) ou se partidos estruturam essas negociações de maneira mais substantivamente coesa (Limongi e Figueiredo, 2009) e, quando há necessidade de liberar verbas orçamentárias para aliados, o custo dessas é baixíssimo (Figueiredo e Limongi 2002).

Estudos mais recentes indicam que o "custo de governar" tem sido menor do que se costuma argumentar. Cargos de confiança no governo federal, por exemplo, são majoritariamente destinados a funcionários concursados, sem filiação partidária (Praça, Freitas e Hoepers, 2011, 2012). Portanto, a ideia de que o presidente é refém de nomeações impostas pelos partidos, que exigem cargos em troca de apoio a propostas legislativas, deve ser vista com olhar cético.

Mesmo que o custo de governar não seja necessariamente alto, a noção de que o Executivo negocia pouco e atropela as vontades legislativas tem

---

[3] Esse dado se refere ao período 1988-2006.

baixíssimo apoio nos dados empíricos, que mostram tanto a necessidade de o presidente interagir com a coalizão (Almeida, 1999; Melo, 2002; Freitas, 2010) para avançar suas propostas e melhorá-las com as contribuições dos parlamentares quanto a de o presidente tomar cuidado com a oposição que, unida, pode modificar bastante as propostas originais do presidente (Gaylord, 2012).

Se este debate sobre o custo de governar não tem, por enquanto, claros vencedores, o debate sobre a natureza da agenda legislativa aparenta ter apenas um lado: o que defende que as propostas legislativas dos presidentes brasileiros terão, necessariamente, forte relação com a Constituição Federal de 1988.

Em outras palavras, os presidentes estariam presos a uma perene "agenda constituinte" (Couto, 1997), forçados a atualizar, modificar, adicionar, excluir dispositivos da "Constituição sem fim" (Couto e Arantes, 2008) para que seus governos pudessem ter cara legislativa.

A primeira formulação que conheço desta perspectiva é a de Couto (1997:44):

> A Constituição de 1988 criou mais do que constrangimentos especificamente político-institucionais à ação governativa, presentes no modelo consociativo da democracia brasileira. Ela criou problemas de agenda para a governabilidade, ao tornar obrigatória a discussão de temas de ordem constitucional, os quais exigem uma maioria qualificada para sua modificação.

Posteriormente, a argumentação tornou-se mais específica, identificando, no texto constitucional, 30,5% de dispositivos[4] que seriam "políticas públicas" (*policies*) em vez de propriamente itens que constituem matéria constitucional, referente aos parâmetros gerais do jogo político (*polity*) (Couto e Arantes, 2006, 2008). Todo presidente, ao se deparar com uma Constituição tão detalhada, seria forçado a formar coalizões amplas, a um custo alto, de maneira a conseguir implementar, ao menos parcialmente, a agenda de go-

---

[4] Para uma análise sobre a origem desses dispositivos na Assembleia Nacional Constituinte de 1987-88, ver Praça e Noronha (2012).

verno com a qual se elegeu.⁵ Portanto, a "agenda constituinte" permaneceria ao longo dos governos.

Apesar dos interessantes *insights* desta perspectiva, há duas questões de ordem metodológica que precisam ser discutidas. A primeira é: como, afinal, definir o que é um dispositivo constitucional de "política pública" e um outro dispositivo constitucional qualquer? A segunda é: como é possível intuir que a agenda de determinado presidente será, necessariamente, ligada a esses dispositivos constitucionais de "política pública"? Ou seja: será que toda política pública relevante a ser implementada no país — relevante a ponto de constar das principais tarefas de um determinado presidente — está, de alguma maneira, dentro da Constituição de 1988?

A primeira questão é tratada longamente por Couto e Arantes (2006:50-52), que afirmam classificar como *policy* tudo aquilo que não é *polity* dentro do texto constitucional. Fornecem seis critérios para definir quais seriam os dispositivos constitucionais do tipo *polity*. Seriam aqueles que tratam das "definições de Estado e nação", dos "direitos individuais fundamentais", das "regras do jogo político", dos "direitos materiais orientados para o bem-estar e a igualdade, assim como as funções estatais a eles associadas" e que contam com baixo grau de especificidade ("critério de generalidade") e de controvérsia ("critério de controvérsia").

É dentro deste último ponto que vale a pena argumentar, pois creio que ele pode ajudar a explicar a agenda de emendas constitucionais de que este capítulo trata. Dizem os autores:

> Deixarão de ser classificados como *polity* dispositivos cujo conteúdo for tipicamente objeto da controvérsia político-partidária cotidiana, dizendo respeito às plataformas governamentais apresentadas pelos partidos em seu embate pelos postos de governo e não se enquadrando, portanto, nas condições que caracterizam dispositivos de tipo constitucional, seja como normas paramé-

---

⁵ Melo (2007) argumenta que a "constitucionalização" permanente da agenda pública brasileira não tem tido impacto sobre a governabilidade, em claro contraste com a hipótese de Couto e Arantes (2006).

tricas da *politics*, seja como regras definidoras de limiares e limites das *policies*. (Couto e Arantes, 2006:52; grifo meu)

Os autores não apresentam, no entanto, dados sobre as plataformas partidárias. Seria razoável imaginar que há promessas eleitorais que estão dentro do jogo constitucional (reforma administrativa, previdenciária, tributária) e outras promessas que estão fora deste jogo (programas de transferência condicionada de renda, melhoras na infraestrutura do país etc.) — ou seja, que não necessitam de emenda constitucional para serem implementadas. É de se esperar, também, que essas promessas "não constitucionais" possam ser uma grande parte da agenda legislativa dos futuros presidentes do Brasil.

Emendas constitucionais em governos recentes

Vejamos, agora, o quadro de propositura e aprovação de emendas constitucionais entre 1995 e 2011, englobando os oito anos de Fernando Henrique Cardoso (PSDB), os oito anos de Luiz Inácio Lula da Silva (PT) e um ano de Dilma Rousseff (PT). Uma minoria das emendas foi formalmente apresentada pelos presidentes, mas líderes partidários apresentaram emendas tacitamente autorizados pelos chefes do Executivo (Melo, 2002; Couto e Arantes, 2008).

Tabela 1
Projetos de emendas constitucionais, 1995-2011

Governo	PECs apresentadas	PECs totais transformadas em lei	% de PECs apresentadas pelo presidente	PECs do presidente transformadas em lei
FHC I	63	31/63	27/63	13/27
FHC II	57	11/57	11/57	4/11
Lula I	33	13/33	8/33	3/8
Lula II	19	5/19	8/19	2/8
Dilma	5	0	2/5	0/5
Total	177	60/177	56/177	21/60

Fonte: Banco de Dados Legislativos do Cebrap.

Das 31 emendas constitucionais promulgadas durante o primeiro mandato de Fernando Henrique Cardoso, podemos citar cinco extremamente importantes: a que acabou com o monopólio estatal do petróleo (9-11-1995); a que prorrogou o Fundo Social de Emergência, dando condições orçamentárias para o governo continuar (4-3-1996); a que criou a Contribuição Provisória sobre Movimentações Financeiras (16-8-1996); a que criou o Fundef, fundo que mudou de nome (Fundeb) e financia a educação básica e fundamental no país (12-9-1996); e a que permitiu uma reeleição consecutiva para chefes do Executivo nos três níveis de governo (12-6-1997).

Nem mencionei as reformas previdenciária, administrativa e tributária — ou melhor, as tentativas de realizar essas reformas, conforme muito bem analisou Melo (2002). Fica claro, assim, que a plataforma de governo do primeiro governo tucano esteve muito bem representada nas diversas emendas constitucionais propostas por Fernando Henrique Cardoso e os líderes partidários sob sua tutela.

O segundo governo de FHC, iniciado em 1999, destaca-se mais pela crise econômica do que pela aprovação de emendas constitucionais, embora o ritmo de apresentação de PECs tenha continuado forte: foram 57 no segundo mandato contra 63 no primeiro. Uma das emendas constitucionais mais relevantes do período, aprovada um tanto a contragosto do presidente, foi a que redefiniu a tramitação de medidas provisórias. A medida foi aprovada em 11 de setembro de 2001. Essa emenda impede, na prática, que o governo reedite indefinidamente medidas sobre as quais os parlamentares evitam se posicionar, por serem medidas impopulares (Limongi e Figueiredo, 2003). Também faz com que, após 45 dias, a medida provisória não votada "tranque a pauta" da casa legislativa onde ela está tramitando — ou seja, nada é votado antes que se decida sobre a MP em questão.

Com relação às emendas dos governos Lula e Dilma, focarei a análise em duas propostas emblemáticas: a Reforma da Previdência de 2003, de Lula, e a emenda que prorrogou a Desvinculação de Receitas Orçamentárias (DRU) no governo Dilma, em 2011.

Basômetro: a votação de emendas emblemáticas, 2003-11

No início do segundo semestre de 2003, o governo Lula passaria por seu segundo grande teste. O primeiro iniciara-se ainda na campanha presidencial e tratava de convencer os atores econômicos de que o Lula de 2003 seria bem diferente do barbudo radical que perdera para Collor em 1989. Para isso, as presenças de Antonio Palocci no Ministério da Fazenda e de Henrique Meirelles no Banco Central foram fundamentais. Mas se Lula conseguiu tranquilizar o mercado com suas novas posições sobre a economia, intranquilizou militantes de longa data, petistas desde a ditadura, que não se viam representados por aquele, digamos, neoconservador.

O segundo grande teste se deu no envio ao Congresso Nacional da Reforma da Previdência por Lula no segundo semestre de 2003.[6] Desde o governo FHC, sabe-se que a situação das aposentadorias dos servidores públicos teria consequências nefastas para as contas públicas se mudanças no sistema não fossem feitas. A Reforma da Previdência do governo FHC, aprovada em 1998, foi extremamente diluída durante sua tramitação congressual, resultando em uma mudança constitucional muito aquém da desejável para as finanças governamentais.[7]

A desvantagem inicial de Lula para uma reforma desse tipo era clara: tratava-se de desagradar um setor da sociedade — servidores públicos — que tinha fortes ligações com o sindicalismo associado ao PT, bem como a diversos e importantes representantes do partido. Aprovar uma reforma previdenciária, para Lula, significaria desapontar uma parcela de sua base e, não é demais dizer, uma parte relevante da história sindical em que seu partido se fiara nas duas décadas anteriores.

No entanto, conforme muito bem apontam Melo e Anastasia (2005:312-314), Lula se beneficiou de seis fatores que o permitiram aprovar sua reforma previdenciária: 1) ao contrário de FHC, Lula tinha uma "agenda constitucional" menos cheia, focada especialmente nas mudanças do sistema

---

[6] A discussão a seguir se baseia em Melo (2002) e Melo e Anastasia (2005).
[7] As razões disso são bem exploradas por Melo (2002) e Melo e Anastasia (2005).

previdenciário e do sistema tributário; FHC, como vimos, teve uma agenda de emendas constitucionais muito mais intensa (Melo 2002); 2) a reforma proposta por Lula focava especificamente os servidores públicos, enquanto a de FHC era mais "multidimensional", tratando também dos fundos de pensão e do regime geral da previdência social; 3) Lula procurou agradar os governadores em sua proposta inicial; 4) a Comissão Especial designada para analisar a proposta de Lula teve parlamentares favoráveis a ela em sua presidência (Roberto Brant, PFL) e relatoria (José Pimentel, PT); 5) ao contrário do que ocorreu com FHC, regras internas ao Congresso limitaram o uso de "destaques para votação em separado" que a oposição ao tucano havia utilizado com maestria para constranger a maioria governista em votações polêmicas;[8] 6) por fim, Lula contou com uma oposição (PSDB e PFL) que, em grande parte, era favorável ideologicamente a mudanças no sistema previdenciário, ao contrário de FHC (cuja oposição, ironicamente, é claro, era o próprio PT).

Os principais pontos da reforma previdenciária aprovada em 2003 foram três. O primeiro pode ser dividido em dois pontos: a) a definição de requisitos, no caso dos atuais servidores, para a obtenção de aposentadoria integral; e b) o fim da integralidade e estabelecimento de um valor máximo a ser pago — R$ 2.400,00, o mesmo valor para os trabalhadores da iniciativa privada. O segundo foi a instituição da cobrança de contribuição aos inativos, no valor de 11% do salário, para os servidores da União que ganhassem acima de R$ 1.440,00 e para os estaduais e municipais com ganho acima de R$ 1.200,00. O terceiro foi a definição da maior remuneração de um ministro do Supremo Tribunal Federal como teto salarial para o funcionalismo federal (Melo e Anastasia, 2005:308-309).

A tramitação desta mudança constitucional teve um custo para o partido. Nas votações em segundo turno na Câmara dos Deputados, seis parlamentares se abstiveram[9] — Ivan Valente, Chico Alencar, Mauro Passos,

---

[8] Sobre este ponto, ver Figueiredo e Limongi (1999) e Melo e Anastasia (2005:313-314).

[9] *Câmara aprova reforma da Previdência em 2º turno*. Disponível em: <http://noticias.terra.com.br/brasil/noticias/0,,OI135760-EI1483,00-Camara+aprova+reforma+da+Previdencia+em+turno.html>.

Paulo Rubem, João Alfredo e Orlando Fantazzini — e quatro votaram contra a orientação do partido — Walter Pinheiro, Babá, Luciana Genro e João Fontes.

Os gráficos 1 e 2, obtidos no "Basômetro", mostram momentos deste embate. O primeiro, em 6 de agosto de 2003, evidencia o quadro das votações em primeiro turno da Reforma da Previdência. Como bem argumentam Melo e Anastasia (2005:315-316), naquele momento eram expressivas as dissidências da base do governo e a concordância de boa parte dos deputados oposicionistas com a proposta de Lula. Quarenta e oito porcento dos deputados do PFL e 51% dos deputados do PSDB votaram a favor do projeto do governo. O segundo gráfico, que ilustra uma votação ocorrida sete dias depois, deixa claro como a oposição estava dividida, mas um pouco menos do que antes. O apoio do PFL foi de 19% e do PSDB, 13%. O PMDB estava 100% com o governo.

GRÁFICO 1

Votação da Reforma da Previdência, 6-8-2003

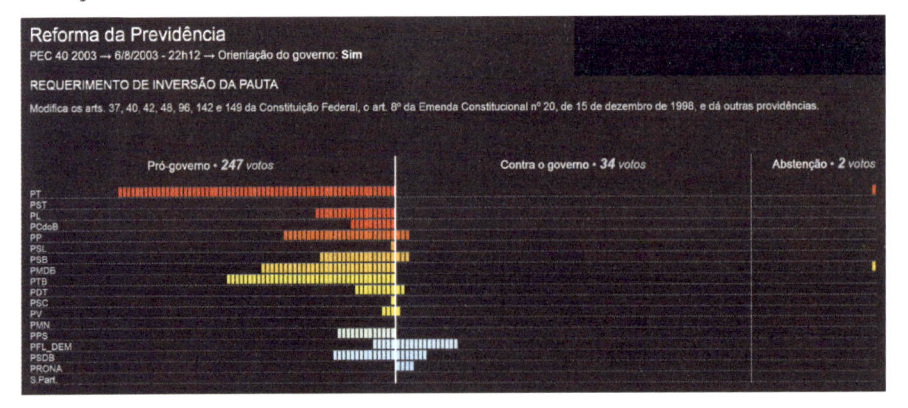

Fonte: Basômetro, Estadão Dados (2013).

GRÁFICO 2
Votação da Reforma da Previdência, 13-8-2003

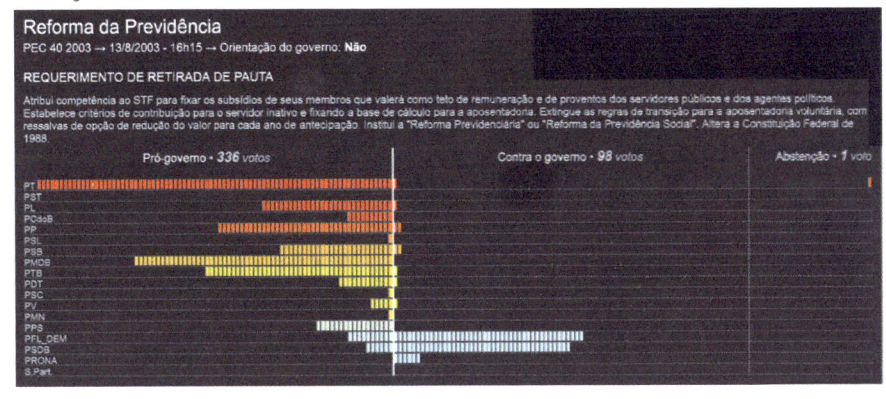

Reforma da Previdência
PEC 40 2003 → 13/8/2003 - 16h15 → Orientação do governo: **Não**
REQUERIMENTO DE RETIRADA DE PAUTA
Atribui competência ao STF para fixar os subsídios de seus membros que valerá como teto de remuneração e de proventos dos servidores públicos e dos agentes políticos. Estabelece critérios de contribuição para o servidor inativo e fixando a base de cálculo para a aposentadoria. Extingue as regras de transição para a aposentadoria voluntária, com ressalvas de opção de redução do valor para cada ano de antecipação. Institui a "Reforma Previdenciária" ou "Reforma da Previdência Social". Altera a Constituição Federal de 1988.

Pró-governo • *336* votos — Contra o governo • *98* votos — Abstenção • *1* voto

PT, PST, PL, PCdoB, PP, PSL, PSB, PMDB, PTB, PDT, PSC, PV, PMN, PPS, PFL_DEM, PSDB, PRONA, S.Part.

Fonte: Basômetro, Estadão Dados (2013).

Após a expulsão de alguns parlamentares petistas que votaram contra a Reforma da Previdência, criou-se o Partido Socialismo e Liberdade (PSOL), sigla que reúne parlamentares, políticos e cidadãos à esquerda do PT, que hoje ocupa uma posição "social-democrata" no espectro ideológico brasileiro (Hunter, 2007), estimulando a guinada à direita do PSDB nos últimos tempos.

Quanto ao segundo governo Lula, de 2007 a 2010, vale destacar uma nova tentativa de reforma tributária[10] e, em 2009, a aprovação de uma emenda constitucional redefinindo o número de vereadores nas câmaras municipais do país.

É inegável que o segundo governo Lula teve uma "agenda constitucional" muito menor do que as três presidências anteriores, conforme mostra a tabela 1, e foi eclipsado, em grande parte, por discussões em torno do Programa de Aceleração do Crescimento (PAC) e das obras para a realização da Copa do Mundo em 2014 e das Olimpíadas em 2016 no Rio de Janeiro. O governo passou a focar muito mais questões de infraestrutura e estímulo aos investimentos nesta área do que mudanças constitucionais.

Esta guinada está, aliás, bastante relacionada à principal emenda constitucional aprovada no governo Dilma: a que prorrogou, mais uma vez, a

---

[10] Ver Melo (2002) sobre a reforma tributária no governo de Fernando Henrique Cardoso.

Desvinculação de Receitas da União (DRU). Esse mecanismo teve origem como Fundo Social de Emergência (FSE) em 1994, e tratava de desviar uma parte do orçamento (20%) para fora do alcance das vinculações constitucionais. Essas vinculações, para várias áreas, têm a vantagem de assegurar a implementação de certos direitos e a desvantagem de engessar o orçamento, tirando liberdade dos presidentes.

Para driblar este quadro orçamentário, o presidente Fernando Henrique Cardoso criou o FSE e "reeditou" a emenda constitucional que lhe deu origem por três vezes, mudando posteriormente o nome para DRU (Asazu, 2003:57). No governo Lula, a DRU foi prorrogada em 2003 e 2008, cabendo à presidenta Dilma a tarefa de coordenar sua coalizão para a DRU existir por mais alguns anos.

O orçamento brasileiro se tornaria inviável sem a DRU? Provavelmente não, mas é certo que haveria menos dinheiro para as obras de infraestrutura enfatizadas desde 2007 dentro do PAC petista. Assim, pode-se dizer que as emendas constitucionais que prorrogam a DRU têm caráter *instrumental* para a agenda dos presidentes. Afinal, seria muito estranho um presidente ou candidato afirmar que, em seu governo, pretende "liberar o orçamento das amarras constitucionais".

Houve 23 votações para aprovar a DRU em 2011. Dilma pôde contar, pela primeira vez, com o apoio do Partido Social Democrático (PDS), criado no segundo semestre daquele ano. Os gráficos 3 e 4 mostram duas votações distintas da DRU. Em ambas, o PSD apoia o governo de maneira unânime, enquanto PSDB, DEM e PSOL votam contra a proposta (com alguma dissidência na segunda votação). A emenda constitucional foi aprovada sem percalços.

GRÁFICO 3
Votação da DRU, 9-11-2011

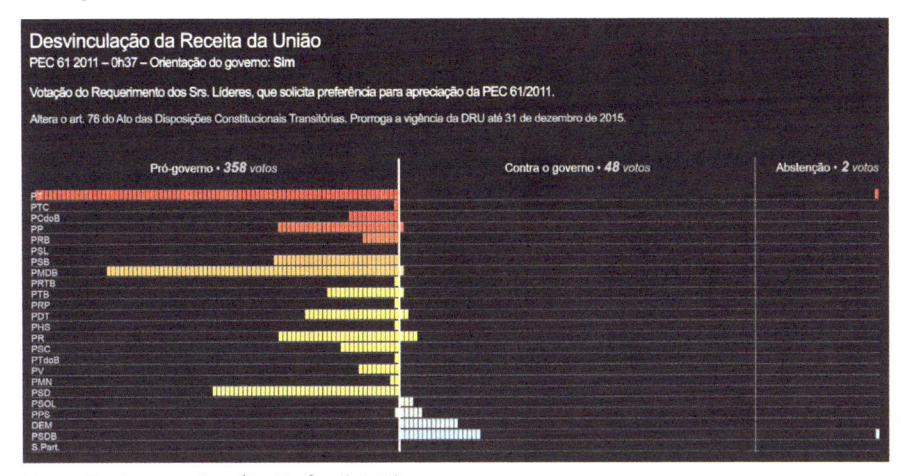

Desvinculação da Receita da União
PEC 61 2011 – 0h37 – Orientação do governo: Sim
Votação do Requerimento dos Srs. Líderes, que solicita preferência para apreciação da PEC 61/2011.
Altera o art. 76 do Ato das Disposições Constitucionais Transitórias. Prorroga a vigência da DRU até 31 de dezembro de 2015.

Pró-governo • **358** votos   Contra o governo • **48** votos   Abstenção • **2** votos

Fonte: Basômetro, Estadão Dados (2013).

GRÁFICO 4
Votação da DRU, 22-11-2011

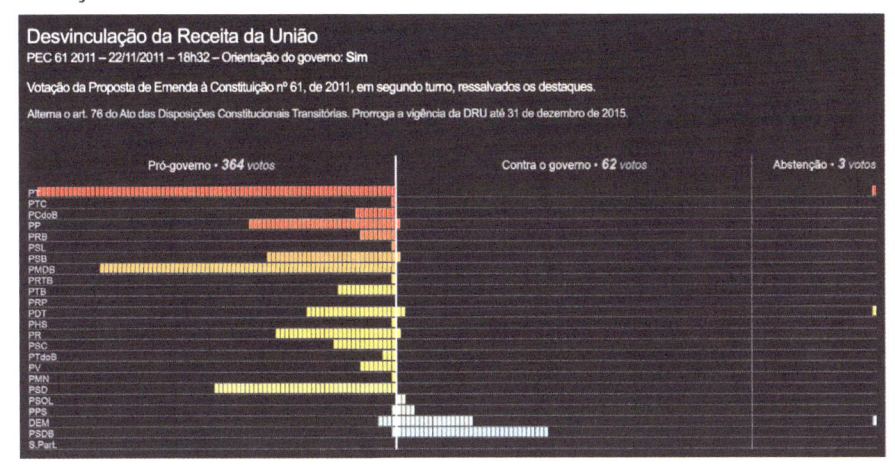

Desvinculação da Receita da União
PEC 61 2011 – 22/11/2011 – 18h32 – Orientação do governo: Sim
Votação da Proposta de Emenda à Constituição nº 61, de 2011, em segundo turno, ressalvados os destaques.
Altera o art. 76 do Ato das Disposições Constitucionais Transitórias. Prorroga a vigência da DRU até 31 de dezembro de 2015.

Pró-governo • **364** votos   Contra o governo • **62** votos   Abstenção • **3** votos

Fonte: Basômetro, Estadão Dados (2013).

Conclusões

Emendas constitucionais são, por definição, mais difíceis de aprovar do que projetos de leis ordinários e outros tipos de legislação. Exige-se uma maioria maior em plenário — 60% dos parlamentares, em ao menos duas votações em cada uma das casas legislativas — e, com isso, aumentam os custos de transação entre a Presidência, os líderes partidários e os deputados e senadores da base do governo. Além disso, o conteúdo de emendas constitucionais costuma ser mais espinhoso do que de outras leis, embora essa afirmação deva ser considerada com muito cuidado.

Se é verdade que os presidentes petistas desde 2003 têm uma base de apoio na Câmara dos Deputados razoavelmente sólida, ainda que menor do que a de Fernando Henrique Cardoso, por que houve menos emendas constitucionais propostas e aprovadas?

Um dos possíveis motivos para isso é um certo esgotamento da "agenda constitucional" brasileira. Talvez estejamos entrando em uma fase legislativa na qual os custos de oportunidade para aprovar mais mudanças constitucionais se tornam proibitivos. Afinal, mobilizar-se em favor de uma emenda constitucional (ou várias, como FHC fez, sobretudo em seu primeiro mandato) significa concentrar esforços nesta emenda em detrimento de outras prioridades gerenciais, administrativas etc. Outras medidas legislativas relevantes, de fora da agenda constitucional — como a mudança na Lei de Licitações, para ficar em apenas um exemplo —, serão relegadas ao segundo plano.

Um aspecto pouco tratado na literatura sobre relações Executivo-Legislativo no Brasil até agora é justamente este ponto: se é relativamente fácil para os presidentes convencerem os líderes partidários da base governista a apoiarem suas propostas, é certo que há um limite de ideias, propostas, projetos, emendas que podem ocupar esses líderes dentro de certo período de tempo.[11] O trabalho de *agenda-setting* é este: o de escolher o que priorizar na agenda congressual, tomando o cuidado de não deliberar, simultaneamente, sobre um excesso de "prioridades".

---

[11] Exceções notáveis são os trabalhos de Melo (2002) e Melo e Anastasia (2005).

Não seria de espantar, portanto, se nos próximos anos a presidenta Dilma (e quem quer que a suceda) continue dando pouca atenção para reformas constitucionais difíceis de serem aprovadas e ocupe seu tempo, em vez disso, com a condução da macroeconomia (que já não necessita de mudanças constitucionais, ao contrário do que ocorria no governo FHC) e com a melhoria da implementação de projetos sociais e de infraestrutura.

Referências

ALMEIDA, Maria Hermínia Tavares de. Negociando a reforma: a privatização de empresas públicas no Brasil. *Dados — Revista de Ciências Sociais*, Rio de Janeiro, v. 42, n. 3, p. 421-451, 1999.

ALSTON, Lee; MUELLER, Bernardo. Pork for policy: Executive and Legislative exchange in Brazil. *Journal of Law, Economics, and Organization*, v. 22, n. 1, p. 87-114, 2006.

ASAZU, Claudia Yukari. *Os caminhos da Lei de Responsabilidade Fiscal*: instituições, ideias e incrementalismo. Dissertação (mestrado em administração pública) — Fundação Getulio Vargas, São Paulo, 2003.

BICHIR, Renata. O Bolsa Família na berlinda? Os desafios atuais dos programas de transferência de renda. *Novos Estudos Cebrap*, n. 87, p. 115-129, 2010.

BIONDI, Aloysio. *O Brasil privatizado*. São Paulo: Fundação Perseu Abramo, 1999.

CONSTANTINO, Rodrigo. *Privatize já*. São Paulo: Leya, 2012.

COUTO, Cláudio Gonçalves. A agenda constituinte e a difícil governabilidade. *Lua Nova*, n. 39, p. 33-52, 1997.

____. A longa Constituinte: reforma do Estado e fluidez institucional no Brasil. *Dados — Revista de Ciências Sociais*, Rio de Janeiro, v. 41, n. 1, p. 51-86, 1998.

____; ARANTES, Rogério Bastos. Constituição, governo e democracia no Brasil. *Revista Brasileira de Ciências Sociais*, v. 21, n. 61, p. 41-62, 2006.

____; ____. A Constituição sem fim. In: PRAÇA, Sérgio; DINIZ, Simone (Org.). *Vinte anos de Constituição*. São Paulo: Paulus, 2008. p. 31-60.

FIGUEIREDO, Argelina; LIMONGI, Fernando. O Congresso e as Medidas Provisórias: abdicação ou delegação? *Novos Estudos Cebrap*, n. 47, p. 127-154, 1997.

_____; _____. *Executivo e Legislativo na nova ordem constitucional*. Rio de Janeiro: Ed. FGV, 1999.

_____; _____. Incentivos eleitorais, partidos e política orçamentária. *Dados — Revista de Ciências Sociais*, Rio de Janeiro, v. 45, n. 2, p. 303-344, 2002.

FREITAS, Rafael. *Poder de agenda e participação legislativa no presidencialismo de coalizão brasileiro*. Dissertação (mestrado em ciência política) — Faculdade de Filosofia, Letras e Ciências Humanas, Universidade de São Paulo, São Paulo, 2010.

GAYLORD, Sylvia. Too undisciplined to legislate? Party unity and policymaking in Brazil. *Journal of Politics in Latin America*, v. 4, n. 3, p. 39-65, 2012.

HUNTER, Wendy. The normalization of an anomaly: the Workers' Party in Brazil. *World Politics*, v. 59, n. 3, p. 440-475, 2007.

LIMONGI, Fernando. A democracia no Brasil: presidencialismo, coalizão partidária e processo decisório. *Novos Estudos Cebrap*, n. 76, p. 17-41, 2006.

_____; FIGUEIREDO, Argelina. Medidas provisórias. In: BENEVIDES, Maria Victória; VANNUCHI, Paulo; KERCHE, Fábio (Org.). *Reforma política e cidadania*. São Paulo: Perseu Abramo, 2003. p. 266-299.

_____; _____. Poder de agenda e políticas substantivas. In: INÁCIO, Magna; RENNÓ, Lucio (Org.). *Legislativo Brasileiro em perspectiva comparada*. Belo Horizonte: Ed. UFMG, 2009. p. 77-104.

MELO, Carlos Ranulfo; ANASTASIA, Fátima. A Reforma da Previdência em dois tempos. *Dados*, v. 48, n. 2, p. 301-332, 2005.

MELO, Marcus. *Reformas constitucionais no Brasil*. Rio de Janeiro: Revan, 2002.

_____. Hiperconstitucionalização e qualidade da democracia: mito e realidade. In: MELO, Carlos Ranulfo; SÁEZ, Manuel Alcántara (Org.). *A democracia brasileira*: balanço e perspectivas para o século 21. Belo Horizonte: Ed. UFMG, 2007. p. 237-265.

PEREIRA, Carlos; MUELLER, Bernardo. Comportamento estratégico em presidencialismo de coalizão: as relações entre Executivo e Legislativo na elaboração do orçamento brasileiro. *Dados — Revista de Ciências Sociais*, Rio de Janeiro, v. 45, n. 2, p. 265-302, 2002.

PRAÇA, Sérgio; FREITAS, Andréa; HOEPERS, Bruno. Political appointments and coalition management in Brazil, 2007-2010. *Journal of Politics in Latin America*, v. 3, n. 2, p. 141-172, 2011.

____. A rotatividade dos servidores de confiança no governo federal brasileiro, 2010-2011. *Novos Estudos Cebrap*, v. 94, p. 91-107, 2012.

PRAÇA, Sérgio; NORONHA, Lincoln. Políticas públicas e a descentralização da Assembleia Constituinte brasileira, 1987-1988. *Revista Brasileira de Ciências Sociais*, v. 27, n. 78, p. 131-147, 2012.

RAILE, Eric; PEREIRA, Carlos; POWER, Timothy. The Executive toolbox: building legislative support in a multiparty presidential regime. *Political Research Quarterly*, v. 64, n. 2, p. 323-334, 2011.

SAIEGH, Sebastian. Political prowess or "Lady Luck"? Evaluating chief Executives' Legislative success rates. *Journal of Politics*, v. 71, n. 4, p. 1342-1356, 2009.

CAPÍTULO 8
Presidencialismo de coalizão e a compra de votos: o caso do Mensalão

*Vitor Marchetti**

Introdução

A decisão do Supremo Tribunal Federal (STF) na Ação Penal nº 470 (AP 470), que tratava da denúncia mais conhecida como Mensalão, foi histórica por várias razões. Aqui se pretende lançar luz para apenas uma delas: a compra de votos no parlamento.

O voto do relator, ministro Joaquim Barbosa, desenvolveu uma tese inovadora do ponto de vista jurídico para atribuir o crime de corrupção passiva a alguns dos indiciados pelo Ministério Público na ação. Esse tipo de crime só pode ser cometido por um funcionário público que exercer um ato de ofício, ou deixa de exercê-lo, em razão de vantagem recebida ou prometida. A identificação do ato de ofício, portanto, é vital para a tipificação desse crime.

Segundo o ministro relator da AP 470, o recebimento de recursos financeiros por alguns partidos políticos ao longo do primeiro mandato do presidente Lula caracterizaria uma compra de votos. A tese da defesa do partido do governo, o PT, argumentou que esses recursos foram repassados aos par-

---
* Doutor em ciências sociais: política pela PUC-SP e professor adjunto do bacharelado em Políticas Públicas da Universidade Federal do ABC (UFABC).

tidos para cobrir despesas eleitorais. Por isso, deveriam ser tratados como crimes eleitorais.

A tese vitoriosa no STF, porém, foi a de que houve compra de votos no parlamento, tipificando-a como corrupção passiva prevista no Código Penal. Para tanto, foi preciso definir o ato de ofício desses funcionários públicos. A conclusão foi a de que os elevados índices de adesão à agenda do governo por parte desses parlamentares revelariam o ato de ofício da atividade criminosa. Ou seja, votar com o governo evidenciaria o crime cometido.

Não há aqui qualquer objetivo de fazer um debate sobre as teses jurídicas envolvidas nesse episódio, a orientação é fazer um debate político. O ponto central a ser desenvolvido nesse texto é o de refletir sobre a força explicativa do Mensalão para o comportamento dos parlamentares ao longo do primeiro governo Lula. Em outras palavras, quanto do comportamento dos deputados nesse período pode ser explicado pela possível compra de seus votos.

Esse debate ganhou contornos mais dramáticos a partir de suas consequências para o quadro normativo e a segurança jurídica do país. Quando ainda não tinham sido concluídos os trabalhos no STF, um juiz da 1ª Vara de Fazenda de Belo Horizonte concedeu um mandado de segurança para a viúva de um funcionário público do Estado garantindo a ela as condições previdenciárias anteriores às estabelecidas pela Emenda Constitucional nº 41 de 2003 (Reforma Previdenciária). Segundo a decisão, essa reforma sofria de vício de decoro desde o seu início, por isso sua decisão de declará-la inconstitucional.

> (...) consignou o eminente ministro que a votação da Emenda 41 de 2003 foi fruto da aprovação dos parlamentares que se venderam, culminando na redução de direitos previdenciários de servidores e a privatização de parte do sistema público de seguridade. A tese do eminente Ministro Joaquim Barbosa foi seguida pela maioria dos demais Ministros do STF, ou seja, de que a EC 41/2003 foi fruto não da vontade popular representada pelos parlamentares, mas da compra de tais votos, mediante paga em dinheiro para a aprovação no parlamento da referida emenda constitucional que, por sua vez, destrói o sistema de garantias fundamentais do estado democrático de direito. Pela via

de consequência, a jurisdição emanada do Ministro Joaquim Barbosa e demais ministros, por maioria, declaram que o pagamento em dinheiro resultou na aprovação da EC 41/2003, a maculando de forma irreversível, tornando-a invalida *ex tunc*, ante o vício de decoro.

Assim que o julgamento foi concluído no STF, outras ações ingressaram no Judiciário com a mesma intenção: declarar nulas as decisões do Parlamento quando da vigência do Mensalão. O alvo principal foi, sem dúvida, a Reforma Previdenciária. Aliás, na própria decisão do ministro-relator Joaquim Barbosa há referências a leis que foram aprovadas mediante a compra de votos dos parlamentares, principalmente nas Reformas Previdenciária e Tributária.

Em seu voto, o ministro relaciona os dados de que dispunha sobre as movimentações financeiras do grupo com a data das votações desses importantes projetos. A proximidade entre elas permitiu que o ministro concluísse que esses recursos foram usados para garantir o apoio dos parlamentares aos projetos.

Até fevereiro de 2013 já eram pelo menos quatro Ações Diretas de Inconstitucionalidade (ADINs) que chegaram ao STF para anular a Reforma Previdenciária.

A decisão do STF e seus desdobramentos dialogam com um tema já bastante explorado pela ciência política brasileira: os impactos do desenho institucional de nossa democracia sobre o processo decisório. Podemos dizer que três correntes interpretativas se consolidaram sobre o tema.

De um lado, veio a tese da ingovernabilidade. Alguns autores defendem que a democracia brasileira combinou regras que dificultam, ou até mesmo tornam impossível, a sustentação de maiorias políticas estáveis. Nossas instituições moldaram uma democracia ultraconsensual, combinando o regime presidencialista (Lamounier, 1991, 1992), com um pacto federativo extremamente *demos constraining* (Stepan, 1999) e um parlamento altamente fragmentado, composto por partidos pouco sólidos (Mainwaring, 2001; Kinzo, 2004; Mainwaring e Torcal, 2005).

Com a característica típica de presidencialismos, em que o Legislativo e o Executivo são independentes e concorrentes, somada à proeminência que as questões regionais têm sobre as nacionais e, ainda, um parlamento disperso e dominado por lógicas clientelistas onde impera a infidelidade partidária, a única solução seria promover reformas nessa arquitetura institucional deformada (Souza e Lamounier, 2006).

De outro, veio a tese da possível governabilidade. O argumento central é o de que existem alguns instrumentos à disposição do Executivo que são capazes de induzir o parlamento para o apoio do Executivo, superando as barreiras consensuais apontadas pela corrente anterior. Essa corrente surge com a tese do presidencialismo de coalizão (Abranches, 1988), defendendo que os regimes presidencialistas não estavam fadados a um conflito com o Legislativo e que a formação de coalizões governistas estáveis é tão provável em presidencialismos quanto em parlamentarismos (Cheibub, Przeworski e Saiegh, 2002).

No Brasil, o controle sobre o orçamento e a possibilidade de editar medidas provisórias (Figueiredo e Limongi, 1999) colocariam o Executivo em condições de coordenar os trabalhos legislativos determinando a agenda e o ritmo de sua aprovação. Além disso, o parlamento seria formado por partidos altamente disciplinados, o que permitiria ao Executivo negociar apenas com os líderes partidários, em vez de negociar com cada parlamentar individualmente (Limongi, 2006; Santos, 2002).

Podemos dizer que, com a ausência de sinais de rupturas institucionais no horizonte e com o desenrolar dos governos FHC (1995-2002) e Lula (2003-12), marcados por reformas que exigiram a aprovação pelo parlamento de várias normas, inclusive constitucionais, a literatura sinalizou para questões que transcenderiam esse debate polarizado.

Não se trataria mais de saber se há condições para a governabilidade, mas sim, dado que os últimos governos governaram, saber em que condições governaram, ou em outras palavras, a que custo foi produzida a governabilidade (Ames, 2003). Há aqui uma combinação da teoria consolidada com os achados empíricos das duas correntes.

Essa terceira corrente acabou por resgatar a defesa de reformas políticas mais amplas sem, contudo, fazer essa defesa pelo argumento da ingovernabilidade. Em relação à primeira, podemos dizer que essa terceira corrente se diferencia em dois aspectos principais: 1) substituiu o foco das reformas do sistema de governo pela reforma do sistema eleitoral e 2) adotou uma postura que combina argumentos empíricos e normativos em defesa das reformas políticas.

Em relação à segunda, podemos dizer que a divergência fica por conta do que chamaremos de "dimensões mais amplas da governabilidade". Podemos dizer que a pergunta aqui deixa de ser "há o risco da ingovernabilidade?" e passa a ser "quais são as consequências para se alcançar a governabilidade?".

Busca-se nessa corrente avaliar o desenho institucional menos por sua capacidade decisória e mais pelo amplo conjunto de mecanismos, recursos e atores que precisam ser mobilizados para tornar a governabilidade possível.

> Embora a iniciativa da formulação de políticas, sem dúvida, esteja nas mãos do presidente, o núcleo de poder decisório parece estar radicado na coalizão, e não com o chefe do Executivo. Na medida em que a necessidade de organizar o gabinete com vistas a pôr em movimento (e manter em funcionamento) a coalizão introjeta na Presidência o poder de veto dos partidos que conformam a coalizão e que vinculam a Presidência ao Congresso, os poderes constitucionais fortes são moderados pela natureza dos poderes partidários. (Palermo, 2000)

O diagnóstico da governabilidade com dispersão do poder decisório abre uma agenda de pesquisa que parte do debate sobre a consolidação democrática e aporta no debate sobre a qualidade da democracia e de suas instituições. O argumento mais comum é o de que o desenho institucional brasileiro garantiu a governabilidade, ao mesmo tempo que teria criado um círculo vicioso que alimentaria o fisiologismo e enfraqueceria o *accountability* horizontal.

A governabilidade, para alguns, seria possível mediante o pagamento de um alto preço. Esse custo poderia ser medido por duas consequências do funcionamento desse sistema: 1) ampliação das oportunidades para o fisiologismo e para a corrupção e 2) retirada de alguns temas importantes do debate político.

Os trabalhos de Ames (2003) focam esse suposto custo elevado do presidencialismo de coalizão brasileiro. Para ele, o desenho institucional não apenas alimenta o fisiologismo como foi desenvolvido para garantir a sua sobrevivência, afinal "as instituições não caem do céu".

> A importância que atribuo à patronagem e ao fisiologismo não implica que faltem no Brasil políticos devotados a objetivos programáticos. (...) Esses políticos, porém, são uma minoria. (...) Políticos que orientam suas carreiras para a oferta de contratos de obras públicas e de nomeações para cargos burocráticos predominavam nas assembleias que redigiram as constituições brasileiras, e esse mesmo tipo de parlamentares prevaleceu nas câmaras legislativas que essas mesmas constituições criaram. (Ames, 2003:46)

Outro possível custo da governabilidade seriam os níveis mais elevados de corrupção e desvio de dinheiro público. Em trabalho recente, Pereira, Power e Raile (2009) argumentaram que "as características de negociação intragovernamental foram os principais fatores permissivos do escândalo de corrupção do mensalão".

Além disso, Ames (2003) argumenta que as provas empíricas que afirmam haver governabilidade no Brasil esconderiam uma realidade que não poderia ser ignorada. Nesse sentido, o Mensalão seria uma boa oportunidade de análise do funcionamento institucional brasileiro na medida em que revelaria o uso de certos expedientes que não costumam ficar evidentes, exatamente por serem irregulares e ilegais.

As premissas

A denúncia do Ministério Público e a decisão do STF sobre corrupção passiva reforçaram a tese de que os custos da governabilidade seriam altos na medida em que o processo decisório da primeira metade do governo Lula, pelo menos, construiu sua base majoritária com a compra de votos de parlamentares usando recursos privados e públicos.

A pergunta que nos move nesse texto é construída exatamente sob a inspiração dessa oportunidade: a adesão dos parlamentares à agenda de governo da primeira metade do primeiro governo Lula decorre do uso dos expedientes lícitos e legítimos do presidencialismo de coalizão ou de expedientes ilícitos e ilegítimos? De onde vinham os incentivos para votar com o governo?

Para nos aproximarmos de algumas respostas construímos algumas premissas e, com base nelas, usaremos os recursos do Basômetro para medir o comportamento dos parlamentares para então tentar medir a força explicativa de cada uma delas. A seguir, algumas de nossas premissas formadas com base no voto do ministro-relator da AP 470, Joaquim Barbosa:

> 1) O Mensalão foi o esquema de compra de votos usado pelo PT (partido do presidente) para garantir a disciplina no parlamento do PTB, PL, PP e PMDB.
> 2) A atuação do PP fornece uma boa evidência do Mensalão. O partido inicia sua atuação no parlamento como oposição ao governo e passa a apoiá-lo depois do recebimento de recursos financeiros.[1]
> 3) A votação das Reformas Previdenciária e Tributária são evidências da existência do Mensalão.

Nossa última premissa parte da suposição de que os atores envolvidos no mensalão conduziram suas ações guiados por estratégias racionais. Assim, a prática de compra de votos cessou quando as denúncias ganharam força. Afinal, ela se tornou arriscada demais para todos os lados. Não podemos afirmar se ela voltará ou não com o início do segundo mandato, mas aceitamos que é razoável supor que ela será interrompida até pelo menos o final do primeiro mandato.

> 4) A compra de votos de parlamentares foi interrompida entre junho de 2005 até dezembro de 2006 — quando termina o primeiro mandato de Lula.

---

[1] É nesse mesmo período, inclusive, que o partido altera seu nome de Partido Progressista Brasileiro (PPB) para apenas Partido Progressista (PP).

Assumimos que um ponto de inflexão importante no desenrolar das denúncias de compra de votos pelo PT foi a entrevista concedida pelo então deputado federal Roberto Jefferson (PTB-RJ), em 6 de junho de 2005, à *Folha de S.Paulo*, quando pela primeira vez foi citada a expressão que marcaria o episódio: Mensalão. Em consonância com as premissas anteriores, assumimos que o Mensalão começou a ser praticado no início de 2003 e que foi amplificado ao longo da votação das reformas já mencionadas.

Em nosso entendimento, porém, é lógico supor que a prática foi interrompida quando as denúncias atingiram grande repercussão na impressa nacional e na opinião pública. Não seria lógico que os atores envolvidos continuassem com a prática assumindo um risco enorme diante de um ambiente de grande visibilidade do parlamento e de fiscalização redobrada sobre a atuação dos parlamentares.

As eleições de 2002 e o primeiro governo Lula

A coligação vitoriosa nas eleições de 2002 era composta por PT, PCB, PCdoB, PMN e PL. Juntos, esses partidos receberam nas eleições para a Câmara dos Deputados 25,2% dos votos válidos, e o PT sozinho recebeu 18,4%. Ao todo, os partidos que deram suporte à campanha de Lula em 2002 obtiveram 25,3% das cadeiras, deixando óbvia a necessidade de atrair outros partidos e parlamentares para a base governista.

O primeiro movimento foi atrair o PTB para a base governista. O PL e o PTB conquistaram 26 cadeiras nas eleições de 2002. O PL, partido do vice-presidente, obteve 4,3% dos votos válidos, e o PTB, 4,6% (ambos ficaram com 5,1% das cadeiras na Câmara dos Deputados). Entre a data das eleições, outubro de 2002, e a data da posse, fevereiro de 2003, 15 parlamentares ingressaram no PTB e oito no PL.

Ao longo do primeiro semestre do novo governo, o PTB e o PL continuaram a receber parlamentares. O primeiro aumentou sua bancada em 130%, ocupando 11,7% das vagas. Já o segundo teve um crescimento de 89% entre as eleições e agosto de 2003, ficando com 9,55% das cadeiras na Câmara dos Deputados.

Diferentemente do ocorrido com o governo FHC, não foram os grandes partidos que recepcionaram os migrantes, mas sim os pequenos e médios partidos de direita. Já a bancada petista não sofreu nenhuma alteração até o final do primeiro semestre de 2003.

Movimento inverso ao do PTB e do PL ocorreu no PSDB e no PFL (DEM). Principais partidos da base governista anterior, esses partidos perderam vários parlamentares entre as eleições de 2002 e o primeiro semestre de 2003. O PFL (DEM) obteve 13,4% dos votos válidos nas eleições de deputados federais de 2002, e obteve o direito a 84 cadeiras, 16,4% do total. Já o PSDB obteve 14,3% dos votos válidos, ficando com 71 vagas, 13,8% das cadeiras disponíveis.

Logo após as eleições, antes mesmo da posse, esses partidos tiveram suas bancadas reduzidas, fenômeno que durou até o final do primeiro semestre do governo Lula. O PFL (DEM) perdeu 25 parlamentares, e o PSDB, 23. Menos de um ano após as eleições, suas bancadas eram, respectivamente, 30% e 32% menores do que em relação ao resultado eleitoral.

Dessa forma, o principal partido de esquerda a chegar à Presidência da República no Brasil montou sua base governista inchando partidos posicionados no outro extremo do espectro ideológico.

O gráfico a seguir mostra o comportamento dos parlamentares do bloco governista considerado pelo STF como o núcleo central do Mensalão (PT, PL, PP, PMDB e PTB) e do bloco oposicionista (PSDB, PFL (DEM) e Prona) que nos permitirá estabelecer o contraste.

GRÁFICO 1

Votação nominal durante o primeiro governo Lula: situação (PT, PL, PP, PMDB, PTB) e oposição (PSDB, DEM, Prona)

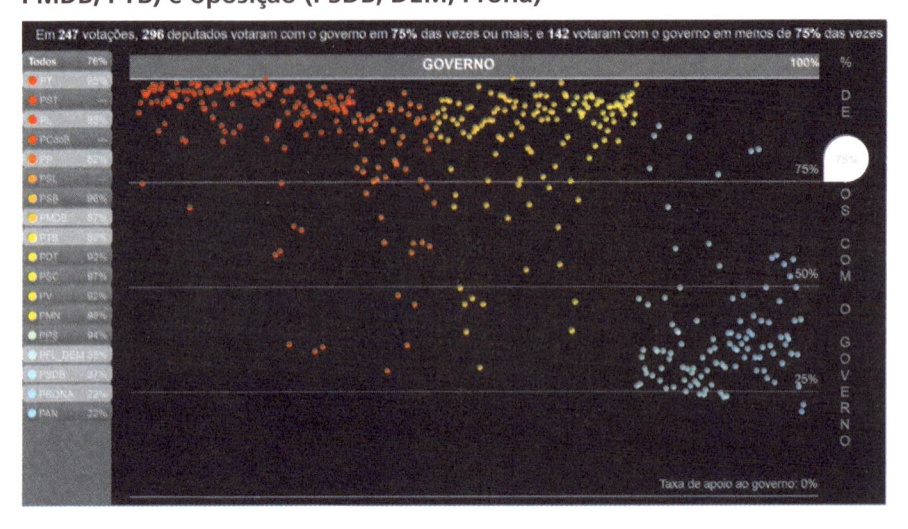

Fonte: Basômetro, Estadão Dados (2013).

Os dados mencionados são relativos ao período de 1º de janeiro de 2003 a 6 de junho 2005, quando, segundo uma de nossas premissas, o Mensalão não estava mais em prática. No período, foram 247 votações nominais no plenário, e os índices de adesão ao governo dos partidos acusados de terem recebido recursos financeiros são, de fato, elevados. PT e PL votaram de acordo com a orientação do governo em 96% e 93%, respectivamente. O primeiro era o partido do presidente e o segundo, do vice-presidente. Faz sentido, portanto, que tenham aderido em peso. Seus incentivos eram altos pela natureza dos cargos que ocupavam.

O PTB manteve um índice alto de apoio ao governo, 89%. Como vimos, o partido recepcionou um número grande de parlamentares que migraram de outros partidos, principalmente dos derrotados nas eleições, fazendo sua bancada crescer em 130% em menos de um ano. Interessante notar também que, durante a campanha presidencial de 2002, o PTB apoiou a candidatura de Lula apenas no segundo turno, no primeiro turno integrava a chapa do candidato do PPS, Ciro Gomes.

A situação do PMDB é ainda pior nesse sentido. O partido lançou a vice-candidatura de Rita Camata (ES) na chapa de José Serra (PSDB), derrotado no segundo turno das eleições. Ao longo do primeiro mandato de Lula, porém, o partido votou com o governo em 88% das votações nominais aqui analisadas.

Quais seriam os incentivos para que os parlamentares desses partidos passassem a votar com o governo? Esses dados evidenciam por si só um esquema de compra de votos?

A primeira resposta a essa pergunta deve ser, no mínimo, cautelosa. Como já dito, há uma vasta literatura na ciência política brasileira que demonstra que o Executivo tem instrumentos legais bastante eficientes para produzir incentivos adequados que garantam a cooperação do Parlamento. Dois desses mecanismos, dentre os mais eficientes, são: 1) a distribuição de recursos políticos na formação do gabinete e 2) a distribuição de benefícios monetários na formação do orçamento.[2]

Essas duas ferramentas são eficientes na medida em que criam oportunidades para que os partidos envolvidos na coalizão aumentem seu capital político interferindo na agenda do governo (garantindo uma pasta ministerial, por exemplo) e beneficiando suas bases com maiores transferências de recursos (tendo aprovadas as emendas individuais e/ou coletivas ao orçamento de seus parlamentares).

A questão que fica, portanto, é: a adesão do PTB e do PMDB ao governo no início do mandato de Lula se deu por esses incentivos clássicos do presidencialismo de coalizão ou podem ser uma evidência do uso de outros mecanismos (sejam eles lícitos ou ilícitos)?

Podemos responder essa pergunta olhando para a composição ministerial de primeiro governo Lula e para o padrão de execução das emendas parlamentares ao orçamento. Antes disso, porém, seria interessante trazermos

---

[2] É importante destacar que há uma divergência sobre esse ponto, enquanto alguns trazem evidências da eficácia dessa estratégia (Pereira e Muller, 2003), outros trouxeram evidências distintas revelando que a variável da distribuição de recursos políticos explica melhor o comportamento no Parlamento do que a distribuição de emendas ao orçamento (Figueiredo e Limongi, 2008).

para a análise a segunda premissa, a de que o PP fornece uma boa evidência da existência do Mensalão.

Segundo o voto do ministro Joaquim Barbosa, o fato de o PP ter se comportado como oposição no início do governo e de, após o recebimento de uma transferência de recursos, passar a votar com o governo é uma evidência clara da prática de compra de votos. A defesa alegou, para essas transferências, que a finalidade era a mesma das transferências para os outros partidos, pagamento de dívidas de campanha. Não foi essa a tese vitoriosa no STF. Aqui vale destacar o voto do relator:

> É relevante salientar que, ao contrário do que alegaram as defesas de PEDRO CORRÊA e PEDRO HENRY, no início de 2003, o Partido Progressista não pertencia à base aliada. Os autos comprovam fartamente que, naquele momento inicial das atividades parlamentares, antes, portanto, da negociação dos recursos com o Partido dos Trabalhadores, o Partido Progressista fazia oposição ao Governo na Câmara dos Deputados, encaminhando o voto do partido no sentido oposto às orientações do Partido dos Trabalhadores, mantendo-se, assim, alinhado ao PFL, PSDB e PRONA (CD de fls. 23.336, volume 107). **Somente em meados de 2003 é que o Partido Progressista começou a seguir a orientação do Governo** na Câmara dos Deputados, sob liderança parlamentar de PEDRO HENRY. A partir daí, o Partido Progressista solicitou e recebeu dinheiro do Partido dos Trabalhadores, tal como vinham recebendo o Presidente do PL, Sr. VALDEMAR COSTA NETO, desde fevereiro de 2003, e o Presidente do PTB, Sr. José Carlos Martinez, desde abril daquele ano. Fica comprovado, assim, que os parlamentares prestaram seu apoio político ao Governo na Câmara dos Deputados, influenciados pelos pagamentos em espécie oferecidos pelo Partido dos Trabalhadores. (voto do ministro Joaquim Barbosa na AP 470)

O gráfico 2 apresenta o comportamento do PP entre janeiro de 2003 e agosto de 2003, período em que, segundo a denúncia, o partido se alinhava com a oposição. No gráfico também é possível acompanhar os votos dos partidos oposicionistas indicados na denúncia, PSDB, PFL (DEM) e Prona.

Na sequência, outro gráfico compara o comportamento do PP entre setembro de 2003 e junho de 2005, período no qual o partido teria participado do esquema de compra de votos.

GRÁFICO 2
Votação nominal do PP e do bloco oposicionista

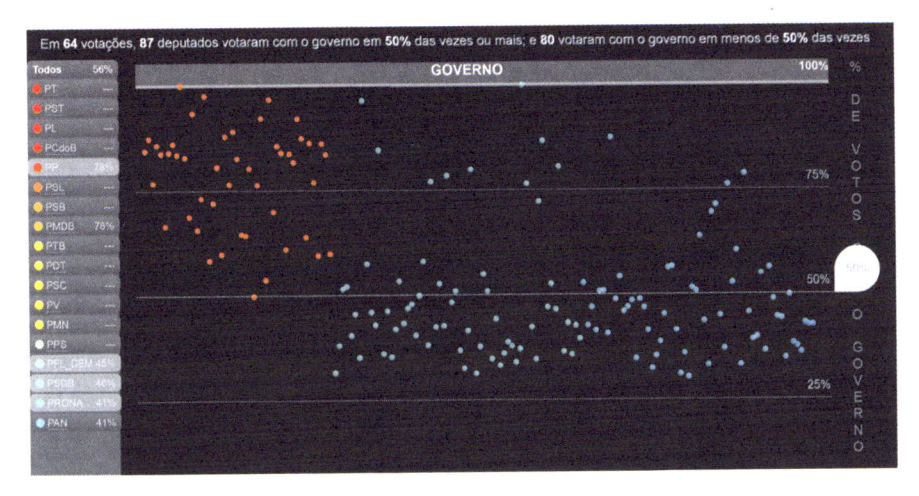

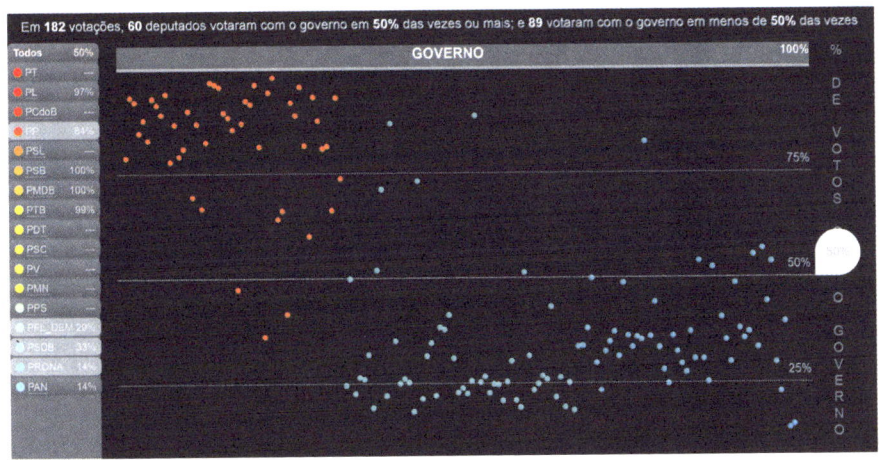

Fonte: Basômetro, Estadão Dados (2013).

Durante o período em que o PP, segundo a denúncia, não integrava a base governista e votava com a oposição, seu índice de governismo foi de 78%. Nenhum de seus parlamentares tinha votado mais da metade das vezes contra a orientação do governo. Sua taxa de governismo, portanto, pode ser considerada alta. É bem verdade que o padrão de votação da oposição não apresenta uma rejeição sistemática da orientação do governo. PSDB, PFL (DEM) e Prona seguiram a orientação da situação em 46%, 45% e 41% das votações no período. A explicação para isso é o perfil da agenda dos primeiros meses do governo Lula, muito ainda orientada pelas preferências do governo anterior. Como a estratégia inicial de Lula no momento inicial foi menos de ruptura e mais de continuidade da agenda, há fortes incentivos para a oposição votar com o governo.

Chama a atenção, porém, que o índice de governismo do PP não sofre grande alteração depois do momento em que, de acordo com a denúncia, passou a vender o voto de seus parlamentares ao governo. Sua taxa de governismo passa para 84%, muito próxima da anterior. A grande diferença nesse período fica com o comportamento dos parlamentares da oposição, que passam a se distanciar mais do governo.

A segunda premissa, portanto, não parece ter muita força explicativa. O comportamento do PP não foi alterado significativamente após o marco temporal indicado pela denúncia. Por isso, no mínimo, o comportamento do PP não nos parece uma boa evidência do Mensalão.

A terceira premissa é a de que a votação de duas reformas fornece evidências contundentes da compra de votos dos parlamentares; são elas: Reforma Previdenciária e Reforma Tributária. Ao votarem em bloco e disciplinadamente, os parlamentares estariam votando sob a orientação do governo e incentivados por "recompensas paralelas" ao funcionamento regular do presidencialismo de coalizão.

O voto do ministro Joaquim Barbosa no STF estabeleceu uma série de correlações entre as datas de transferências de recursos para PL, PP, PTB e PMDB e a votação de projetos centrais para a agenda do governo. Para ele, essas transferências foram realizadas pelo PT para garantir a aprovação desses projetos. No gráfico 3, seguem os dados sobre a votação da Reforma Previdenciária.

GRÁFICO 3
Votação da Reforma Previdenciária

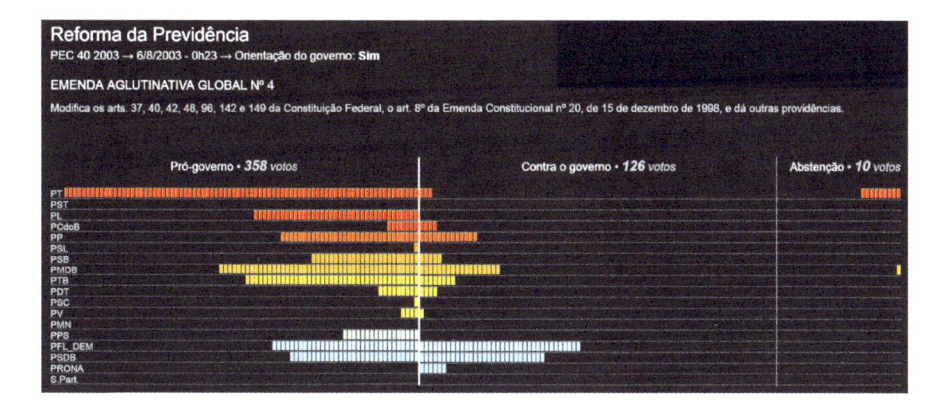

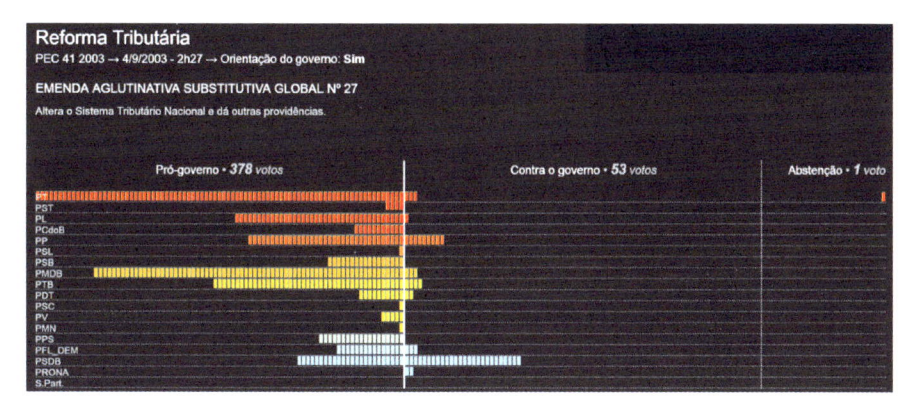

Reforma da Previdência
PEC 40 2003 → 6/8/2003 - 0h23 → Orientação do governo: **Sim**
EMENDA AGLUTINATIVA GLOBAL Nº 4
Modifica os arts. 37, 40, 42, 48, 96, 142 e 149 da Constituição Federal, o art. 8º da Emenda Constitucional nº 20, de 15 de dezembro de 1998, e dá outras providências.

Pró-governo • *358 votos* Contra o governo • *126 votos* Abstenção • *10 votos*

Reforma Tributária
PEC 41 2003 → 4/9/2003 - 2h27 → Orientação do governo: **Sim**
EMENDA AGLUTINATIVA SUBSTITUTIVA GLOBAL Nº 27
Altera o Sistema Tributário Nacional e dá outras providências.

Pró-governo • *378 votos* Contra o governo • *53 votos* Abstenção • *1 voto*

Fonte: Basômetro, Estadão Dados (2013).

Com esses dados, fica evidente que a aprovação das Reformas da Previdência e Tributária foi possível pelo apoio que o governo conquistou fora de sua base. Os votos do PSDB e do PFL (DEM) foram decisivos. Sem eles o governo não teria força para aprová-las. Isso significa, no mínimo, que o governo teve de negociar o conteúdo da reforma com os partidos oposicionistas.

Na votação da Reforma da Previdência, uma parte significativa do PMDB, PP e PTB não seguiu a orientação do governo. O mínimo que precisa ser dito sobre a votação desses partidos é que, se seus votos foram mesmo comprados, eles foram mal comprados. Afinal, mais de 25% dos seus parlamentares votaram contra a orientação do governo, revelando adesão mais baixa do que a dos partidos de oposição, com quase 50% de adesão.

Outro fato que não pode ser descartado aqui é que a proposta inicial do governo foi bastante alterada na negociação com o Parlamento. Foi farto o noticiário sobre os pontos que o governo teve de ceder para receber o apoio da oposição. Tanto que no Senado a proposta de emenda constitucional foi batizada de PEC Paralela, pois foram muitas as mudanças no projeto para viabilizar sua aprovação no Parlamento.

Esses dois elementos, apoio pouco coeso da base aliada e negociações que obrigaram o governo a alterar o conteúdo original da reforma, têm força para contrapor o argumento de que nessa votação fica evidente a compra de votos. Fosse o mecanismo tão simples e direto, não faria sentido o partido agir sem coesão e que o governo abrisse mão do texto original do projeto.

A terceira premissa, portanto, carrega algumas fragilidades. É preciso afirmar, pelo menos, que outros incentivos estavam presentes na votação dessas reformas. Supor que todo o longo processo de votação e negociação em torno delas está contaminado pela compra de votos e que, por esse vício de decoro, elas deveriam ser anuladas, como querem os autores das ADINs no STF, é simplificar o processo decisório e ignorar uma série de evidências que não apontam para a compra de votos.

Por fim, a quarta premissa. Aqui afirmamos que o Mensalão foi uma prática adotada pelo governo entre o início do mandato de Lula e 6 de junho de 2005, quando as denúncias atingiram grande repercussão. Como consequência, trabalhamos com a premissa de que após esse período até o final do primeiro mandato seria racional supor que a prática foi interrompida.

A utilidade dessa afirmação é nos permitir comparar o padrão de comportamento dos partidos envolvidos no escândalo e que foram citados na decisão do STF. Em suma, espera-se que o comportamento governista desses partidos seja afetado na medida em que o suposto principal estímulo para a adesão ao governo não esteja mais em vigência. No gráfico 4, seguem os padrões de votação de PL, PP, PTB e PMDB após a vigência do Mensalão.

GRÁFICO 4
Votação nominal durante o primeiro governo Lula: PT, PL, PP, PMDB, PTB

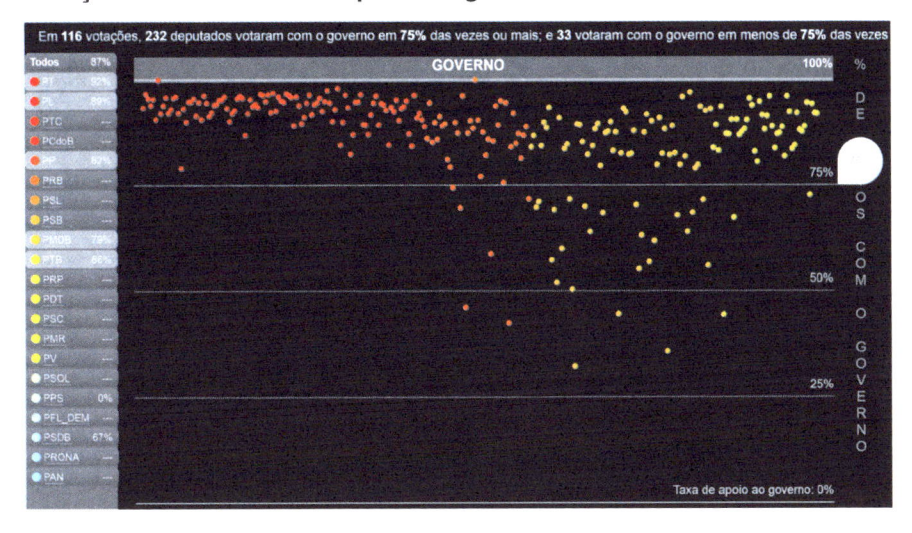

Fonte: Basômetro, Estadão Dados (2013).

Os dados do gráfico 4 são relativos ao período entre 6 de junho 2005 e 31 de dezembro de 2006. No período ocorreram 116 votações nominais no plenário e os índices de adesão ao governo dos partidos acusados de terem recebido recursos financeiros mantiveram-se elevados mesmo sem, supostamente, os incentivos gerados pelo Mensalão. É bem verdade que caíram um pouco, mas nada que possa indicar uma mudança sensível na orientação. PT e PL votaram de acordo com a orientação do governo em 92% e 89%, respectivamente.

O PTB manteve um índice alto de apoio ao governo, 86%. O interessante é que o delator do esquema, deputado Roberto Jefferson, era um quadro histórico do partido e um dos seus mais antigos e influentes deputados. Mesmo com a sua ruptura, o partido permaneceu votando de acordo com a orientação do governo.

O PMDB foi o partido que mais mudou o comportamento na comparação estabelecida aqui, passou de 87% de apoio ao governo para 79%. Ainda que tenha permanecido alta, é possível notar que o partido seguiu menos coeso para o período posterior ao escândalo. Por fim, o PP seguiu a orientação do governo em 82% das votações após o Mensalão.

Conclusão

Voltamos, então, a uma versão da pergunta inicial: quais seriam os incentivos para que os parlamentares desses partidos continuassem a votar com o governo? Se já não temos o incentivo do Mensalão, como explicar a ainda forte adesão desses partidos?

O trabalho de Pereira, Power e Raile (2009) argumentou que o Mensalão teria sido o reflexo da combinação do desenho institucional com as opções estratégicas feitas pelo governo Lula.

No que diz respeito à distribuição dos recursos políticos, o governo de Lula focou mais a solução de conflitos internos ao partido (PT) do que a construção de uma coalizão partidária que garantisse sustentação ao governo no parlamento. O resultado foi uma forte desproporcionalidade na alocação das pastas ministeriais. Ocupando 28% das cadeiras no Parlamento, o partido do presidente ficou com 60% dos ministérios. Por outro lado, o PMDB, com 24% das cadeiras, ocupou apenas 6% dos ministérios. O mesmo aconteceu com o PTB (16% do parlamento e 3% dos ministérios) e com o PL (13% do parlamento e 3% dos ministérios).

No que diz respeito à distribuição dos recursos monetários, o governo Lula acabou repassando recursos (*pork barrel*)[3] para os partidos de fora da base governista para compensar a apoio da oposição a algumas reformas mais importantes na primeira metade do mandato, como a Previdenciária e a Tributária. "Do valor total, 75,7% de *pork* foram para indivíduos de partidos fora da coalizão em 2003 e 40,63% foram para partidos centrais da oposição (PSDB e PFL DEM)" (Pereira, Power e Raile, 2009: 223).

Por essa lógica, o governo petista teria usado os recursos institucionais à disposição do Executivo para superar os obstáculos do ultraconsensualismo de modo ineficaz. Seja porque o partido tinha uma natureza distinta dos que tinham ocupado a presidência até então (com mais enraizamento social, e por isso com mais pluralidade e fragmentação inter-

---

[3] *Pork barrel* é a expressão em língua inglesa para denominar recursos ou projetos governamentais que visam beneficiar um determinado conjunto de eleitores de um determinado político objetivando receber em troca o suporte desses eleitores, principalmente por meio do voto.

na), seja porque tratou de uma agenda inicial que o obrigava a negociar com a oposição.

A consequência disso, segundo seus argumentos, é que o governo teve de buscar recompensas paralelas para a manutenção da coesão da base governista. Se essas recompensas foram para cobrir despesas de campanha ou para comprar diretamente votos no Parlamento, parece não fazer diferença para o argumento dos autores.

Seguindo nessa linha de análise dos incentivos institucionais do presidencialismo de coalizão e das consequências das estratégias adotadas pelo governo Lula, buscamos aqui dialogar com a decisão do STF que tipificou o Mensalão, dentre outras coisas, como um processo de compra direta de voto. Nosso diálogo é com a caracterização do voto orientado pelo governo como ato de ofício que evidencia a corrupção passiva.

As premissas que levantamos aqui a partir do voto do ministro relator do caso não nos forneceram elementos contundentes para afirmar que o voto dos parlamentares orientados pelo governo é evidência de que venderam seus votos. Ou melhor, parece que o processo decisório no período analisado foi marcado por uma intensa negociação com um conjunto bastante amplo e diverso de partidos. Não está claro, portanto, que o incentivo central de apoio ao governo tenha ocorrido pela compra de votos dos parlamentares.

O risco de reduzir as decisões produzidas ao longo daquele período a um processo de compra de votos, usando as votações no parlamento como evidências da corrupção, é o de produzir uma simplificação exagerada de nosso processo político e decisório. No limite, ela induz a ações como as que pretendem anular todo o conjunto de reformas já produzidas no país.

São tantos os incentivos para um parlamentar votar com o governo e foram tão diversos os atores e partidos que votaram seguindo a orientação do governo que seria muito reducionismo entendê-los apenas como resultado do Mensalão. E se há alguma afirmação que não podemos fazer sobre nosso desenho institucional é a de que ele é pouco complexo e que favorece a imposição de uma agenda sem negociação.

Referências

ABRANCHES, Sérgio. Presidencialismo de coalizão: o dilema institucional brasileiro. *Dados — Revista de Ciências Sociais*, Rio de Janeiro, v. 31, n. 1, p. 5-33, 1988.

AMES, Barry. *Os entraves da democracia no Brasil*. Rio de Janeiro: FGV, 2003.

CHEIBUB, José; PRZEWORSKI, Adam; SAIEGH, Sebastian. Governos de coalizão nas democracias presidencialistas e parlamentaristas. *Dados — Revista de Ciências Sociais*, Rio de Janeiro, v. 45, n. 2, p. 187-218, 2002.

FIGUEIREDO, Argelina; LIMONGI, Fernando. *Executivo e Legislativo na nova ordem constitucional*. Rio de Janeiro: FGV; Fapesp, 1999.

____; ____. Política orçamentária no presidencialismo de coalizão. Rio de Janeio: FGV, 2008.

KINZO, Maria D'Alva. Partidos, eleições e democracia no Brasil pós-1985. *Revista Brasileira de Ciências Sociais*, v. 19, n. 54, p. 23-40, 2004.

LAMOUNIER, Bolívar. Brasil: Rumo ao parlamentarismo? In: ____ (Org.). *A opção parlamentarista*. São Paulo: Idesp; Sumaré, 1991. p. 13-60.

____. Estrutura institucional e governabilidade na década de 1990. In: VELLOSO, João Paulo dos Reis (Org.) *O Brasil e as reformas políticas*. Rio de Janeiro: José Olympio, 1992. p. 23-48.

MAINWARING, Scott. *Sistemas partidários em novas democracias*. Rio de Janeiro: FGV, 2001.

____; TORCAL, Mariano. Teoria e institucionalização dos sistemas partidários após a terceira onda de democratização. *Opinião Pública*, v. 11, n. 2, p. 249-286, 2005.

LIMONGI; FERNANDO. A democracia no Brasil: Presidencialismo, coalizão partidária e processo decisório. *Novos Estudos Cebrap*, São Paulo, n. 76, p. 17-41, 2006.

PALERMO, Vicente. Como se governa o Brasil? O debate sobre instituições políticas e gestão de governo. *Dados — Revista de Ciências Sociais*, Rio de Janeiro, v. 43, n. 3, p. 521-557, 2000.

PEREIRA, Carlos; MUELLER, Bernardo. Partidos fracos na arena eleitoral e partidos fortes na arena legislativa: a conexão eleitoral no Brasil. *Dados — Revista de Ciências Sociais*, Rio de Janeiro, v. 46, n. 4, p. 735-771, 2003.

PEREIRA, Carlos; POWER, Timothy; RAILE, Eric. Presidencialismo de coalizão e recompensas paralelas: explicando o escândalo do mensalão. In: INÁCIO, Magna; RENNÓ, Lúcio (Org.). *Legislativo brasileiro em perspectiva comparada.* Belo Horizonte: Ed. UFMG, 2009. p. 207-237.

SANTOS, Fabiano. Partidos e comissões no presidencialismo de coalizão. *Dados — Revista de Ciências Sociais,* Rio de Janeiro, v. 45, n. 2, p. 237-264, 2002.

SOUZA, Amaury; LAMOUNIER, Bolívar. O futuro da democracia: cenários político-institucionais até 2022. *Estudos Avançados,* v. 20, n. 56, p. 43-60, 2006.

STEPAN, Alfred. Para uma análise comparativa do federalismo e da democracia: federações que restringem ou ampliam o poder do Demos. *Dados — Revista de Ciências Sociais,* Rio de Janeiro, v. 42, n. 2, 1999. Disponível em: <http://dx.doi.org/10.1590/S0011-52581999000200001>. Acesso em: 11 fev. 2014.

CAPÍTULO 9
A regra e as exceções: líderes partidários e casos desviantes na relação Executivo-Legislativo

Wagner Pralon Mancuso*

Introdução

O Brasil é um país presidencialista, com separação de poderes. O candidato que vence o pleito presidencial chefia o Poder Executivo federal. Muitos projetos do Executivo precisam ser aprovados pelo Congresso Nacional. Além disso, projetos de iniciativa dos próprios congressistas podem afetar a gestão do governo federal. Assim, o Executivo sempre governa o país com olhos no Legislativo.

No Brasil, as eleições para o Congresso são muito competidas e vários partidos políticos obtêm cadeiras na Câmara e no Senado. Dificilmente o partido do presidente da República consegue garantir, exclusivamente com seus correligionários, a maioria qualificada de três quintos nas duas Casas do Congresso, que é necessária para a aprovação de emendas constitucionais; a maioria absoluta (metade mais um), necessária para a aprovação de projetos de lei complementar; ou até mesmo as maiorias simples, necessárias

---

* Doutor em ciência política pela USP. Professor do curso de gestão de políticas públicas da Escola de Artes, Ciências e Humanidades da USP.

para a aprovação de projetos de lei ordinária e projetos de lei de conversão de medidas provisórias. Por isso, o presidente da República usualmente convida outros partidos a juntarem-se ao seu para compor sua base de apoio no Congresso. Desse modo, nosso sistema de governo também é conhecido por "presidencialismo de coalizão" (Abranches, 1988).

Uma coalizão de governo pode ser cimentada por diversos elementos. Em alguma medida, os partidos da base podem ter comunhão genuína de interesses. Além disso, os partidos convidados para compor a coalizão podem reunir-se e formular um programa comum, que incorpore ideias de todos e oriente a atuação da base do governo no Congresso. Embora não haja razões para excluir, *a priori*, a importância das motivações ideológicas ou programáticas, as coalizões de governo usualmente são sacramentadas mediante oferta de postos de poder na administração pública (comando de ministérios, secretarias, empresas estatais etc.), em troca de apoio político (Figueiredo e Limongi, 2001). Os diversos elementos não são excludentes, podendo operar simultaneamente. O importante é que, uma vez consolidada a coalizão, espera-se que seus parlamentares sigam a orientação do governo nas votações realizadas no Congresso.

Cargos, recursos e poder têm enorme capacidade de atração sobre os partidos políticos, mas nem todos os partidos com bancadas no Congresso integram a coalizão de governo. Alguns se declaram neutros ou independentes, enquanto outros vão para a oposição. Assim como o apoio ao governo, também a oposição a ele pode ser alimentada por diversos fatores. Os partidos de oposição podem ter divergências ideológicas e programáticas em relação a projetos defendidos pela coalizão de governo. Mesmo quando a discordância não tem este substrato, ainda assim os oposicionistas podem cerrar fileiras contra o governo, seja simplesmente para constrangê-lo ou desgastá-lo; seja ainda para expor inconsistências do atual bloco no poder, que eventualmente criticava medidas ora defendidas, quando então se encontrava na oposição. Independentemente da motivação, espera-se que os parlamentares oposicionistas divirjam da orientação do governo em boa parte das votações no Congresso. Com isso, os oposicionistas podem dificultar a implementação da agenda legislativa do governo e marcar diferenças em relação aos governantes de plantão, para buscar o apoio da maioria do eleitorado no próximo pleito e assim tentar ascender ao poder.

Conforme exposto, afinidades ideológicas e antagonismos programáticos, compromissos e negociações, adesismo e oportunismo, tudo isso pode mover a formação da coalizão de governo e do bloco de oposição, bem como a interação entre os polos, na constante luta pela conquista, preservação e ampliação do poder político (Maquiavel, 1996 [1513]). Grandes expoentes da teoria democrática contemporânea, como Joseph Schumpeter (1984 [1942]) e Robert Dahl (1997 [1971]), nos ensinam que a essência da democracia é justamente essa competição pelo apoio da maioria do eleitorado, entre os partidos que estão no governo, e desejam manter-se ali, e os partidos que estão fora do governo, e desejam ocupá-lo.

Este capítulo se detém sobre o comportamento parlamentar dos deputados federais de dois partidos políticos — o Partido dos Trabalhadores (PT) e o Partido da Social Democracia Brasileira (PSDB). No período analisado, esses partidos protagonizaram a disputa pela presidência e o primeiro saiu vitorioso nos três pleitos. PT e PSDB destacam-se, portanto, como os principais partidos na política brasileira atual, em nível nacional (Limongi e Cortez, 2010). O PT lidera a situação e o PSDB encabeça a oposição.

Casos desviantes e o papel das lideranças

O Basômetro reúne as votações nominais realizadas no plenário da Câmara dos Deputados ao longo do período de 10 anos que abrange os dois mandatos de Lula (2003-10) e a primeira metade do governo Dilma (2011-12). Apenas nas votações nominais registra-se o voto individual de cada parlamentar. Nesse sentido, distinguem-se das votações simbólicas, em que apenas os líderes partidários se pronunciam, declarando como votam suas bancadas, e os votos dos líderes têm peso correspondente ao tamanho das bancadas. Em todas as votações nominais, o Basômetro compara o voto do parlamentar com a orientação do governo. Pelo que foi dito, espera-se que os parlamentares petistas votem conforme a orientação do governo e que os parlamentares tucanos tipicamente votem contra esta orientação.

GRÁFICO 1
Nível de governismo dos deputados do PT (vermelho) e do PSDB (azul) — 2011-12

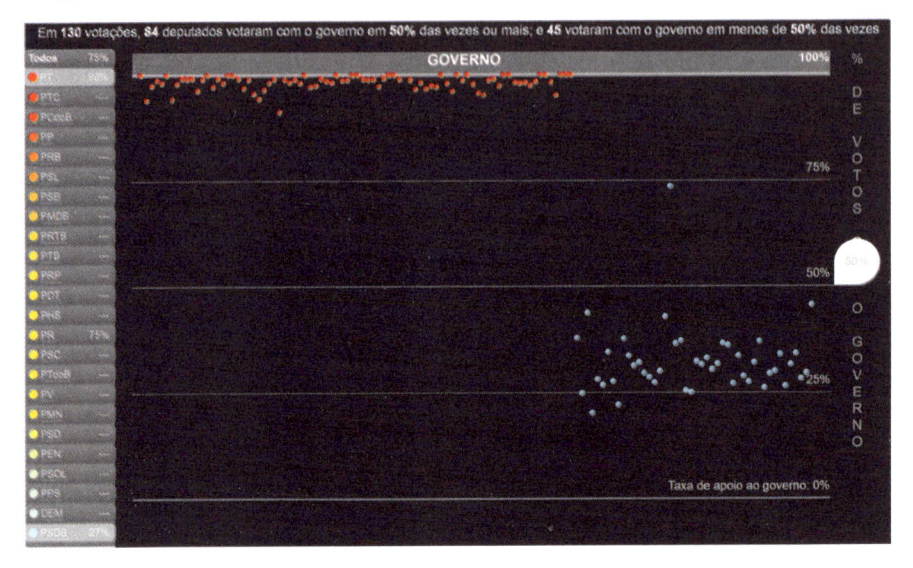

Fonte: Basômetro, Estadão Dados (2013).

As votações reunidas pelo Basômetro podem ser classificadas em substantivas ou procedimentais. As primeiras ocorrem quando os parlamentares avaliam o mérito de proposições legislativas integrais, de emendas às proposições, ou ainda de trechos que são destacados para votação em separado. As segundas, por sua vez, tratam de requerimentos que antecedem e conformam as votações substantivas, tais como requerimentos de urgência, de retirada de pauta, de adiamento de discussão, de concessão de prazo para votação, entre outros. Neste capítulo serão levadas em conta tanto as votações nominais substantivas quanto as procedimentais. A importância das votações procedimentais não deve ser diminuída, pois tais decisões exercem impacto fundamental sobre o andamento das votações substantivas.

GRÁFICO 2
% de votos conforme a orientação do governo (2003-12)

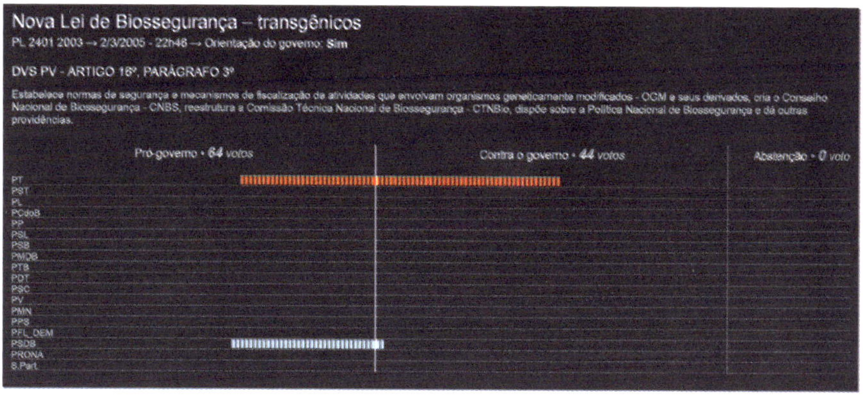

[Gráfico: Nova Lei de Biossegurança – transgênicos. PL 2401 2003 → 2/3/2005 - 22h48 → Orientação do governo: Sim. DVS PV - ARTIGO 18º, PARÁGRAFO 3º. Estabelece normas de segurança e mecanismos de fiscalização de atividades que envolvam organismos geneticamente modificados - OGM e seus derivados, cria o Conselho Nacional de Biossegurança - CNBS, reestrutura a Comissão Técnica Nacional de Biossegurança - CTNBio, dispõe sobre a Política Nacional de Biossegurança e dá outras providências. Pró-governo · 64 votos. Contra o governo · 44 votos. Abstenção · 0 voto.]

Fonte: Elaboração do autor, a partir do Basômetro.

O gráfico 2 mostra que o esperado se observou ao longo de todo o período coberto pelo Basômetro. É altíssimo o nível geral de governismo dos deputados do PT (isto é, de votos em plenário conforme a orientação do governo), começando em 95% nas 363 votações realizadas sob o primeiro governo Lula; subindo ainda mais, para 98%, nas 462 votações do segundo governo Lula; e mantendo-se no mesmo patamar elevado nas 130 votações da primeira metade do governo Dilma. Por outro lado, a concordância dos parlamentares do PSDB com a orientação do governo já parte de um patamar relativamente baixo sob o primeiro governo Lula (38%), cai bastante durante o segundo mandato do mesmo presidente (29%) e desce ainda mais na primeira metade do governo Dilma (27%). Portanto, em geral, o observado acompanha o previsto: os parlamentares do partido dos presidentes oferecem apoio quase unânime ao governo e, na grande maioria dos casos, os parlamentares do principal partido de oposição votam contrariamente ao indicado pelo Executivo. Além disso, durante o período considerado, existem tendências de fortalecimento do apoio do PT aos presidentes eleitos pelo partido e de robustecimento da oposição do PSDB a esses presidentes.

Esta é a regra. Todavia, há exceções. Há anos a ciência política tem chamado a atenção para a importância do estudo de casos desviantes — isto é, casos em que a relação entre as variáveis explicativas e dependentes não ocorre do modo previsto pela hipótese de trabalho (Lijphart, 1971:162; Munck, 2004:118, 120; Seawright e Collier, 2004:285). O estudo dos casos desviantes pode ajudar a refinar as hipóteses de partida das pesquisas acadêmicas. Ora, se neste capítulo a variável explicativa é a orientação do governo, a variável dependente é o voto dos parlamentares, e a hipótese é que os votos da coalizão tendem a acompanhar o governo, e os da oposição a contrariá-lo; então, há pelo menos dois tipos de casos desviantes merecedores de investigação.

O primeiro tipo, referente ao comportamento coletivo das bancadas, abrange as votações em que a maioria dos petistas diverge da orientação do governo e as votações em que a maioria dos tucanos concorda com ela. À primeira vista, esses casos desviantes poderiam ser tomados como exemplos de insurreição da bancada do PT contra os líderes do partido ou do governo; ou de adesismo ao governo pela bancada do PSDB, contra a indicação dos líderes tucanos. Neste trabalho buscar-se-á mostrar que os casos desviantes raramente são fruto de rebeldia das bancadas partidárias — ou, no jargão da ciência política, de indisciplina. Ao contrário, mesmo quando os parlamentares do PT e do PSDB agem de forma atípica, tendem a fazê-lo em sintonia com orientações e estratégias definidas pelas lideranças partidárias.

GRÁFICO 3
Caso desviante: PT contra o governo (PL de biossegurança, 2-3-2005)

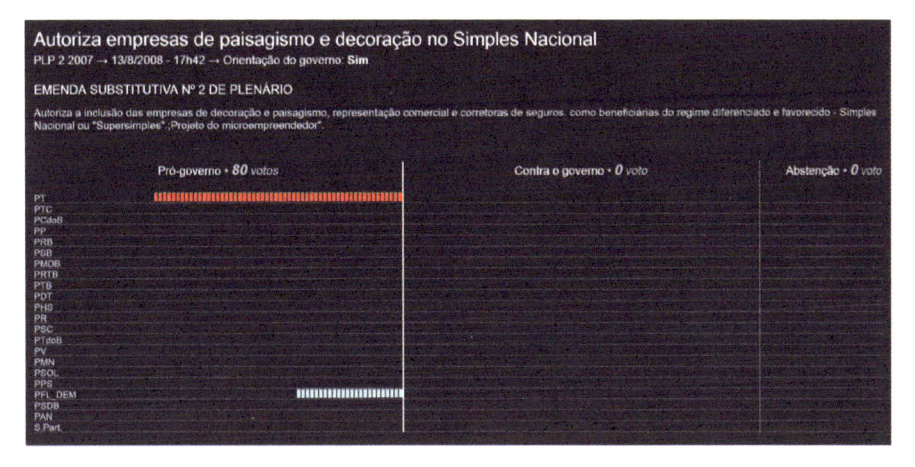

Fonte: Basômetro, Estadão Dados (2013).

GRÁFICO 4
Caso desviante: PSDB com o governo (Paisagismo e decoração no Simples, 13-8-2008)

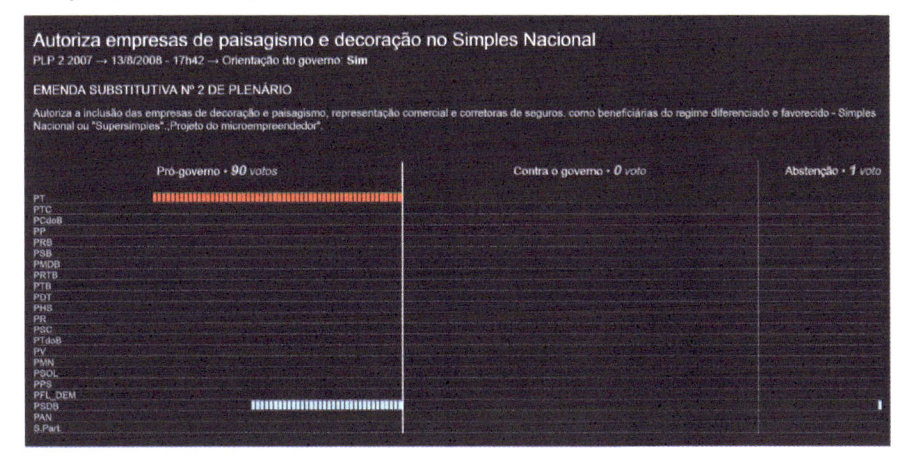

Fonte: Basômetro, Estadão Dados (2013).

O segundo tipo se refere ao comportamento individual dos parlamentares e abarca os deputados petistas cujo nível de governismo é desviante "para baixo", bem como os deputados tucanos cujo nível de governismo é desviante "para cima". O trabalho mostrará que mesmo os petistas com níveis de governismo relativamente baixos apresentam altíssimas taxas de apoio ao governo, em valores absolutos, o que confirma a disciplina partidária típica do PT. Alguns casos mais dissonantes acabaram por se desfiliar do partido. Quanto aos tucanos, a maior parte dos desvios "para cima" não parece se dever à indisciplina partidária, sendo antes parcialmente explicada por deputados que migraram para o partido ao longo das legislaturas, sendo procedentes de agremiações que integravam a coalizão de governo, ou giravam em torno dela.

Assim, a partir da metodologia de estudo dos casos "menos prováveis" (Eckstein, 1975), este trabalho agrega evidências às teses de que o comportamento das bancadas partidárias na Câmara dos Deputados é disciplinado e de que as lideranças — de situação e de oposição — exercem um papel fundamental de mediação nas relações entre governo e Congresso (Figueiredo e Limongi, 2001).

Dados

A tabela 1 mostra a frequência dos dois tipos desviantes de votação. Das 955 votações realizadas no período abrangido pelo Basômetro, em apenas 20 casos (2,1% do total) a maioria do PT votou contrariamente à orientação do governo. Desses casos, a maior parte concentrou-se no primeiro governo de Lula, que foi marcado por votações polêmicas como as da reforma da previdência e da lei de biossegurança, bem como pela crise política deflagrada pelo escândalo do Mensalão. No mesmo período, a maioria do PSDB seguiu a orientação do governo em 286 votações (29,9% do total). O nível de concordância dos tucanos com o governo girou em torno de um terço dos casos, sob o primeiro governo Lula, e reduziu-se para algo em torno de um quarto dos casos, sob os dois outros governos. A tabela mostra, portanto, que embora a convergência entre governo e oposição seja a exceção, e não a regra, ainda assim esse evento é muito mais comum do que deserções majoritárias no núcleo da coalizão. De fato, para cada votação desviante de um tipo, há 14,3 votações do outro tipo. Além disso, a tabela confirma as tendências anteriormente mencionadas de crescente sintonia entre os parlamentares e presidentes petistas, bem como de acirramento paulatino da oposição tucana aos governos do PT.

TABELA 1
Frequência de votações desviantes

	LULA 1	LULA 2	DILMA	TOTAL
PT	15 (4,1)	4 (0,9)	01 (0,8)	20 (2,1)
PSDB	126 (34,7)	127 (27,5)	33 (25,4)	286 (29,9)
TOTAL	363 (100,0)	462 (100,0)	130 (100,0)	955 (100,0)

Fonte: Elaboração do autor, a partir do Basômetro.

O quadro 1 proporciona um olhar mais acurado sobre os casos desviantes. Para entendê-lo, é importante relembrar que, em geral, o voto nominal dos parlamentares é precedido pela manifestação das lideranças do governo e dos partidos.

QUADRO 1
Casos desviantes: maiorias de PT e PSDB e orientação de governo e partidos

GOVERNO	PARTIDOS	LIDERANÇA	MAIORIA	TOTAL
Sim	PT	Sim	Sim	0
			Não	2
			Abstenção	0
			Obstrução	0
		Não	Sim	0
			Não	2
			Abstenção	0
			Obstrução	0
		Libera	Sim	0
			Não	0
			Abstenção	0
			Obstrução	0
		Obstrução	Sim	0
			Não	0
			Abstenção	0
			Obstrução	2
	PSDB	Sim	Sim	206
			Não	0
			Abstenção	0
			Obstrução	0
		Não	Sim	0
			Não	0
			Abstenção	0
			Obstrução	0
		Libera	Sim	1
			Não	0
			Abstenção	0
			Obstrução	0
		Obstrução	Sim	0
			Não	0
			Abstenção	0
			Obstrução	0

GOVERNO	PARTIDOS	LIDERANÇA	MAIORIA	TOTAL
Não	PT	Sim	Sim	4
			Não	0
			Abstenção	0
			Obstrução	0
		Não	Sim	0
			Não	0
			Abstenção	0
			Obstrução	0
		Libera	Sim	5
			Não	0
			Abstenção	0
			Obstrução	0
		Obstrução	Sim	0
			Não	0
			Abstenção	0
			Obstrução	5
	PSDB	Sim	Sim	0
			Não	0
			Abstenção	0
			Obstrução	0
		Não	Sim	0
			Não	75
			Abstenção	0
			Obstrução	0
		Libera	Sim	0
			Não	2
			Abstenção	0
			Obstrução	0
		Obstrução	Sim	0
			Não	2
			Abstenção	0
			Obstrução	0

Fonte: Elaboração do autor, a partir do Basômetro.

A primeira coluna contém, então, a orientação do governo para as votações realizadas no plenário da Câmara dos Deputados, no período considerado. A orientação do governo pode ser "sim", para que os deputados votem favoravelmente à proposta; ou "não", para que a rejeitem. A terceira coluna contém a orientação dos líderes do PT e do PSDB na Câmara. Nas votações sob análise, os líderes têm quatro opções: orientar o voto sim, em favor da proposta; recomendar o voto não, contra ela; liberar a bancada, para que cada parlamentar vote conforme sua posição pessoal; ou ainda declarar que a bancada se encontra em obstrução. A quarta coluna, por sua vez, aponta as opções disponíveis para os parlamentares: estes podem votar sim, não, abster-se ou declarar-se em obstrução. Importa esclarecer que a obstrução é um recurso utilizado no parlamento com o propósito de se obstar o andamento dos trabalhos relativos a alguma matéria. Os parlamentares em obstrução não são considerados no cômputo do quórum de votação. A última coluna, finalmente, apresenta a frequência de cada combinação possível entre a orientação do governo, a orientação das lideranças partidárias e a decisão majoritária das bancadas.

Dos 20 casos em que o PT não acompanhou a orientação do governo, em sete deles (35%) tanto o partido quanto a maioria de seus parlamentares haviam se declarado em obstrução. Em outros seis casos (30%), a maior parte da bancada do PT de fato desacompanhou o governo, mas o fez obedecendo à orientação da liderança do partido. Em cinco oportunidades (25%), a liderança do partido liberou sua bancada e esta optou por votar, majoritariamente, contra o governo. Por fim, em apenas duas votações (10%) a maioria da bancada petista divergiu abertamente da orientação das lideranças, tanto do governo quanto do partido.

Em conjunto, os dados mostram que a bancada petista na Câmara dos Deputados é ferrenhamente fiel às orientações do governo e dos líderes partidários. São raríssimos os casos em que a maioria do PT se colocou contra a orientação do governo. Nas poucas vezes em que isto ocorreu, a maioria da bancada geralmente não agiu de modo intempestivo, com indisciplina; antes, procurou seguir uma estratégia partidária, definida pela liderança da agremiação. A situação mais frequente é quando o partido se declarou em obstrução. Embora estes casos estejam computados pelo Basômetro como casos de posicionamento majoritário contra o governo, não houve neles, na verdade, divergência explícita entre o governo e a maioria petista. É possível, inclusive, que a liderança do PT estivesse bloqueando o andamento dos trabalhos justamente com o propósito de costurar acordos do partido com o governo e com as demais legendas representadas na Casa. A segunda situação mais frequente é quando a bancada contrariou o governo para seguir a posição da liderança partidária. O estudo minucioso desses casos poderá, eventualmente, revelar se houve genuínas diferenças de posição entre o partido e o governo, ou se as divergências foram previamente concertadas entre as partes — o que poderia ocorrer, por exemplo, se o governo quisesse mostrar firmeza, mantendo posição previamente assumida, e, ao mesmo tempo, liberasse o partido para fazer acordo com a oposição. A terceira situação se deu quando a maioria da bancada votou contra o governo, depois de ser liberada pela liderança do partido. A liberação de bancada é uma estratégia partidária importante, comumente adotada, por exemplo, em casos de forte conteúdo ideológico, ou que poderiam colocar os parlamentares contra seu eleitorado local. Em apenas duas votações (destaque-se: dois casos num total de 955 votações, ou seja, 0,2% do total) a bancada petista contrariou a orientação de seus líderes e dos líderes do governo. Ambos os casos são votações referentes ao controvertido projeto de lei de biossegurança, apreciado pela Câmara durante o primeiro mandato de Lula.

Por outro lado, das 286 votações em que a maioria tucana acompanhou o governo, em nada menos que 281 oportunidades (98,2%) esta maioria atendeu orientação da liderança partidária. Em três votações (1,1%) a liberação da bancada pela liderança peessedebista precedeu a convergência da maioria do partido com o governo e, nas duas votações restantes (0,7%), a maioria da bancada concordou com o governo enquanto a liderança se declarava em obstrução.

Portanto, em nenhum caso a maioria tucana aderiu ao governo de modo indisciplinado, atropelando a orientação dos líderes. Em pouquíssimos casos a liderança tucana deixou de orientar a bancada, liberando-a ou declarando-se em obstrução. De longe, a situação mais usual é justamente quando a adesão ao governo decorre de recomendação explícita da liderança neste sentido. De fato, a liderança do PSDB foi atendida pela maioria da bancada nas 206 votações em que recomendou o seguimento do voto "sim" do governo, bem como nas 75 votações em que indicou o acompanhamento do voto "não". A convergência entre os votos da situação e da oposição pode ter sido causada por diversos fatores. Uma hipótese é a afinidade de opiniões e interesses quanto ao mérito das matérias. Outra hipótese é a concordância em torno de decisões procedimentais, eventualmente seguida por discordâncias quanto ao mérito. Uma terceira hipótese é a negociação prévia entre as partes, com vistas ao consenso. Outra hipótese, ainda, é o acordo "estratégico", em que, por alguma razão, a oposição decide unilateralmente acompanhar o voto do governo, mesmo na presença de ressalvas pontuais, e embora este voto não represente seu "ponto ideal". Apenas o estudo detalhado dos casos sob análise poderia corroborar estas ou outras hipóteses explicativas.

TABELA 2

Governismo de deputados petistas e tucanos (2003-12): estatísticas

	Mínimo	Máximo	Amplitude	Média	Mediana	Desvio-padrão	< 2DP	> 2DP
Lula 1 — PT	85	98	13	95,26	96	2,484	5	0
Lula 2 — PT	93	100	7	97,95	98	1,319	5	0
Dilma — PT	91	100	9	98,16	99	1,833	5	0
Lula 1 — PSDB	31	86	55	45,61	42	12,306	0	4
Lula 2 — PSDB	22	75	53	35,09	33	10,526	0	4
Dilma — PSDB	20	74	54	33,22	32	8,666	0	2

Fonte: Elaboração do autor, a partir do Basômetro.

Até agora, o capítulo considerou como casos desviantes as votações em que a maioria do PT contrariou o governo, ou a maioria do PSDB o acompanhou. O foco esteve, portanto, no comportamento coletivo das bancadas. Também é interessante analisar os casos desviantes em nível individual. Neste sentido, a tabela 2 apresenta um conjunto de estatísticas descritivas, elaboradas a partir das informações do Basômetro, sobre o nível de governismo individual dos deputados federais do PT e do PSDB, nos três mandatos considerados.[1]

Desde logo salta à vista que a variação é muito maior entre os parlamentares tucanos do que entre os petistas. Isto pode ser verificado pela comparação tanto da amplitude do nível de governismo (ou seja, a diferença entre os níveis máximo e mínimo de governismo, observados em cada partido), quanto dos desvios-padrões. Para os petistas, a amplitude se situa entre sete e 13 pontos percentuais, enquanto para os tucanos está entre 53 e 55 pontos percentuais. O desvio-padrão, entre os petistas, vai de aproximadamente 1,3 a 2,5 pontos percentuais, enquanto entre os tucanos vai de aproximadamente 8,7 a 12,3 pontos percentuais. Em síntese, ambas as estatísticas mostram que, sob as três presidências, o nível de governismo dos deputados do PT sempre esteve situado em gradiente muito mais estreito do que o dos deputados tucanos.

As duas últimas colunas da tabela 2 mostram a quantidade de deputados cujo nível de governismo é menor (ou maior) que a média menos (ou mais) dois desvios-padrões. Entre os petistas, como o nível médio de governismo já é muito elevado, não há nenhum caso desviante "para cima". Por outro lado, em cada legislatura há cinco casos desviantes "para baixo". Na primeira legislatura, os cinco petistas comparativamente menos governistas são Walter Pinheiro (BA, 85%), Dra. Clair (PR, 86%), Paulo Rubem Santiago (PE, 89%), Ricardo Berzoini (SP, 90%) e Mauro Passos (SC, 90%). Destes, dois acabaram abandonando as fileiras do partido: Dra. Clair migrou para o Partido Verde (PV) e Paulo Rubem Santiago para o Partido Democrático Trabalhista (PDT).

---

[1] Para o cômputo destas estatísticas foi considerado o nível de governismo indicado pelo Basômetro, quando se clica sobre os pontos que representam cada deputado. Nas três legislaturas foram excluídos os deputados federais, de ambos os partidos, que tenham participado de um número muito baixo de votações. Assim, foram excluídos quatro deputados tucanos da primeira legislatura (Claudio Diaz (RS), Ricardo Santos (ES), Roland Lavigne (BA) e Ronaldo Cunha Lima (PB)); um deputado tucano da segunda legislatura (Paulo Bauer (SC)); e três deputados petistas da terceira legislatura (Jorge Bittar (RJ), Magela (DF) e Zezéu Ribeiro (BA)).

GRÁFICO 5

Exemplo de caso desviante para baixo: deputado Walter Pinheiro, PT/BA (2003-07)

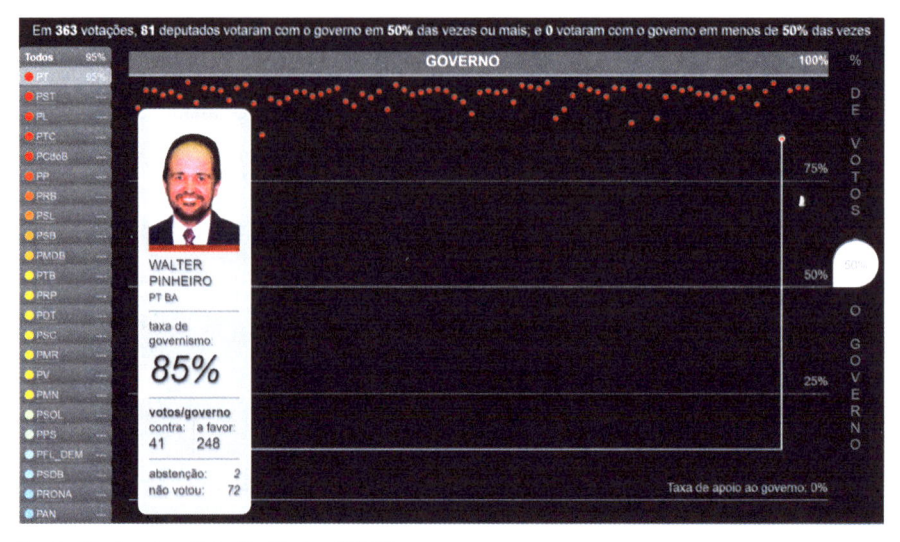

Fonte: Basômetro, Estadão Dados (2013).

Na segunda legislatura, os menos governistas são Jorge Boeira (SC, 93%), Paulo Delgado (MG, 94%), Iran Barbosa (SE, 95%), Antonio Carlos Biscaia (RJ, 95%) e Arlindo Chinaglia (SP, 95%). Boeira, o petista menos governista da segunda legislatura, migrou para o Partido Social Democrático (PSD), enquanto os demais permanecem na agremiação.

Finalmente, os cinco petistas menos governistas, até a primeira metade da legislatura atual, são Francisco Praciano (AM, 91%), Domingos Dutra (MA, 92%), Alessandro Molon (RJ, 94%), Artur Bruno (CE, 94%) e Eudes Xavier (CE, 94%). Dutra ameaçava, no início de 2013, migrar para o movimento "Rede Sustentabilidade", que procura institucionalizar-se como partido político e provavelmente lançará a candidatura presidencial de Marina Silva, em 2014. Apesar disso, até o momento, todos permanecem no PT. Em resumo, mesmo que os deputados petistas mencionados anteriormente apresentem um nível de governismo relativamente mais baixo do que o dos correligionários da mesma legislatura, ainda assim, em valores absolutos, sua fidelidade ao governo é altíssima, o que reitera a disciplina partidária típica do PT. Apenas um estudo circunstanciado das votações poderia explicar por que esses deputados votaram mais vezes que os colegas contra o governo de seu partido. Mesmo assim, não deixa de ser interessante que, dos 15 deputados, três tenham abandonado o PT.

Entre os deputados tucanos, o quadro se inverte. Nenhum deputado do PSDB, nas três legislaturas, destaca-se como caso desviante "para baixo" (mais oposicionista). Todavia, há casos desviantes "para cima" em todos os períodos. Na primeira legislatura, os quatro tucanos mais governistas são Antônio Joaquim (MA, 86%), Leonardo Vilela (GO, 81%), Marcelo Teixeira (CE, 81%) e Gustavo Fruet (PR, 73%). Todos eles têm uma característica em comum: foram eleitos por outros partidos e migraram para o PSDB ao longo da legislatura.

Os deputados maranhense e goiano foram eleitos pelo Partido Progressista Brasileiro (PPB, hoje Partido Progressista — PP) e filiaram-se ao PSDB em 2005, permanecendo no partido até o final daquele mandato. O primeiro faleceu e o segundo permanece no partido até hoje. Já os deputados paranaense e cearense foram eleitos pelo Partido do Movimento Democrático Brasileiro (PMDB) e filiaram-se ao PSDB, respectivamente, em 2004 e 2005, ficando no partido até o término da legislatura. Atualmente, Fruet é prefeito de Curitiba pelo PDT e Teixeira está filiado ao Partido da República (PR).

Na segunda legislatura há, novamente, quatro casos desviantes "para cima" entre os deputados tucanos. São eles: Rogério Marinho (RN, 75%), Marcelo Itagiba (RJ, 72%), Rita Camata (ES, 71%) e Manoel Salviano (CE, 63%). Três destes deputados migraram para o PSDB em 2009, por volta da metade da legislatura, após terem sido eleitos por outros partidos: Marinho pelo Partido Socialista Brasileiro (PSB), Itagiba e Camata pelo PMDB. Os três continuaram no PSDB pelo resto do mandato e até os dias de hoje. Apenas Salviano foi eleito pelo PSDB e permaneceu no partido ao longo de toda a legislatura. Em 2011 filiou-se ao PSD.

GRÁFICO 6

Exemplo de caso desviante para cima: deputado Manoel Salviano, PSDB/CE (2007-11)

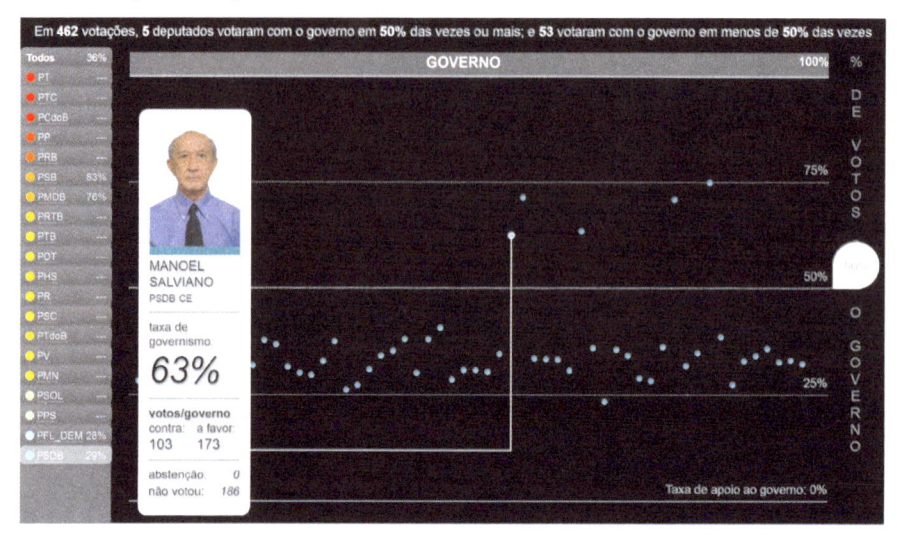

Fonte: Basômetro, Estadão Dados (2013).

Por fim, dois deputados da legislatura atual destacam-se como casos desviantes "para cima" no PSDB. Um deles é Izalci Ferreira (DF, 74%) e o outro é Walter Feldman (SP, 56%). Ferreira foi eleito pelo PR, em 2010, e filiou-se ao PSDB em setembro de 2012, próximo ao fim do período coberto pelo Basômetro. Atualmente, Izalci Ferreira permanece no partido. Por sua vez, Feldman assumiu o mandato de deputado federal como suplente do PSDB paulista. Ao longo dos últimos anos, Feldman tem apresentado ruidosas discordâncias públicas com seu partido. Hoje integra abertamente o movimento "Rede Sustentabilidade".

Em suma, oito dos 10 deputados tucanos (80%) que figuram como casos desviantes "para cima" foram eleitos por partidos políticos que integravam a coalizão de governo, ou gravitavam em torno dela, e migraram para o PSDB ao longo de seus mandatos. É possível que isto explique — ao menos em parte — o nível atipicamente elevado de governismo desses deputados tucanos. Feldman, um dos casos restantes, apresentou fortes divergências com o

PSDB de São Paulo ao longo da primeira metade da legislatura atual, e hoje participa de movimento para a criação de um novo partido. Manoel Salviano, que se elegeu pelo PSDB e continuou no partido durante toda a segunda legislatura, permanece como o caso mais curioso de governismo tucano no período analisado. Um estudo mais detalhado é necessário para compreender esse caso destoante da regra.

Considerações finais

A democracia brasileira vem funcionando normalmente no que se refere à competição entre as forças políticas, seja no momento das eleições, seja no período intereleitoral. PT e PSDB têm protagonizado disputas presidenciais acirradas, resolvidas apenas em segundo turno nos últimos três pleitos. Decididas as eleições, os dois partidos têm desempenhado a contento, respectivamente, o papel de núcleo da coalizão e da oposição. Os presidentes petistas têm podido contar com uma base majoritária de apoio na Câmara, dentro da qual seu partido se destaca, tanto pelo vigor quanto pela importância numérica. Nos raríssimos casos em que a maioria da bancada petista não acompanhou o governo, ela usualmente seguiu a estratégia traçada pelas lideranças partidárias, em vez de agir de modo indisciplinado. Mesmo nesses casos (por exemplo, quando houve obstrução, ou quando os líderes encaminharam votos contra o governo), a divergência pode ter ocorrido em busca de acordos construtivos com os demais partidos da Casa. No plano individual, os petistas com níveis relativamente baixos de governismo apresentam elevadíssimas taxas de apoio ao governo, em valores absolutos, comprovando que a disciplina partidária é regra, em vez de exceção.

Os deputados do PSDB têm feito oposição aos governos petistas, divergindo de sua orientação na grande maioria das votações. Todavia, o predomínio do dissenso não tem impedido a busca e o alcance do consenso em torno de relevantes questões procedimentais ou substantivas. Quando a maioria da bancada tucana concorda com o governo, tipicamente o faz acolhendo a explícita recomendação de seus líderes. Além disso, os deputados tucanos que apresentam maiores taxas de governismo geralmente são neófitos oriundos de partidos que estavam na coalizão de governo, ou próximos dela.

Assim, tudo leva a crer que nem o fogo amigo, nem a intransigência obstinada da oposição são fatores capazes de impedir que o governo brasileiro promova sua agenda na Câmara dos Deputados.

Referências

ABRANCHES, Sérgio. Presidencialismo de coalizão: o dilema institucional brasileiro. *Dados: Revista de Ciências Sociais*, Rio de Janeiro, v. 31, n. 1, p. 5-33, 1988.

DAHL, Robert [1971]. *Poliarquia*. São Paulo: Edusp, 1997.

ECKSTEIN, Harry. Case study and theory in political science. In: GREENSTEIN, Fred; POLSBY, Nelson (Ed.). *Handbook of political science*. Reading, Mass.: Addison-Wesley, 1975.

FIGUEIREDO, Argelina; LIMONGI, Fernando. *Executivo e Legislativo na nova ordem constitucional*. 2. ed. Rio de Janeiro: FGV; São Paulo: Fapesp, 2001.

LIJPHART, Arend. Comparative politics and the comparative method. *The American Political Science Review*, v. 65, n. 3, p. 682-693, 1971.

LIMONGI, Fernando; CORTEZ, Rafael. As eleições de 2010 e o quadro partidário. *Novos Estudos CEBRAP*, n. 88, p. 21-37, 2010.

MAQUIAVEL, Nicolau [1513]. *O príncipe*. São Paulo: Paz e Terra, 1996.

MUNCK, Gerardo. Tools for qualitative research. In: BRADY, Henry; COLLIER, David (Ed.). *Rethinking social inquiry*: diverse tools, shared standards. Boulder: Rowman & Littlefield Publishers, 2004.

SCHUMPETER, Joseph [1942]. *Capitalismo, socialismo e democracia*. Rio de Janeiro: Zahar, 1984.

SEAWRIGHT, Jason; COLLIER, David. Glossary. In: BRADY, Henry; COLLIER, David (Ed.). *Rethinking social inquiry*: diverse tools, shared standards. Boulder: Rowman & Littlefield Publishers, 2004. p. 273-313.

CAPÍTULO 10
E o problema é o suplente de senador?

Humberto Dantas*
Marco Antonio Carvalho Teixeira**

Introdução

Nos últimos anos, o Senado da República tem sido alvo de uma série de questionamentos que podem ser divididos em três grandes blocos, a despeito de outras classificações e temática adicionais. O primeiro deles está associado aos seus custos para os cofres públicos, sobretudo quando o associamos às regalias ofertadas a cada um dos 81 gabinetes e que vem sofrendo questionamentos públicos. Dentre elas estão: atendimento médico de senadores em hospitais de primeira linha em São Paulo, sala VIP na área de embarque de aeroportos com funcionários contratados exclusivamente para fazer *check-in* e despachar malas dos senadores, gastos supostamente excessivos com passagens aéreas, hospedagens, aluguel de carros, dentre outros. Em tempos de

---

* Cientista social, mestre e doutor em ciência política pela USP. Professor universitário, leciona sociologia e política no Insper, onde também é pesquisador. Coordena o curso de pós-graduação em ciência política na Fesp-SP e é comentarista político da Rádio Estadão.
** Cientista social com mestrado e doutorado em ciência política pela PUC-SP. É professor do curso de administração pública da FGVSP e comentarista político e de políticas públicas na Rádio CBN.

protestos públicos exigindo melhores políticas públicas e o uso mais eficiente dos recursos, o questionamento acerca de qualquer excesso no uso do dinheiro público é bastante apropriado e o Senado não escapa disso.

O segundo bloco de questionamentos está relacionado à sua necessidade, sendo possível separar as críticas entre os que entendem que o terceiro senador, criado como biônico no pacote de abril de 1977, deveria ser extinto e aqueles que defendem que a segunda câmara sequer deveria existir, ou seja, o Senado deveria ser extinto. Uma das razões para "a existência do Senado sustenta-se ante sua necessidade de representar simetricamente os Estados" (Marques, 2010). Essa questão é crucial para garantir maior equilíbrio nas relações entre as unidades federativas e destas com a Presidência da República, principalmente no contexto brasileiro em que o peso econômico entre os estados é muito desigual. Apesar de na América Latina países federativos como Peru e Venezuela adotarem o unicameralismo, é possível que os mesmos não sirvam de parâmetro para pensar um possível cenário de um Brasil unicameral, uma vez que ainda estão consolidando seus sistemas democráticos. Convém lembrar que o Senado foi instituído no Brasil em 1824, com a Constituição imperial, fortemente inspirado na Câmara dos Lordes inglesa. Apenas com a Constituição republicana de 1891 é que passa, com a implantação do federalismo, a ser visto como uma Casa fundamental para o equilíbrio das relações de poder entre estados e deste com a União.

Cada estado está representado por um trio de senadores no Congresso Nacional. Poderíamos questionar se precisamos mesmo dessa trinca, lembrando que o terceiro elemento foi criado sob o apelido de biônico para garantir à Aliança Renovadora Nacional (Arena), no fim da década de 1970, uma maioria perdida. O biônico era eleito indiretamente. E, do total da primeira leva escolhida, apenas um era do MDB. Ou seja, a trinca, como permanece, ainda é uma herança autoritária. Falar em redução do número de senadores é um debate que dificilmente encontrará eco nas duas casas legislativas, uma vez que chegar ao Senado também é um objeto de desejo de deputados federais que o enxergam como progressão na carreira política. Todavia, esse é um debate que poderia ser enfrentado.

O terceiro bloco de questionamentos diz respeito à lógica eleitoral e está associado à realização de coligações que muitas vezes inclui a vaga de suplente de senador como moeda de troca; ao tempo de mandato (oito anos) e, principalmente, à existência de dois suplentes que podem ser, inclusive, parentes diretos dos titulares eleitos, e nesse último caso são fartos os exemplos em nossa história, sendo os mais recentes os casos dos filhos de Antonio Carlos Magalhães e Edson Lobão.

O intuito desse nosso artigo é investir sobre esse personagem da política brasileira: o suplente de senador. Uma vez empossado, qual o seu comportamento dentro da bancada partidária que integra nas votações nominais? Em relação a essa variável específica, as críticas têm algum fundamento? As respostas serão dadas utilizando o Basômetro, ferramenta do Grupo Estado que possui dados sobre o comportamento dos senadores ao longo do governo de Dilma Rousseff.

O debate político em torno do senador: críticas ao senso comum

Partidos se coligam das formas mais estranhas aos olhos de quem busca entender a política a partir de Brasília. Tais alianças se repetem nos mais diferentes planos — municipais, estaduais e federal — e em diferentes tipos de disputas — majoritárias e proporcionais. No caso desse primeiro tipo, devemos considerar a existência de substitutos previamente conhecidos do eleitorado. Quem escolhe um candidato a presidente sabe que está levando seu respectivo vice — que foi indicado por um partido ou aliado formalmente em uma coligação. O mesmo se repete nos casos de prefeitos e governadores. Tais vices têm funções, recebem salários e quando assumem o poder temporária ou definitivamente alguém os questiona? Dizem que são prefeitos sem voto algum? Se sim, parecem pouco conhecer o sistema. Na história recente tivemos muitos vices assumindo a vaga dos titulares por partidos distintos. Foi assim no país quando Collor (PRN) foi cassado e Itamar Franco já estava no PMDB. No estado do Rio de Janeiro, quando Anthony Garotinho (então no PSB) deixou o governo para Benedita da Silva (PT). Na cidade de São Paulo, o posto do prefeito José Serra (PSDB) ficou com seu vice Gilberto Kassab (então no DEM). Em Porto Alegre, José Fogaça (PMDB) assistiu a posse do vice José Fortunati (PDT) e em Curitiba Beto Richa (PSDB) fez o mesmo com Luis Ducci (PSB). Exemplos não nos faltam. Na maioria dos casos aqui citados, os vices ganharam musculatura política e se projetaram no processo eleitoral a ponto de serem reeleitos para mais um mandato e poderem vislumbrar voos políticos mais altos, como ocorreu com Gilberto Kassab e José Fogaça, como exemplos.

Assim, eleições majoritárias podem até passar a impressão de que são pleitos exclusivamente nominais, mas não são. Elegemos grupos, equipes, acertos, acordos. E o mesmo ocorre nas eleições para o Senado. São eleições majoritárias com mandatos de oito anos. Cada candidato nominalmente apresentado ao eleitorado vem acompanhado de dois suplentes inscritos formalmente no Tribunal Superior Eleitoral (TSE). Seus nomes constam de todos os registros oficiais. Não existe livre nomeação pós-eleições de suplentes, como se isso dependesse de uma vontade em nada legitimada pelo eleitor. Um estado tem assim um time de nove políticos: três titulares e seis reservas. E fica a dúvida: por que suplentes são chamados de senadores sem voto? Essa é uma simplificação de um problema mais complexo e não faz sentido aceitar o debate apenas nesses termos.

Diante de tais aspectos o que chama tanta atenção em relação aos suplentes? O fato, por exemplo, de poderem ser de partidos diferentes? E isso é imoral? Se a resposta for sim, devemos revisar todo o sistema eleitoral brasileiro, pois o art. 6º da lei eleitoral permite alianças chamadas de coligações. Assim, numa disputa proporcional, um suplente pode ser de partido diferente, bem como em um pleito majoritário para o Executivo um vice pode ser de partido distinto do titular. Lembremos que Maurice Duverger afirma que eleições majoritárias de turno único tendem ao caráter bipolar. Ou seja: eleições em que escolhemos ocupante para um único posto tendem a ser disputadas entre dois grupos fortes. Num país com 30 partidos não há outra possibilidade que celebrar coligações entre legendas. E isso a ciência política mostra que é feito de maneira crescente (Krause, Dantas e Miguel, 2010). E nesse caso devemos lembrar que a vaga para senador costuma ser utilizada estrategicamente por muitos partidos como moeda de troca para garantir apoio de legendas parceiras na eleição para governador, por exemplo.

Tendo em vista o estabelecimento de alianças entre partidos diferentes, questionemos: não foi assim entre Fernando Henrique Cardoso (PSDB) e Marco Maciel (PFL)? Entre Lula (PT) e José Alencar (primeiro pelo PL em 2002 e depois pelo PRB em 2006)? Não é assim entre Dilma Rousseff (PT) e Michel Temer (PMDB)? Por que seria diferente entre senadores numa eleição majoritária? Assim, se Dilma Rousseff no plano federal ou, por exemplo, Geraldo Alckmin (PSDB) no plano estadual paulista deixarem o poder antes do fim de seus mandatos, teremos PMDB e PSD substituindo, respectivamente, PT e PSDB. Por que cismamos em olhar exclusivamente para o Senado e criticar que um suplente seja de partido distinto do titular como se isso não ocorresse em outras disputas de natureza semelhante? Não que a Casa não seja merecedora de atenção, pelo contrário. Sua importância e muitas de suas posturas merecem críticas e olhares. Mas pensar em reformar o sistema eleitoral com olhos apenas no Senado que tem características convencionais tem alguma explicação? Ainda se estivéssemos falando do questionável, mas justificável mandato de oito anos. Percebe? Três senadores e oito anos parecem mais estranhos que dois suplentes envolvidos em uma aliança eleitoral absolutamente convencional no ambiente político brasileiro. Isso porque eleição majoritária tem substituto no Brasil, seja ela executiva ou, no caso dos senadores, legislativa.

Ademais, existe a questão do parente ou do financiador. Quem injeta dinheiro numa campanha não deveria ser suplente se a chapa assim definir. Quem é filho ou parente de senador não deve ser suplente. Tais afirmações fazem parte de debates sobre a reforma política no país. São questões polêmicas, mas notamos que para parcelas expressivas do eleitorado isso não é variável pesada na definição do voto. A lógica do recurso pode até ser mais complicada de ser verificada, mas o eleitor de Lobão pai não sabia que Lobão filho era seu substituto? Isso pesou? Se sim, que não votassem na família. Mas voltemos aos financiadores. É apenas na suplência de um senador que isso ocorre? Em cidades, sobretudo em pequenas (que são a imensa maioria), o candidato a vice-prefeito não é muitas vezes o "homem do dinheiro" que capta recursos para o "popular" titular angariar mais votos? A crítica dirigida exclusivamente ao senador perde completamente o sentido quando nos aprofundamos na cultura política brasileira. E não é preciso conhecer muito para se verificar que isso é um fenômeno comum.

Análise dos dados

Diante de tais observações, parece razoável analisar o trabalho dos suplentes. Uma das formas de questionarmos seu papel é buscando desvios em suas posições em votações no Senado — isso porque a ciência política tem mostrado que, a despeito das razões absolutamente claras que levam a isso, partidos se comportam como blocos, ou seja, pouco importa se A ou B ocupa a cadeira, se é esperado que ambos se posicionem seguindo suas legendas. Por sinal, o próprio Basômetro mostra essa coesão partidária em torno do governo federal. O gráfico 1 comprova que cada partido, representado por uma cor diferente, pode ser visualizado como uma nuvem de pontos mais ou menos coesa no universo de votações, destacando que não existem desvios expressivos, sob um primeiro olhar, quando o assunto são as votações associadas ao interesse do Poder Executivo. Os percentuais expressos na coluna da esquerda do Basômetro trazem as médias das legendas e, mais uma vez, intuitivamente, é possível verificar que os desvios-padrões em relação a tais médias não carregam exageros expressivos na maioria das legendas. Quando o trazem, será possível notar que esses pontos (parlamentares) assumiram mandatos por períodos curtos em que seus partidos adotaram posições mais semelhantes a esse resultado aparentemente destoante.

GRÁFICO 1
Posição dos parlamentares segundo o Basômetro ao longo do governo Dilma Rousseff
Março de 2011 a agosto de 2013

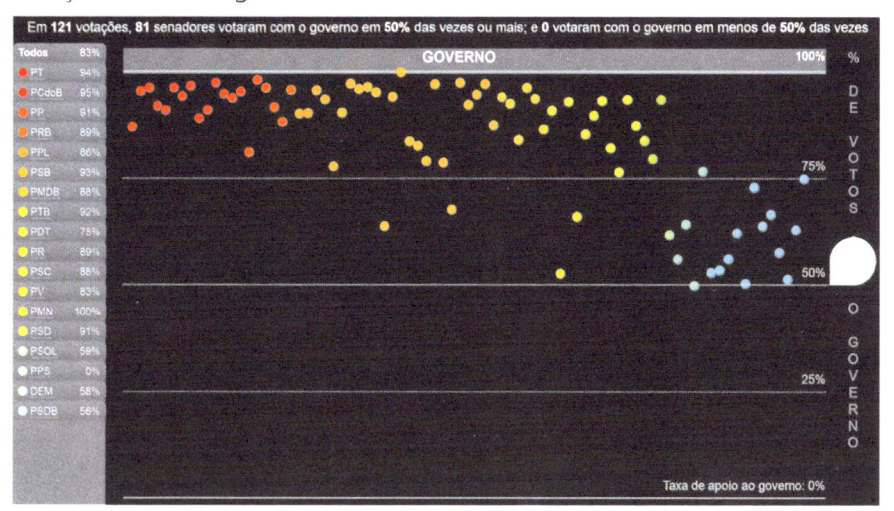

Fonte: Basômetro, Estadão Dados (2013).

Assim, o que esperar de tão destoante de um suplente quando o assunto são suas posições em relação às votações nominais das quais participa? Dizer que um suplente representa interesses mais ou menos nobres que titulares, aos olhos do que estamos analisando aqui, é incorrer em um juízo de valor perigoso e difícil de ser mensurado, conforme mostramos. Trabalho de Neiva e Izumi (2012) carrega parte expressiva desse olhar pouco atento à repetição dos fenômenos que observamos em outros pleitos, concentrando-se exclusivamente numa crítica ao que insistem em chamar de representantes "sem voto". O trabalho da dupla, no entanto, tem o mérito de mostrar que suplentes são, por vezes, colocados em situações políticas espinhosas no Senado. Perfeito. Então, suponhamos que não exista mais o suplente. O Senado deixa de ter tais funções? Como costumamos ouvir em filmes policiais: "alguém tem que fazer o trabalho sujo". É isso? Pois que seja. E parece que alguém o fará.

Assim, exclusivamente preocupados com o padrão de votação dos suplentes, identificamos em agosto de 2013 um total de 17 senadores suplentes em exercício de mandato — 21% das cadeiras do Senado. Seja de forma permanente ou não, em virtude dos mais diferentes motivos: afastamentos, mortes, cassações, posses definitivas ou temporárias dos titulares em outros cargos etc. Dividimos esses políticos em três grupos.

Grupo 1: suplentes do mesmo partido do titular

No primeiro temos seis casos em que o suplente que lá está é do mesmo partido do titular. O número baixo é um sinal claro da importância das coligações nas eleições nacionais: algo absolutamente esperado em pleitos majoritários e, portanto, repetido em eleições para presidente, governador e prefeito. Obras já trataram de esmiuçar a relevância desses acordos em nossa política. Não parece necessário insistir no assunto e sequer dizer que alianças para a disputa do Senado são mais ou menos promíscuas do que em outros pleitos.

Nesse grupo de meia dúzia de senadores temos três membros da situação e três da oposição ao governo federal. O PSDB tem Cyro Miranda (GO) e Ruben Figueiró (MS), enquanto o DEM tem Wilder Morais (GO). Miranda assumiu o mandato no início da gestão Dilma Rousseff e é um típico senador do PSDB, votando contra o governo em 51% de suas posições. Tucanos têm, de acordo com a gráfico 1, 56% de taxa de governismo, ou seja, Miranda se comporta como a média e parece representar bem os desejos daqueles que tinham no titular, o atual governador Marconi Perillo, uma forte voz da oposição ao governo Lula. Destoariam do grupo Figueiró (70% de governismo) e Morais (76% de governismo), que substituiu o goiano Demóstenes Torres, voz ativa e firme da oposição até deixar a casa acusado de corrupção. O DEM tem taxa de apoio ao governo, conforme o gráfico 1, de 58%. Nesse segundo caso uma correção mostrará que Morais não destoa em nada de seu partido. Nas 51 votações em que participou desde 2012, quando assumiu o mandato, o DEM apresentou taxa de adesão à posição do governo no Senado de 77%, e a taxa de Morais é de 76%. Portanto, não há desvio em relação à lógica partidária. O gráfico 2 é capaz de mostrar a adesão do parlamentar ao comportamento de sua legenda. Com Figueiró não é diferente. Ele é segundo suplente de Marisa Serrano, e das 33 votações das quais participou ao longo de cinco meses em 2013, o PSDB apresentou taxa de governismo de 73%, absolutamente sintonizada com os 70% do sul mato-grossense.

GRÁFICO 2
Posição de Wilder Morais segundo o Basômetro ao longo de seu mandato Março de 2012 a agosto de 2013

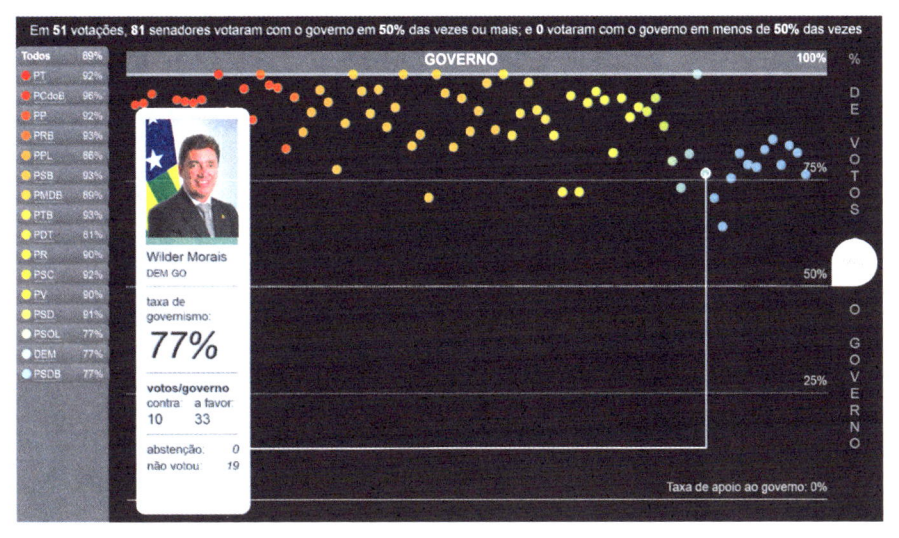

Fonte: Basômetro, Estadão Dados (2013).

Os três senadores suplentes da situação que estão no partido do titular pertencem ao PT, PRB e PMDB. Aníbal Diniz (PT) ocupa o lugar do governador eleito do Acre em 2010 e tem 96% de governismo, algo bastante esperado de um representante da legenda que governa o país, destacando que a taxa de governismo do PT é de 94%. Lobão Filho substitui o pai ministro das Minas e Energia, e ambos são do PMDB. A taxa de adesão a Dilma é de 86%, algo bastante condizente com a média do partido (88%) e esperado de uma legenda que possui o posto de vice-presidente da República com um senador titular ministro. O mesmo ocorre com Eduardo Lopes, do PRB do Rio de Janeiro, que tem no titular o ministro da Pesca. A taxa pessoal aqui é de 95%, com o PRB atingindo 89%. Algo estranho na base do governo nesse primeiro grupo? Nesses três casos não.

Assim, em um subtotal de seis senadores, temos seis casos absolutamente dentro do esperado quando o assunto é o comportamento nominal de um senador suplente em relação à lógica apresentada por seu partido político em votações.

Grupo 2: suplentes de partidos diferentes do titular, mas dentro da base do governo

No segundo grupo temos outros seis casos de suplentes que desta vez ocupam a vaga de um titular de partido diferente. Ainda assim, falamos de legendas que têm dado forte apoio ao governo federal no Senado. No Paraná, Sérgio Souza do PMDB ocupou a vaga de Gleisi Hoffmann do PT, que assumiu um ministério desde o início do governo Dilma, com 91% de governismo ante 94% do PT e 88% do PMDB. No Rio Grande do Norte, o PV de Paulo Davim está no lugar do PMDB de Garibaldi Alves Filho, que assumiu um ministério. O PMDB tem 88% de taxa de governismo e Davim, único representante verde no Senado, não destoa de forma expressiva dessa média com 83% de apoio a Dilma. Em Roraima, Sodré Santoro do PR ocupa o espaço de Mozarildo Cavalcanti do PTB, licenciado para tratar de "assuntos pessoais". O suplente tem taxa de adesão ao governo de 88%, contra 89% do PR e 93% do PTB ao longo do período. Os percentuais aqui não diferem, mas seria importante compreender a lógica de pedidos de licença, que podem até ser justificáveis tratamentos de saúde. Mas o que são "assuntos pessoais"? No Distrito Federal, Gim Argelo do PTB substituiu Joaquim Roriz, então no PMDB, desde o início do mandato ainda no governo Lula. Seu partido, o PTB, tem 92% de governismo no Senado, o PMDB apresenta 88% no período e Argelo crava 96% de adesão, de acordo com o gráfico 3. No Espírito Santo é Ana Rita, do PT, quem substitui o governador eleito Renato Casagrande do PSB e adere a 87% das posições federais, tendo seu partido taxa de apoio de 94% e o PSB de 93%. O último nome é Antonio Carlos Rodrigues, do PR, que está na vaga da ministra Marta Suplicy, do PT, mas seu nome não consta no Basômetro.

Assim, em um subtotal de seis senadores, temos cinco casos absolutamente dentro do esperado quando o assunto é o comportamento nominal de um suplente em relação à lógica apresentada por seu partido político e pelo partido político diferente do titular que lhe cedeu a vaga. O caso isolado não destoa, apenas não há a informação procurada na ferramenta de análise. Merece, entretanto, atenção especial o motivo de pedido de licença de Mozarildo Cavalcanti.

GRÁFICO 3

Posição de Gim Argelo segundo o Basômetro ao longo do governo Dilma Rousseff

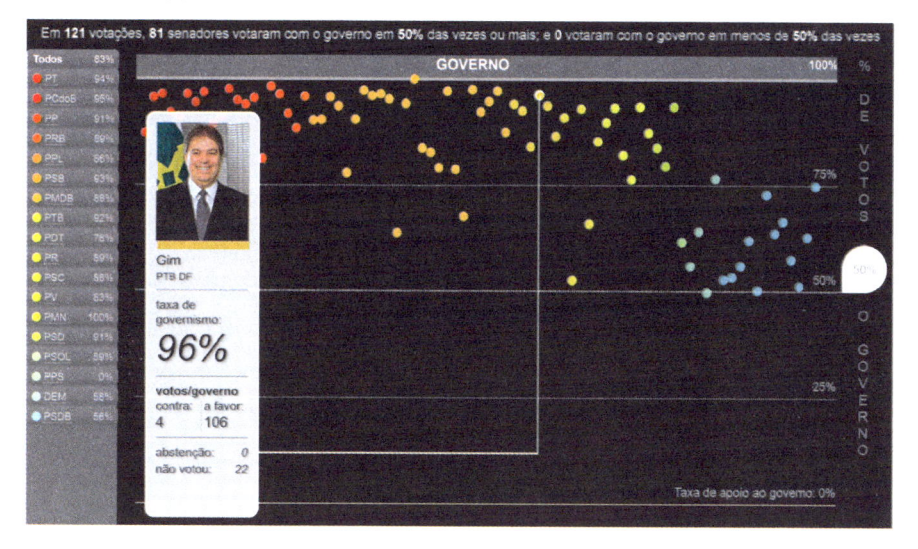

Fonte: Basômetro, Estadão Dados (2013).

Grupo 3: suplentes de partidos diferentes do titular em lógica oposta ao posicionamento frente ao governo

No terceiro grupo temos cinco suplentes que substituem titulares de outros partidos e posições em relação ao governo federal. A preocupação é esta? O problema maior é este? Se for, devemos considerar que no modelo proporcional, pelo qual elegemos deputados e vereadores, isso também ocorre. A ordem de votação determina a suplência e as coligações, nesses casos, não são desfeitas para efeito de substituição. O problema então é o Senado? É o modo de definirmos esse suplente? Algo indica que não. Nesse terceiro grupo temos Zezé Perrella do PDT substituindo, por motivo de falecimento em 2011, Itamar Franco do PPS de Minas Gerais. Ou seja, um senador a mais para a situação com taxa de governismo de 84% contra um partido que se apresenta como legenda de oposição, mas não possui outros senadores para fazermos a comparação do índice de adesão. Ainda em Minas Gerais temos o caso de Clésio Andrade do PMDB, que ocupa uma vaga deixada pelo DEM com o falecimento de Eliseu Resende em 2011 e registra 90% de governismo.

Em Tocantins é Ataídes Oliveira do PSDB quem assume a vaga de João Ribeiro do PR e registra 50% de governismo, ou seja, trata-se de um oposicionista típico no Senado contra uma taxa de quase 90% do PR. Em Santa Catarina é Casildo Maldaner do PMDB quem ocupa uma vaga do DEM e registra 79% de governismo. A questão nesse caso é que esse político do DEM é o governador Raimundo Colombo, que inaugurou o PSD em 2011, e então poderia ser considerado um representante da base de Dilma. No Senado a taxa de governismo do DEM é de 58%, a do PMDB é de 88% e a do PSD, de 91%, de acordo com o gráfico 1. Moldaner está mais próximo de seu próprio partido (PMDB), mas, se a título de mera curiosidade calcularmos a média do comportamento do PSD e do DEM, chegaremos a 74,5%. Se considerarmos apenas o período em que ambas as legendas convivem no Senado, ou seja, a partir de outubro de 2011, teremos 81%.

Por fim, Garibaldi Alves do PMDB do Rio Grande do Norte está no lugar de uma política do DEM (58% de governismo), e apresenta 97% de adesão a Dilma — seu PMDB marca 88%, de acordo com o gráfico 4. Esse último caso merece mais atenção. Alves é pai do senador e atual ministro Garibaldi Alves Filho, mas é suplente da governadora Rosalba Ciarlini, que lhe deixou a vaga depois de empossada no Executivo estadual no início de 2011. O suplente do filho de Alves é Paulo Davim do PV, analisado anteriormente. PMDB e DEM eram adversários históricos no Rio Grande do Norte, protagonizando o conflito entre os Alves (PMDB) e os Maia (DEM). Inimigos, no entanto, se tornaram aliados em tempos de dificuldades, com o intuito de arrefecer a força de outros grupos políticos locais. Perceba que as críticas à lógica de família se arrefecem. Se Garibaldi Alves Filho deixar o ministério, ele será colega de seu próprio pai no Senado. Como acabar com isso? Perceba que o debate parece bem mais complexo do que proibir parentes de serem suplentes — a despeito de haver uma lógica moral bastante aceitável nesse tipo de proibição.

GRÁFICO 4
Posição de Garibaldi Alves segundo o Basômetro ao longo do governo Dilma Rousseff

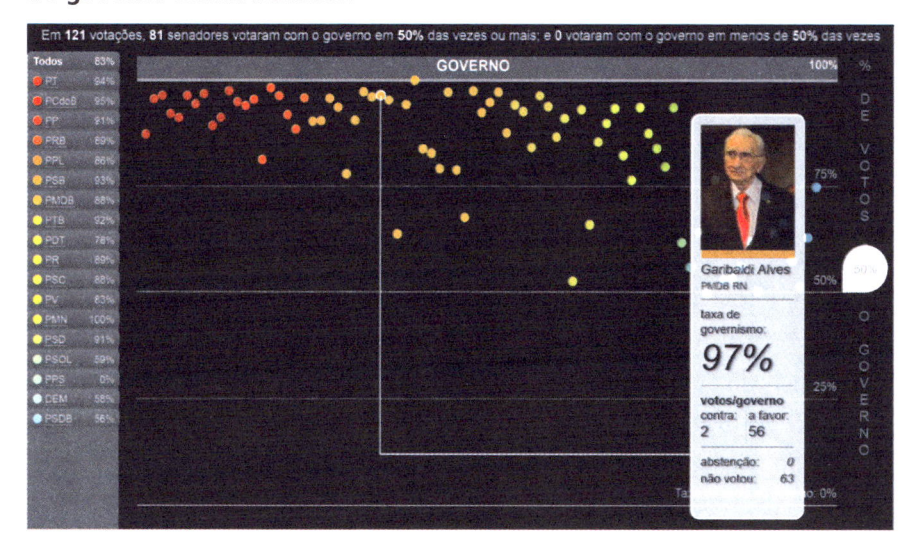

Fonte: Basômetro, Estadão Dados (2013).

Assim, nesse terceiro grupo, tivemos apenas um caso de respeito à lógica partidária do titular diante do comportamento em votações associadas à adesão ou distanciamento governamental. Ainda assim, esse caso está relacionado à questão de infidelidade partidária — a criação do PSD pelo governador catarinense eleito pelo DEM, lembrando que a justiça eleitoral não considera legalmente tal caso como infidelidade. Nos outros quatro exemplos há distância entre o comportamento médio do partido do titular que se foi e o posicionamento do político que assumiu o mandato.

Conclusão

Diante dos resultados colhidos, tendo como base apenas a posição dos suplentes em votações nominais no Senado, notamos que nos 17 casos apresentados tivemos possibilidade de avaliar 16 posições. E, nestas, 11 senadores têm comportamento partidário absolutamente condizente com aquilo que o titular poderia estar realizando na Casa. Isso representa dizer que apenas 6,2% do total do Senado é atingido pelo "maléfico suplente", tendo em conta a variável escolhida para esta análise. Se compreendermos que as eleições estaduais tendem a reproduzir arranjos partidários que por vezes passam longe dos acertos federais, nem poderíamos imaginar que o problema seja realmente, apenas, o suplente de senador. Ainda mais porque, se tudo o que temos de problema na política brasileira, de cunho estritamente político, atingisse menos de 7% de um dado fenômeno, seria possível dizer que não temos um grande problema, apesar de o debate sempre merecer atenção.

Desse modo, torna-se injusto colocar na conta dos suplentes os supostos males que afetam o legislativo e as coligações eleitorais no Brasil, que têm muito mais a ver com questões estruturais e da cultura política do que com a questão pontual dos suplentes que aqui foi colocada. Diante disso, faz muito mais sentido discutir a validade de privilégios dos parlamentares brasileiros em questões como: gastos excessivos, exclusividades em aeroportos, uso abusivo de funcionários etc., do que centrar-se na validade ou não da figura do suplente de forma isolada.

Por fim, apenas para reiterar argumentos, manter o debate sobre o caso dos suplentes de Senador sem discuti-lo à luz de todas as formas de coligações eleitorais e de suas implicações é um caminho absolutamente simplificador. José Alencar, quando indicado vice de Lula, teve papel importante na aproximação do petista com setores empresariais até então avessos ao projeto político do PT, o que facilitou captação de recursos para a campanha eleitoral, por exemplo. Do mesmo modo, Michel Temer, quando se tornou vice de Dilma Rousseff, atraiu segmentos da sociedade mais próximos da chamada centro-direita no espectro ideológico e junto com isso trouxe apoio à campanha. Óbvio que coligações para o Executivo dão ao vice (que no caso também é suplente) um peso diferente das eleições para o Senado em razão da desproporcional exposição pública. Entretanto, os papéis que ambos desempenham para a viabilidade *eleitoral* de seus titulares são bem parecidos.

Referências

ARAUJO, Paulo Magalhães. O bicameralismo no Brasil: argumentos sobre a importância do Senado na análise do processo decisório federal. *Revista Política & Sociedade*, Florianópolis, v. 11, n. 21, p. 83-135, jul. 2012.

KRAUSE, Silvana; DANTAS, Humberto; MIGUEL, Luis Felipe (Org.). *Coligações eleitorais na nova democracia brasileira*. Rio de Janeiro: Konrad Adenauer; Unesp, 2010.

MARQUES, José Elias Domingos Costa. Bicameralismo de fato? Representação regional e produção legislativa no Senado Federal brasileiro. In: ENCONTRO ANUAL DA ANPOCS, 36., GT 10 — Estudos Legislativos, 2010, Águas de Lindoia.

NEIVA, Pedro; IZUMI, Mauricio. Os sem-voto do Legislativo brasileiro: quem são os senadores suplentes e quais os seus impactos sobre o processo legislativo. *Revista Opinião Pública*, Campinas, v. 18, n. 1, p. 1-21, jun. 2012.

CAPÍTULO 11
Da fila da impressora ao Basômetro
*Daniel Bramatti**

Houve um tempo em que, para se saber o voto de cada deputado em relação a um determinado projeto, era preciso comparecer a uma salinha localizada abaixo do plenário da Câmara, entrar em uma fila e solicitar ao atendente um relatório emitido pelo painel eletrônico. Lá funcionava uma única impressora matricial, cuja "cabeça" golpeava com agulhas uma fita impregnada de tinta, marcando no papel pontos em linhas horizontais que, após alguns milhares de vaivéns, desenhavam 513 nomes, siglas partidárias e, ao lado, os registros de sim, não, abstenção e ausente.

Não era, como se vê, um processo muito prático, mesmo para os poucos que estavam em Brasília e tinham acesso aos serviços internos da Câmara — ou do Senado, onde o quadro era similar. E não falamos de um passado distante, mas dos primeiros anos do governo Fernando Henrique Cardoso, época em que o Congresso fez alterações de peso na Constituição, como a quebra do monopólio estatal do petróleo e a privatização das telecomunicações.

A análise do comportamento dos parlamentares e das bancadas nas votações era então feita quase que manualmente. Com os relatórios em mãos,

---

* Repórter de política do jornal *O Estado de S. Paulo* e integrante do núcleo Estadão Dados.

jornalistas assinalavam com lápis ou caneta o número de traições ao governo nos partidos da base de FHC e as eventuais cooptações no lado oposicionista.

Como as votações costumavam se estender noite adentro, em horários próximos ao dos fechamentos dos jornais, raramente havia tempo para se fazer uma análise aprofundada dos dados. Era quase impossível traçar séries históricas, relatar o comportamento de partidos e indivíduos ao longo do tempo.

Entra em cena a internet. Em maio de 1997, a Câmara anuncia uma reforma de R$ 2 milhões para agilizar seu sistema de votação. Um dos objetivos é evitar a ação de "pianistas" — deputados que votavam no lugar de colegas. Outro é a publicação imediata dos resultados na internet. O sistema só deslancha em 1999.

A publicação dos dados na rede facilita a vida de jornalistas, pesquisadores e analistas políticos — mas não muito. Os resultados apareciam em arquivos de texto (TXT) ou de banco de dados (DBF), algo com que muitos leigos não tinham a menor familiaridade. Como a composição dos presentes variava a cada votação, nenhuma lista era igual à outra, o que, mais uma vez, praticamente inviabilizava a análise de séries históricas.

FIGURA 1
Portais do passado 1

Fonte: Site da Câmara dos Deputados e do Senado na forma como foram preservados pelo Internet Archive (<archive.org>) em 1998.

O panorama só começou a mudar de forma significativa uma década depois, quando o movimento pela publicação de dados abertos deu seus primeiros passos no Congresso, abrindo as portas para a construção de ferramentas como o Basômetro, tema deste livro.

Em 7 de dezembro de 2011, a Agência Câmara de Notícias publicou a seguinte nota:

Câmara disponibiliza dados em formato digital aberto
A Câmara lança hoje o projeto Dados Abertos, com o objetivo de disponibilizar para a sociedade dados legislativos em formato digital aberto e acessível. A ideia é permitir a reutilização das informações disponíveis no portal da Câmara por outros órgãos públicos, entidades da sociedade civil e qualquer interessado que deseje trabalhá-las para produção de conhecimento em aplicativos digitais próprios.
"O projeto será um marco para a Câmara. Ele representa a disposição da Casa de se aproximar cada vez mais da sociedade brasileira", afirma o deputado Paulo Pimenta (PT-RS), um dos responsáveis pelo projeto. Ele coordenou, neste ano, o grupo de trabalho criado para sistematizar mecanismos de participação popular.
O que ocorre até agora é que os dados existentes no portal muitas vezes não podem ser trabalhados por computadores, porque são lançados no site da Câmara já formatados. Da mesma forma que uma fotografia digital enviada por e-mail muitas vezes não é visualizada pelo destinatário, porque o formato não é aberto e legível por qualquer computador.
"O projeto segue uma tendência mundial de abertura de dados, que serão lidos não pelo cidadão comum, mas por máquinas", explica o gerente técnico no projeto, Carlos Henrique Gouveia Araújo. O Dados Abertos, diz ainda, insere-se no compromisso da Câmara com a transparência.
Em um primeiro momento, o site conterá dados relativos a proposições legislativas, pautas dos órgãos da Casa e deputados. Uma entidade, por exemplo, poderá reunir, utilizando um software próprio, as informações relacionadas à sua área de atuação existentes na Câmara, cruzá-las com conhecimentos produzidos por outros órgãos e elaborar uma interpretação sobre o assunto.
Atualmente, os dados do portal já são disponíveis em estado bruto para pessoas jurídicas cadastradas. A novidade é a ampliação do sistema, que poderá ser acessado no endereço www.camara.gov.br/dados por qualquer interessado que disponha de um aplicativo para tanto.

O diretor do projeto, Fernando Antônio Teixeira, acrescenta que o sistema permitirá à sociedade participar mais ativamente do processo legislativo. Além disso, com o Dados Abertos, segundo ele, a Câmara se adianta à Lei de Acesso à Informação (12.527/11), recentemente sancionada pela presidente Dilma Rousseff. Entre outras medidas, a lei garante o acesso à informação detida por órgãos dos três Poderes.

Em um segundo momento, previsto para daqui a seis meses, deverão ser disponibilizadas no sistema da Câmara informações relativas a discursos, Orçamento da União, cotas para exercício da atividade parlamentar, licitações e contratos.

Ao abrir parte de seus dados, a Câmara publicou ainda o seguinte texto explicativo sobre o assunto em seu site, na área intitulada "Transparência":

Qual o objetivo do projeto Dados Abertos da Câmara dos Deputados?

O projeto Dados Abertos tem como objetivo disponibilizar dados brutos em formato aberto para utilização em aplicações digitais. Isto significa que cidadãos e entidades da sociedade civil poderão acessar os dados públicos da Câmara e, com eles, desenvolver ferramentas inteligentes que permitam desde a percepção mais efetiva da atuação parlamentar e os gastos detalhados da Casa, até o resultado das votações do dia, de forma simples e automática pela internet.

O que são dados governamentais abertos?

Trata-se da publicação e disseminação das informações do setor público na internet, compartilhadas em formato bruto e aberto, compreensível por máquinas, de modo a permitir sua reutilização em aplicações digitais desenvolvidas pela sociedade.

O que significa dizer que um dado público está em formato bruto e aberto?

Um dado público está em formato bruto quando não passou por modificações ou filtros: está do mesmo jeito na base de dados do órgão público. Aberto significa que ele está disponível a qualquer cidadão que queira acessá-lo, sem discriminações ou restrições.

(...)

O projeto Dados Abertos vai criar aplicações digitais?

Não. O Projeto só provê dados brutos em tempo real, em formato legível por máquinas, por meio de webservices (sistema de integração de dados) construídos sobre padrões abertos (XML, por exemplo). A partir desses webservices, a sociedade poderá desenvolver suas próprias aplicações para apresentar os dados produzidos na Câmara dos Deputados da forma que lhe for conveniente, podendo, inclusive, realizar o cruzamento com dados fornecidos por outras instituições.

Que tipo de aplicações digitais podem ser feitas com esses dados?

As mais variadas. A sociedade poderá, por exemplo, desenvolver aplicações que auxiliem a análise das propostas de leis em tramitação na Câmara dos Deputados; aplicações que forneçam os resultados das votações de uma comissão; ou que compararem, em tabelas interativas, como os parlamentares usam sua verba indenizatória; ou ainda, que permitem conhecer todos os deputados envolvidos em um determinado tema — direitos das crianças, por exemplo. Tudo isso e muito mais pode ser feito a partir da publicação dos Dados Abertos da Câmara dos Deputados. A criatividade dos cidadãos e o seu desejo por transparência serão o limite.

E não demorou para que cidadãos começassem a manifestar sua criatividade. Em janeiro de 2012, Leonardo Leite, mestrando em ciências da computação e integrante do projeto PoliGNU, da USP, lançou o projeto "*camaraws*", mais tarde rebatizado como Radar Parlamentar ("*ws*" é uma referência a "*web service*").

Graças ao novo formato de publicação, Leite pôde agregar dados de várias votações e consolidá-los segundo diferentes critérios — por partido, por estado etc. A seguir, comparou o comportamento dos partidos, dois a dois, para revelar o índice de semelhança entre eles.

O método detectou 97% de semelhança entre PT e PCdoB, e 25% entre PT e PSDB. O autor escreveu: "Mesmo partidos que a priori são de ideologia diversa ao do partido do governo, quando estão na base governista, apresentam uma alta semelhança, como o PR (94% de semelhança com o PT) e o PP (96% de semelhança com o PT)".

Um mês depois — já com uma nova metodologia de cálculo, que alterou os percentuais de semelhança —, o projeto ganhou a adesão do engenheiro Saulo Trento, que colaborou na construção de algoritmos que permitiram a análise gráfica da proximidade entre os partidos — todos em relação a todos, não apenas dois a dois.

FIGURA 2

Portais do passado 2

Fonte: Site da Câmara dos Deputados e do Senado na forma como foram preservados pelo Internet Archive (<archive.org>) em 1997.

O jornalista José Roberto de Toledo, que na época já organizava no jornal *O Estado de S. Paulo* o primeiro núcleo de jornalismo de dados da imprensa brasileira, se inspirou no projeto *camaraws* para criar o Basômetro. Mas com uma diferença significativa: ele propôs a construção de uma ferramenta para comparar os partidos tendo como referência seu comportamento em relação à orientação do governo em cada votação. Com isso, seria possível medir o grau de governismo de cada legenda — e também o de cada parlamentar.

Essa abordagem se deve à constatação de que, no Brasil, os diferentes núcleos no Congresso nem sempre seguem padrões ideológicos ou partidários — é o governo quem está no centro de gravidade da política, e é em torno dele que se alinham os parlamentares, em órbitas próximas, distantes ou irregulares.

Coube aos jornalistas Amanda Rossi — que colaborou na elaboração deste texto — e Bruno Lupion a tarefa de organizar uma base de dados com todas as votações da Câmara e do Senado no governo Dilma Rousseff, com a posição de cada parlamentar em relação à orientação do líder do governo.

Paralelamente, o programador e *designer* Carlos Lemos construía o software para processar os dados e arquitetava os elementos interativos da interface, já que o objetivo da ferramenta era permitir que os próprios usuários, segundo seus próprios critérios, tivessem condições de analisar o comportamento de indivíduos, partidos e bancadas estaduais em votações isoladas ou em qualquer período do governo Dilma. Antes da finalização do projeto, a programação passou às mãos de Eduardo Malpeli, o Tcha-Tcho, já que Lemos se transferiu para outra empresa.

Primeira realização do núcleo Estadão Dados, o Basômetro trouxe à luz, em sua estreia, em maio de 2012, diversas informações inéditas. Reportagens revelaram que o "núcleo duro" de Dilma — formado por parlamentares que votavam com o governo em 90% das vezes ou mais — havia encolhido no segundo ano do mandato, e que o PMDB era o principal responsável pela dispersão da base aliada. Também mostramos que o Senado, maior fonte de problemas para Luiz Inácio Lula da Silva no Legislativo, havia ficado mais governista do que a Câmara na gestão Dilma.

O Basômetro também permitiu ver quais eram os deputados e senadores "independentes", que assumiam posições divergentes das de seus partidos. Que o PSD, do então prefeito Gilberto Kassab, havia se tornado menos governista em 2012. Que as regiões Nordeste e Sul estavam no topo do *ranking* de governismo. E que o grupo de parlamentares que se intitulam como ambientalistas havia se alinhado aos ruralistas nas votações do Código Florestal.

Em setembro de 2012, o software da ferramenta — já sob os cuidados do programador Diego Rabatone — foi adaptado para absorver dados sobre 825 votações e cerca de 420 mil votos na Câmara nos dois mandatos de Lula. Com isso, o Estadão Dados abria aos leitores a mais avançada ferramenta para análise da atuação de parlamentares e partidos antes, durante e depois do escândalo do Mensalão. Reportagem publicada na época mostrou que uma crise na base aliada, com forte redução do índice de governismo na Câmara, havia antecedido o estouro do escândalo em dois meses.

As reportagens publicadas pelo jornal foram apenas parte do manancial de informações geradas pelo projeto, graças a seu caráter interativo e aberto. O Basômetro permite ao usuário — seja ele um acadêmico ou um cidadão comum — tirar suas conclusões sem interferência dos jornalistas. A interface intuitiva permite a aplicação de filtros e a seleção de períodos de tempo ou votações específicas, dando elementos para que cada um conte sua própria história.

"Parque de diversões dos cientistas políticos", na definição do professor Humberto Dantas, o Basômetro deu cor e movimento às análises da academia. "Diferente dos bancos de dados e dos gráficos tradicionais, que funcionam de forma estática, o Basômetro é um instrumento completamente interativo", escreveu Jairo Nicolau, da UFRJ. "E segue a tradição de instrumentos semelhantes criados pelos melhores jornais do mundo, particularmente o *New York Times*. É certamente a melhor visualização dinâmica de dados já criada no Brasil."

A interatividade levada ao extremo não é a única característica marcante do Basômetro. O código fonte e a íntegra das bases de dados são de livre acesso a qualquer pessoa. Isso significa que qualquer veículo de comunicação, ONG ou indivíduo pode copiar o código do Basômetro para montar uma ferramenta idêntica para a Assembleia Legislativa do seu Estado ou a Câmara Municipal de sua cidade. Do mesmo modo, as tabelas das votações podem ser baixadas por qualquer um.

É ainda uma ferramenta de uso permanente, com atualização constante e que pode ser expandida em todas as direções: para o passado, revelando padrões de apoio e votação em governos anteriores aos de Dilma e Lula, para o futuro e para os lados, incorporando novas capacidades e cruzando as votações com outras bases de dados, como liberação de verbas para emendas parlamentares e preenchimento de cargos públicos. Em resumo, um parque que ainda vai oferecer muitas diversões.

Impresso nas oficinas da
SERMOGRAF - ARTES GRÁFICAS E EDITORA LTDA.
Rua São Sebastião, 199 - Petrópolis - RJ
Tel.: (24)2237-3769